Historia del
Ilustre Colegio Oficial de Médicos de Castelló
(1898–1978)

Historia del
Ilustre Colegio Oficial de Médicos de Castelló
(1898–1978)

Julio García Guerrero

Diputació
de Castelló

2024

©

Del texto: Julio García Guerrero
De las imágenes: Sus autores
Del diseño de la cubierta: laboratoriodeideas
De la presente edición: Servicio de Publicaciones,
Diputación de Castellón, 2024

Edita: Servicio de Publicaciones,
Diputación de Castellón
Av. La Vall d'Uixó, 25. 12004 Castellón

Imprime: Imprenta Sichet, SL

ISBN papel: 978-84-17465-77-3
ISBN pdf: 978-84-17465-78-0

DL: CS 173-2024

A mi esposa Isabel, por su constante apoyo,
con mis disculpas por el tiempo robado.

La esencia de la existencia de los Colegios es el estudio y mejoramiento de la vida profesional; es la defensa de los intereses del Médico, no como hombre de ciencia, sino como individuo social que realiza un trabajo útil y preciso.

Vicente Gea Mariño
Presidente del Colegio de Médicos de Castelló (1923)

Agradecimientos:

A las juntas de gobierno del Colegio Oficial de Médicos de Castelló, por las facilidades que siempre me ha dado para hacer esta investigación.

A los doctores Juan Peña Gea (†), José María Palomo Traver y Victorino Aparici Simón. Ellos me abrieron sus bibliotecas y sus recuerdos, y alguna de las partes de este texto no hubieran sido posibles sin su colaboración.

A los doctores Vicente Ripollés Vilar y Francisco González Morán, por sus opiniones y apuntes acerca de esta obra.

Al profesor Francisco Mezquita Broch, por la exhaustiva revisión técnica del texto original, que lo liberó de varias inexactitudes y por haber aceptado prologarlo.

A la profesora Rosa Monlleó Peris, miembro de la Comisión de Publicaciones de la Diputación Provincial de Castelló, por sus atinados consejos y recomendaciones bibliográficas referentes a las mujeres en la Medicina.

Al personal administrativo del Colegio de Médicos y en especial a su oficial mayor, José Antonio Arias. Su ayuda, apuntes, orientaciones y su disponibilidad, han sido claves para acceder a muchos de los datos que se exponen en el texto.

A todo el personal de todos los archivos en los que he consultado. En todos siempre he encontrado amabilidad, diligencia y profesionalidad.

Las vidas de los hombres en el trascurrir del tiempo son dispares y singulares, conocer estas vidas es interesante y debe ser trasmitido y narrado para que llegue a ser conocido.

La historia de los hombres y mujeres que han formado el Colegio Oficial de Médicos de Castelló, con todos los avatares desde sus inicios hasta estos tiempos modernos, debe ser dada a conocer mediante la narrativa y crónicas que ha quedado de sus vidas, escritos, logros.

Recopilar, catalogar y escribir esos datos es tarea ardua, pues son las vivencias que ha generado nuestro pasado para llevarlo al presente.

La historia de nuestro Colegio la han creado todos los médicos que han formado parte de él y hay que darlo a conocer, es el pasado trasmitido al presente.

Toda esta labor; manuscritos, documentación, crónicas, ha sido recogida y revisada por nuestro compañero Julio García Guerrero, que ha investigado con detalle y precisión, transcribiendo con ilusión este gran libro, un gran libro que ha de servir para adentrarnos y conocer la vida y logros de los médicos del Colegio Oficial de Médicos de Castelló.

Es la historia biográfica de nuestro Colegio y las gentes que han formado y forman parte de él.

Gracias Julio García Guerrero por tu dedicación, al haber hecho realidad este testimonio y realizar este gran trabajo que recoge la Historia de los médicos del Colegio Oficial de Médicos de Castelló.

Enhorabuena

José M.ª Breva Sanchís (†)
Presidente del Colegio Oficial de Médicos de Castelló
Castelló, marzo de 2021

ÍNDICE

PRÓLOGO

La razón para escribir el prólogo de esta obra posiblemente radica, en parte, en que hace más de veinte años estuve investigando en el archivo del Colegio de Médicos de Castelló para un trabajo histórico sobre la implantación de las profesiones liberales en la capital y su provincia, entre ellas, la de médico y farmacéutico, que finalmente, por no poder compatibilizar la investigación y la enseñanza a causa de la dedicación y exigencia del Instituto, hube de abandonar, pero una parte, precisamente la dedicada a la profesión médica, quedó plasmada en un trabajo en el propio Boletín del Colegio del año 2000, conmemorando el primer centenario del Colegio con el título: «Fuentes históricas para la historia del Colegio de Médicos de Castellón».

Hace unos meses, en una conversación con el doctor Julio García Guerrero, me hizo saber el propósito de realizar la historia del Colegio para el cual le presté todo mi apoyo, pues pensaba y pienso que es una de las lagunas historiográficas que tenemos en Castelló sobre la implantación de las profesiones liberales en general en nuestro territorio, la formación y la organización de los diversos colectivos, su influencia en la sociedad, temas de importancia para conocer nuestro pasado como sociedad liberal y su evolución hacia una sociedad democrática.

Aunque el debate sobre la colegiación obligatoria médica se incrementa a finales del siglo XIX, según la obra de Francisco Villacorta Baños «Profesionales y burócratas» (1989), el trabajo que estamos viendo se inicia en la misma fundación histórica de Castelló sobre las noticias y actividades de la profesión médica con los diferentes avatares a través de los años.

La instauración del Real Protomedicato en la Castilla de los Reyes Católicos como «primer esbozo de la formación del ejercicio médico y las primeras manifestaciones de poder controlar de alguna forma su actividad profesional» no tuvo ninguna incidencia en los territorios de la Corona de Aragón, dada la organización *federal* del Estado. Aquí la actividad sanitaria era controlada directamente por los municipios. Por tanto, habrá de llegar la unificación y centralización borbónica castellana de Felipe V impuesta después de la Guerra de Sucesión, para que los actos administrativos del Estado se apliquen en toda España, como la creación de la Junta Suprema de Sanidad en 1720.

El siglo XIX fue, en términos generales, el de formación del Estado liberal y por lo tanto el de la organización e implantación de las diferentes profesiones liberales, como la de los profesionales de la Medicina. En ese sentido, a finales de siglo se plantearán los problemas derivados de la colegiación obligatoria propuesta por el Estado para regular sus prácticas y asegurar la asistencia sanitaria en todo el territorio, siendo contestada corporativamente por una parte de la profesión médica basándose en la idea de preservar la libertad y profesionalidad de los actos médicos según el pensamiento hipocrático. Otros autores, como el citado Francisco Villacorta, achacan la posición contraria a la colegiación obligatoria a la posición privilegiada en el reparto de trabajo facultativo o a un mayor control fiscal. Al final, el Estado estableció la colegiación obligatoria el 1898, aunque será a principios del siglo xx cuando sea definitiva.

A partir de 1917, la colegiación obligatoria se cumple de manera ejecutiva y la vida del Colegio de Médicos de Castelló transcurre a través de las distintas juntas directivas, consolidando su gestión con diversas actuaciones, entre ellas la de dotar de una sede digna a sus propósitos.

Un capítulo novedoso es el referente a la Guerra Civil, que el autor ha desarrollado de manera pormenorizada desde diferentes archivos para poner en relieve la represión en el campo republicano durante los dos primeros años de guerra, en que el poder de la República fue superado en los meses iniciales por diversos comités, actuando estos con una violencia indiscriminada. Por otra parte, a partir de la entrada del ejército franquista en Castelló, la violencia represiva se cebó en la profesión médica proclive a la República y continuó durante la larga dictadura franquista dejando la impronta de vencedores de la guerra.

Hasta ahora habían aparecido, que conozcamos, en el ámbito de Castelló trabajos concretos sobre la represión médica en el caso de Juan Bautista Bellido Tirado por su nieto Juan Bautista Bellido Blasco (*La cultura exiliada*, L. Meseguer, S. Fortuño, E. Nos, J. L. Porcar, 2010) o el de Juan Miguel Palomar Martinez: «Los médicos castellonenses. Represión y poder político (1938-1945)» en el año 2012 (en línea www.congresovictimasfranquismo.org), los dos autores, por cierto del Grup per la Recerca de la Memòria Històrica de Castelló. Con este trabajo que ahora prologamos, podemos tener una visión de conjunto del tema y el panorama histórico resulta más general y completo, llenando el vacío que el discurso historiográfico franquista había impuesto.

La última parte de la obra se basa en la vida colegial durante el franquismo y la gestión de las diferentes juntas directivas ante los problemas y retos que presentaban los nuevos tiempos. Podemos destacar la aparición de las primeras médicas colegiadas en nuestra provincia. Solamente había una hasta la Guerra Civil, Antonia Fenollosa Pérez, colegiada en 1937 y nueve más hasta 1964, lo cual demuestra la lentitud en la incorporación de la mujer a las profesiones liberales de enseñanza superior, pero no es una excepción sino la normalidad. Solo la profesión farmacéutica lo hizo anteriormente, en 1924 con Irene Villanueva Santamaría en primer lugar; también en Filosofía y Letras podemos constatar el ingreso en el claustro del Instituto de Castelló de la catedrática de latín Maria Luisa Garcia-Dorado Seirulo en el curso 1923-1924 siendo una de las primeras de España. Por otra parte, en la abogacía, la primera colegiada se inscribió durante el franquismo en 1949, siendo María Piedad Ortells Agut.

Como decíamos al principio no han proliferado hasta ahora en Castelló trabajos históricos sobre los diferentes colegios profesionales, pero no podemos dejar de citar que conocemos el volumen sobre *La historia del colegio de abogados de Castellón*, publicado en 1994 por el propio colegio, del que es autor Sebastián Albiol Vidal. Diez años antes, en 1984, Vicente Dualde Pérez y Vicente Izquierdo Iranzo también publicaron en la editorial ECIR la obra *Datos para la historia del Ilustre Colegio Oficial de Veterinarios de la provincia de Castellón*. También la obra de Pedro Vernia, *Historia del Ilustre Colegio Oficial de Farmacéuticos de la provincia de Castellón*, publicada en 2002 por la Conselleria de Sanitat. Todos ellos dignos precedentes del trabajo que ahora nos ocupa.

Por tanto la obra del doctor Julio García, basada en la documentación de diversos archivos, viene a llenar un vacío en la investigación histórica de los colegios profesionales de Castelló, y es necesaria para comprender la formación de nuestras clases medias y el papel rector que ofrecieron en la configuración de la sociedad liberal a través de las diferentes instituciones sociales y políticas. Estamos seguros de que será también un acicate para trabajos posteriores de otros investigadores en diferentes campos. Animamos desde aquí a su lectura, en favor de una mejor comprensión de nuestro pasado para entender mejor el futuro.

Francisco Mezquita Broch,
Catedrático de Historia
Castelló, enero de 2020

ÍNDICE DE ABREVIATURAS

AHDP: . . . . Archivo Histórico de la Diputación Provincial de Castelló
AHGD: . . . . Archivo Histórico General de Defensa (Madrid)
AHM: . . . . Archivo Histórico Municipal de Castelló
AHP: . . . . Archivo Histórico Provincial de Castelló
BCOMCAS: . . . . Boletín del Colegio Oficial de Médicos de la provincia de Castelló
BOP: . . . . Boletín Oficial de la Provincia de Castelló
CDMH: . . . . Centro Documental de la Memoria Histórica (Salamanca)
CGCOM: . . . . Consejo General de Colegios Oficiales de Médicos
COMCAS: . . . . Colegio Oficial de Médicos de Castelló
JSS: . . . . Junta Suprema de Sanidad
LACOMCAS: . . . . Libro de Actas de la Junta de Gobierno del Colegio Oficial de Médicos de Castelló.
OMC: . . . . Organización Médica Colegial
RD: . . . . Real Decreto
RMF: . . . . Revista Médico-Farmacéutica
SIM: . . . . Servicio de Información Militar
SOE: . . . . Seguro Obligatorio de Enfermedad
UM: . . . . La Unión Médica

INTRODUCCIÓN

La Medicina como profesión sanitaria tenía hasta la caída del *Ancien Régime* un rico pasado corporativo de tipo gremial, de cofradías o montepíos, de carácter proteccionista y restrictivos de la libertad de ejercicio y mercado.

El proceso de implantación de la sociedad liberal en España a lo largo del siglo XIX trajo consigo el nacimiento y desarrollo de las corporaciones profesionales, de las que uno de los más claros ejemplos con los colegios de médicos. El asociacionismo médico del siglo XIX se diferencia de los antiguos gremios en que está marcado por un carácter típicamente burgués que es la profesionalidad. Una profesionalidad que impulsa a estas asociaciones médicas a obtener una autonomía, reflejada en el ejercicio libre de su profesión y en un autocontrol que favorece necesariamente la actuación colegiada como forma de su articulación interna y que impregnará todo el desarrollo mencionado. Así, las corporaciones profesionales –los colegios de médicos– se convierten en un elemento más del desarrollo del estado liberal burgués con la finalidad fundamental de articular y defender los intereses de la Clase (Arroyo Medina, 1997). La tradición ideológica liberal es mayoritaria entre la clase médica española desde antiguo y ya se pueden encontrar médicos defendiéndola en las Cortes de Cádiz (López Piñero, 1964).

Castelló no es ajena a estas características. La clase médica castellonense se identificó mayoritariamente con el liberalismo burgués desde sus principios. Una buena prueba de ello es que durante el llamado *trienio liberal* del reinado de Fernando VII (1820-1823), tres médicos ocuparon cargos de regidores en el ayuntamiento de la capital, mientras que en toda la llamada *década ominosa* (1823-1833) solo es posible encontrar a uno (Martí Arnándiz, 1997). Avanzado el siglo, el movimiento asociativo médico prendió en Castelló como en muchas otras ciudades de España, hasta culminar en el nacimiento del Colegio de Médicos.

El texto que sigue tiene tres partes principales. En el primer capítulo se hace un repaso histórico de la regulación legal de la Medicina y de su ejercicio hasta principios del siglo XIX; el segundo capítulo se dedica al siglo XIX, es en este período cuando surgen los primeros movimientos asociativos médicos con las características que se han definido más arriba. El resto de capítulos se dedica al nacimiento, desarrollo y funcionamiento del Colegio Oficial de Médicos de Castelló, desde su inicio en agosto de 1898 hasta 1979, año en que la ley de colegios profesionales franquista fue adaptada a la Constitución de 1978.

Se ha dedicado un capítulo completo a la Guerra Civil española y sus consecuencias. La legislación republicana suprimió los colegios de médicos y liquidó su patrimonio, por lo que el Colegio de Castelló dejó de existir durante tres meses (entre marzo y junio de 1938). Además, la clase médica castellonense sufrió una intensa represión desde el inicio de la Guerra, que continuó una vez tomada Castelló por las tropas franquistas y tras finalizar el conflicto armado. Esas dos razones son suficientes para dedicarles un capítulo completo.

El trabajo se ha completado con diversos anexos que complementan y sistematizan el contenido del texto.

La metodología seguida ha sido una investigación de archivo en todas las fuentes que se ha considerado que podían aportar datos. Se relacionan a continuación las fuentes documentales consultadas:

Archivo del Colegio Oficial de Médicos de Castelló

Se encuentran aquí todos los libros de actas que se conservan,[1] así como el libro de registro general de colegiados, un llamado libro de correcciones, los boletines periódicos que ha editado el Colegio a lo largo de su historia otra documentación útil para esta obra, como las fichas personales de los colegiados.

Archivo de la Diputación Provincial de Castelló

Da acceso al *Boletín Oficial de la Provincia* actual e histórico, hemeroteca histórica y documentación diversa, como censos de población y otra documentación, como los expedientes de depuración de médicos que trabajaban en el Hospital Provincial.

Archivo Histórico Provincial de Castelló

Da acceso al Archivo Histórico del Gobierno Civil con documentación sobre la relación del Colegio con las administraciones públicas. Así mismo se guardan aquí todos los expedientes de responsabilidades políticas que abrieron las autoridades franquistas tras la Guerra Civil.

Archivo Histórico Municipal de Castelló

Contiene una muy apreciable hemeroteca histórica en la que están muchos números editados por *Unión Médica* y *Revista Médico-Farmacéutica*, órganos de expresión del movimiento asociativo médico castellonense previo a la creación de los colegios de médicos. Así mismo se encuentran allí algunos otros documentos de interés para esta investigación como padrones de residentes y publicaciones periódicas como *El Heraldo de Castellón* y *Clamor*.

Archivo Histórico General de Defensa (Madrid)

Contiene los expedientes de todos los procedimientos judiciales abiertos por las autoridades militares durante los años de la Guerra Civil y posteriores.

Centro Documental de la Memoria Histórica (Salamanca)

Con documentación muy diversa; desde los expedientes incoados por el Tribunal Especial de Represión de la Masonería y el Comunismo, hasta la Causa General abierta por las autoridades franquistas tras acabar la Guerra.

---

1 El órgano de gobierno del Colegio ha recibido diferentes nombres a lo largo de la existencia de la Institución: junta de gobierno, junta directiva, consejo directivo… He decidido unificar la terminología y de esta forma, siempre que me refiera a este órgano en el texto lo llamaré Junta de Gobierno, independientemente de la terminología oficial de esa época concreta.

Biblioteca de la Universitat Jaume I

Su sección del centro local documental de la memoria histórica da acceso a múltiples sumarios de consejos de guerra y otros procedimientos judiciales del franquismo.

Archivo del Reino (Valencia)

He consultado aquí expedientes penitenciarios de médicos que sufrieron prisión en centros valencianos y que fueron trasferidos a la administración autonómica al clausurarse la antigua cárcel Modelo de Valencia.

Archivos históricos del IES Ribalta de Castelló y de la Universidad de Valencia

Aquí he tenido acceso a expedientes académicos de algunos de los presidentes del Colegio y colegiados.

Archivos de la Secretaría General de Asuntos Penitenciarios (Madrid) y del centro penitenciario Castellón I

Aquí he consultado expedientes penitenciarios de algunos de los médicos que aparecen en el texto.

Hemeroteca del diario Mediterráneo

Desde su fundación en junio de 1938.

CAPÍTULO 1

ANTECEDENTES HISTÓRICOS DEL EJERCICIO DE LA MEDICINA Y DEL ASOCIACIONISMO MÉDICO EN CASTELLÓ

1. La sanidad en Castelló antes de la unión de las coronas

Es de sobra conocido que Jaume I otorgó la Carta Pobla fundacional de la ciudad de Castelló el 8 de septiembre de 1251; en ella autorizaba a su lugarteniente Ximén Pérez de Arenós a trasladar la villa desde el castillo viejo, lo que hoy es la ermita de la Magdalena, a cualquier otro lugar apropiado dentro del término. Quiere la tradición que el traslado se llevara a cabo el tercer domingo de cuaresma de 1252, dando origen así a la ciudad. En 1281, el rey Pedro III concede a Castelló los mismos privilegios de que gozaba Valencia para elegir diferentes cargos relevantes de la administración municipal, como los Jurados Primeros, el Justicia y el Mustaçaf. El Mustaçaf es el primer cargo con competencias sanitarias de que se tiene noticia. Se elegía por el Consell ciudadano cada año entre miembros prominentes de la comunidad y tenía competencias entre otras en: vigilancia de pesas y medidas, ordenación urbana y construcción de edificios, fiscalización de los gremios y, para lo que nos interesa, actuaba como inspector de higiene, con competencias sobre la limpieza y estado de conservación de murallas, abrevaderos, acequias, desagües urbanos, limpieza de las calles de la villa, salubridad de sus casas, estercoleros... Eran estas competencias puramente municipales y no existía una normativa común en materia médica (Roca Traver, 1972).

Una de las primeras normativas reguladoras de algún modo del ejercicio profesional médico promulgadas en España fue la de Alfonso el Benigno y estaba inserta en los Furs que este rey otorgó en las Cortes de Valencia (1329-1330). Se contenía allí una minuciosa legislación para médicos, cirujanos, barberos y boticarios y se daba el primer intento legislativo de dar a la Medicina el carácter de profesión titulada, cuyos miembros forzosamente tenían que pasar un examen de competencia previo a su ejercicio (García Ballester, 1987-1988).[2] Con esta reglamentación parece lógico pensar que los primeros médicos titulados que ejercieron en Castelló hubieran cursado estudios en las escuelas de Medicina de Lleida y Montpellier y, fundamentalmente, en la de Valencia, donde desde el mismo 1329 había examinadores que daban el «grado» en Medicina (Sánchez Gozalbo, 1972).

El Consell de la ciudad era el que hacía las contrataciones de los profesionales, normalmente por períodos de uno o tres años, pero excepcionalmente se podía alargar ese plazo incluso hasta diez años. Por estos contratos el médico en cuestión se obligaba a tratar a todos los vecinos pobres de la villa y a los transeúntes, así como a los encamados en los hospitales. En algún caso incluso, como el del médico Pedro Castellot, en el contrato

---

[2] En esta normativa se exigía al menos cuatro años de formación en algún estudio general «[...] a tots los metges de física que novellament vinguen per practicar en la ciutat e en les viles de regne».

se estipulaba que el médico contrataría a su cargo al boticario. Del último tercio del siglo XIV son nombres de médicos ejercientes en Castelló, como Romeo Brusca, Berenguer Gener, Pedro Castellot, Domingo Rodrigo, Guillermo Vives, o los boticarios Jaime y Pedro Mederes.

Como curiosidad es mencionable que en estas tempranas épocas ya hay crónicas de intrusismo, incluso fomentado por el mismo Consell ciudadano, que en un documento fechado el 4 de julio de 1391 propone llamar a un tal Azberto Barberá, que años antes había realizado «milagrosas» curaciones en los ojos de muchos vecinos de la villa (Sánchez Gozalbo, 1972).

Tenemos algún conocimiento de la sanidad en Castelló en esta época, y hasta bien entrado el siglo XVII, por los escritos de Sánchez Gozalbo y Revest Corzo. Sabemos, por ejemplo, que Domingo Rodrigo, médico natural de Castelló, fue contratado por tres años en 1385 a razón de 30 libras anuales, con la obligación de cuidar a los vecinos, visitar a los acogidos en el hospital de la Villa y atender a los que pernoctaran en la ciudad y lo requirieran. Sabemos también que en los últimos años de desempeño profesional, Domingo Rodrigo debió de coincidir en el ejercicio con Berenguer Borrás, y que esta coincidencia no se debió a un aumento de la población, sino más bien al flagelo de la peste, que aconsejaba duplicar los esfuerzos para combatirla. Este Borrás empezó a visitar en nuestra villa en 1405 con un estipendio de 400 sueldos anuales, pagados íntegramente por el Consell, sin que los vecinos tuvieran que poner nada y ejerció durante casi cuarenta años. Llegó a involucrarse en el gobierno municipal y desempeñó el cargo de *conseller* en 1429. Al final de su ejercicio en 1444, fue reprendido por el Consell por dicotomía, por dirigir todas sus prescripciones a la botica de Pere Feliú.

Simultáneamente con Berenguer Borrás ejercieron en algún momento Jaume Maderes, Garcerán de Jorba y Ramón Miquel, contratados para combatir la peste. Framci Torres fue contratado en 1453 por 15 libras anuales hasta su muerte en 1459, año en que se contrata a Antonio Micó que abandonó la villa al año siguiente, al ser contratado Abdalla «moro, metge de València». En agosto de 1461 es contratado Gabriel Calaceit y es sustituido en 1466 por Bernardo Carmona, al que en junio de 1471 se une Nicolás de Reus por un período de tres años. Este período no se renovó porque este último manifestó su pretensión de establecerse en Morella y exigió del Consell unas condiciones que este no aceptó. Miguel Marco ya debía de estar en Castelló antes de 1481, fecha en que encontramos la primera constancia documental de ello, y fue un médico que arraigó en la villa. En enero de 1485 se le renovó el contrato «per esser de gran cortesía, llevar e remoure aquel qui ha be servit per metre ni altre», y en marzo de 1488 se le mejora el contrato «con mejora de la pensión, con el fin de que no se vaya a Montalbán». Los últimos años de su ejercicio los dedica a combatir la peste (Sánchez Gozalbo, 1979: 59).

Una figura importante en la asistencia médica medieval eran los cirujanos y cirujanos-barberos, que fundamentalmente practicaban cirugía menor y sangrías. Garcerán de Jorba, Berenguer Nomdedeu, Gabriel Amat, Antonio Morons, Berenguer Sala, Pedro Tora, Francisco Vidal, Bartolomé Guardiola y Pedro Punyet son nombres de cirujanos que constan dirigiéndose al Consell de Castelló, solicitando permiso para atender a sus ciudadanos el 23 de octubre de 1454, con el propósito «de exercir c usar l'art de cirurgia en la dita vila e terme». También había los llamados *tornabraços* especializados en reducción de luxaciones y fracturas.

Los boticarios regentaban establecimientos que hoy podríamos asimilar a un bazar, en los que lo mismo se despachaban hierbas medicinales y se preparaban las prescripciones de los médicos, que se podían adquirir velas o papel, o se destilaban líquidos varios, aunque este carácter de bazar o colmado fue cambiando progresivamente con el avance del siglo y profesionalizándose. En el mismo documento visto antes de 23 de octubre de 1454, figuran también como solicitantes para abrir sus tiendas los boticarios Miguel Egual y Pedro Feliú (Sánchez Gozalbo, 1979).

Como hemos visto hasta ahora, no se puede hablar de asociacionismo médico en Castelló en este período por la sencilla razón de que –con excepcionales períodos motivados por agentes externos– solo había un médico, que además, muy probablemente ocupaba todo su tiempo en la atención de la población.

La asistencia médica de la gente con pocos recursos –mendigos, pobres vergonzantes e indigentes–, que para todo había una clasificación y de esta forma se clasificaba a este grupo social, se prestaba en el hospital. La primera mención documental del hospital de la Villa que he encontrado data de 4 de marzo de 1290 (Revest Corzo, 1947); en el hospital se atendía a pobres del término y a cualquier persona forastera que lo pudiera solicitar. Estaba sostenido exclusivamente por el *Consell* ciudadano. En 1391 Guillem Trullols deja en su testamento una asignación en dinero y propiedades para el sostenimiento de un hospital en la ciudad a cargo de la cofradía de Sant Jaume. Los dos hospitales se unieron en uno solo con posterioridad a 1543 (no se sabe la fecha exacta), dando lugar a lo que pasando el tiempo sería el Hospital Provincial. El hospital se nutría fundamentalmente de donaciones y de las rentas de sus propiedades. Los médicos y cirujanos-barberos que lo atendían estaban contratados y pagados por el Consell; en todos los contratos se estipulaba la obligación del profesional de atender a los pacientes pobres del hospital.

El Consell también pagaba a los boticarios el importe correspondiente de las medicinas, hierbas o preparados necesarios para la asistencia, pero en estos casos sin contrato, eran encargos. En ocasiones, cuando las características de la enfermedad sobrepasaban los conocimientos de los médicos o los medios disponibles, se recurría a enviar al paciente al hospital de Valencia, sobre todo en casos de enfermos que ahora llamaríamos psiquiátricos. El salario de un médico oscilaba entre las veinte y treinta libras anuales, mientras que el de un cirujano no superaba las diez (Revest Corzo, 1947).[3]

2. El Protomedicato

Normativa en Castilla previa a los Reyes Católicos

En Castilla había puntuales normas que se referían al ejercicio de la Medicina desde antiguo,[4] pero es la institución del Real Protomedicato el primer esbozo de organización

---

[3] El sistema monetario era complejo y territorial, de forma que en cada territorio de la Corona regía uno diferente. La idea base partía de disponer de una cantidad de metal precioso (oro) estándar y hacer subdivisiones para hacer el sistema más manejable. Se adoptó la libra, pero su valor era diferentes según el sitio. La libra castellana equivale a 460 gramos, mientras que la catalano/valenciana eran 400 gramos, 350 la de Zaragoza o 492 la de Guipúzcoa. En Valencia una libra equivalía a dos marcos o veinte sueldos o doscientos cuarenta dineros. Específicamente en Valencia, el Rey Jaume I al conquistarla acuñó el llamado *ral de València*. Una libra equivalía a 13,33 *rals*. Con el tiempo el llamado «dinero» fue la moneda real y de la que se hicieron más acuñaciones. En el reinado de Joan I (1387-1396) se acuñaron *ral d´argent* (de plata) que equivalían a 1,5 sueldos o 18 dineros y que estuvieron vigentes y circularon hasta entrado el siglo XVIII (Ripollés, Llorens, 1999: 113-142).

[4] FUERO JUZGO, tít I, lib II: *De los físicos i de los mercaderes de ultramar y de los marineros*. El Fuero Juzgo se considera que es una traducción del *Liber Iudiciorum* visigótico, atribuida a Fernando III el Santo. También el FUERO REAL de Alfonso X habla de médicos y físicos (lib IV, tit 16, leyes I-II): «Ningún hombre obre de físico si no es aprobado por los físicos de la

de la formación de los médicos y el ejercicio de la Medicina, y la primera manifestación de la voluntad del Poder de controlar de alguna forma esta actividad profesional. El Protomedicato tiene sus antecedentes lejanos en las leyes de Toro de 1371 otorgadas por Enrique II, en las que aparecen las primeras reglamentaciones; en ellas se recoge que los médicos ejercen con documentos que les daba la Cancillería Real[5] (Campos Díez, 1999). Posteriormente, en 1422 en la real cédula otorgada por Juan II, se creaba un tribunal de alcaldes mayores y examinadores encargados de regular el acceso a la profesión mediante un examen al que lo pretendía, este tribunal también tenía funciones disciplinarias (González, Almeida, 1983).

Apuntes normativos sobre el Protomedicato

La unión de las coronas y el afán de control y unificación de las leyes que tenían los Reyes Católicos, les hizo promulgar el 30 de marzo de 1477 una pragmática que es considerada la ley fundamental del tribunal del Real Protomedicato; por esta pragmática se creaba un órgano colegiado y supremo, de carácter técnico y destinado a controlar el ejercicio de las profesiones sanitarias (Campos, 1996). Complementariamente a esta regulación cabe citar también las ordenanzas del Real de la Vega en Granada, de 1491 y de Alcalá de 1498. Felipe II culminó el desarrollo regulatorio del tribunal mediante real cédula de 11 de noviembre de 1588 y legislación subsiguiente, en la que constituye un tribunal colegiado, sin que haya opción a la actuación individual de sus miembros (Campos, 1996). A pesar de este afán uniformizador y de varios proyectos de ordenanzas posteriores, el Protomedicato no llegó a implantarse de hecho y homogéneamente en todos los territorios de la Monarquía Hispánica (González-Arce, 2011 y López-Terrada, 1996). El carácter «federal» de la Corona condicionó que en los territorios de la Corona de Aragón la organización fuera diferente, como se verá más adelante.

El tribunal del Protomedicato era un organismo de la maquinaria burocrática del Estado que estaba diseñado para controlar todos los aspectos del ejercicio de la Medicina y otras profesiones sanitarias como «[…] los tales físicos y cirujanos, ensalmadores y boticarios y especieros y las otras cualquier personas que en todo o en parte usaren oficio, a estos oficios anexo y conexo[…]» (González, Almeida, 1983). Sus competencias abarcaban tres áreas: a) educativa-ejecutiva, encargada de la enseñanza y otros asuntos de la gobernación de la Medicina, Farmacia y otras profesiones sanitarias; b) punitiva, para corregir excesos de los profesionales y combatir el intrusismo y c) tributaria, recaudadora de derechos de exámenes o aranceles impuestos a las boticas. Ningún médico titulado podía ejercer la Medicina sin autorización de este órgano, que era el llamado a regir todos los aspectos del ejercicio profesional en el reino. El tribunal tenía con los profesionales el poder de emplazarlos y la capacidad para conocer y enjuiciar las causas civiles y

---

villa donde ha de obrar, y por otorgamiento de los Alcaldes, y sobre todo exista Carta testimonial del Consejo; e igual de los maestros de llagas, y ninguno de ellos ose tajar, ni defender, ni sacar huesos, ni de quemar ni de medicinar, ni hacer sangrar a ninguna mujer sin mandato de su marido o padre, de su madre, de su hermano, de su hijo o de otro pariente próximo que tuviese; y si alguno obrare antes de ser aprobado y otorgado lo antes dicho, pague 300 escudos al Rey; y si matare o lisiare a hombre o mujer, el cuerpo y lo que tuviere, sea puesto a merced del Rey, si hijos no tuviere; y si hijos tuviere hereden sus hijos lo que tuviere y el cuerpo sea puesto a merced del rey. Si algún físico o maestro de llagas tomare a otro por contrato para curarlo, y si antes de ser curado de esa enfermedad muere, no puede pedir el precio tasado, e igual si contrató sanarlo en tiempo determinado y no lo hizo».

[5] «Otros y porque nos dixieron que la nuestra chancilleria non estaba bien ordenada asy commo cunplia tenemos por bien de la ordenar de esta manera: Carta de físico que sea examinado en la nuestra corte e lieva carta para que pueda examinar. Otro tal de cilugiano». (Cortes de Toro, 1371, pet. 8. C.L.C.: II: 227).

criminales por los excesos cometidos en el uso de sus oficios; tenía autoridad máxima para sentenciar, sin más posibilidad de apelación que ante el mismo tribunal. También tenía competencia en la inspección de las farmacias, con el fin de destruir falsos medicamentos.

Peculiaridades valencianas

Como ya se ha apuntado, la implantación del tribunal del Protomedicato no fue uniforme y su acción fue más evidente en los territorios de la Corona de Castilla. En los territorios de la Corona de Aragón el control real sobre esta actividad no era tan acusado y la actividad sanitaria seguía siendo controlada fundamentalmente por los municipios, como había sido siempre; había otras particularidades como que en Valencia había desde 1329 un estudio de Medicina que formaba y titulaba médicos. También era habitual que el *consell* ciudadano eligiera los examinadores de entre los catedráticos del Estudi (López, Pardo, 1987), y era el mismo *consell* a través del Mustaçaf, quien se ocupaba preferentemente de todos los asuntos relacionados con la salubridad pública[6] (Salabert, 1987). No hay razón alguna para pensar que lo que era habitual en Valencia no lo fuera en Castelló.[7] Aun con las dificultades de implantación en todos los territorios que ya se han aludido más arriba y que se solucionaron en buena medida a partir del decreto de Nueva Planta (1711), el tribunal del Protomedicato estuvo vigente y activo hasta bien entrado el reinado de Fernando VII en el primer tercio del siglo XIX, ya que celebró su última sesión el 28 de marzo de 1822.

No se puede dejar de mencionar en este apartado la existencia de las cofradías, que existían en muchas ciudades y que normalmente, en el caso de los médicos, estaban bajo la advocación de San Lucas o San Cosme y San Damián. Tenían cierta semejanza con los gremios en el sentido de que existían para la ayuda mutua entre sus miembros, así como para autorregular el ejercicio de la profesión en los sitios donde existían. La pertenencia a ellas era obligatoria si se quería ejercer donde la cofradía tenía jurisdicción (Granjel, 1971). Michavila no menciona gremio alguno de personal sanitario en la exhaustiva revisión acerca de los gremios de Castelló que hizo en su momento (Gimeno, 1933).

3. Castelló en el siglo XVII, algunos apuntes sobre sus médicos y su sanidad

En el siglo XVII la atención sanitaria la prestaban un abigarrado y numeroso conjunto de «profesionales» diversos, unos con su título universitario correspondiente y otros, la gran mayoría, que fiaban toda su técnica de curar en el empirismo y eran carentes de toda titulación. Siguiendo a Sánchez Granjel vamos a intentar en las líneas siguientes desbrozar un poco este intrincado panorama, para mejorar en lo posible la comprensión del lector.

---

[6] «Valencia por ejemplo, disponía de examinadores de médicos y cirujanos, que concedían los grados y los permisos para ejercer; de un "veedor" encargado de la visita a las boticas y de los permisos de ejercicio a los boticarios; de un "depositador" que asesoraba a la justicia en los casos en que era necesario un peritaje médico, especialmente en las causas por heridas; por último, de cirujanos que debían reconocer y curar a las prostitutas o "dones de partit". Buena parte de las cuestiones sanitarias dependían del "musstassaf", magistrado municipal de complejas funciones, entre ellas la vigilancia de la higiene pública…» (López Piñero, 1989: 17).

[7] López Terrada y Pardo Tomás (1987) dan un pormenorizado relato del enfrentamiento que, a propósito de la implantación de esta institución del Protomedicato en el Reino de Valencia se dio entre la autoridad real y el autonomismo foralista del Consell de la ciudad de Valencia y de otras ciudades del Reino. Trasciende al objeto de estas líneas explicar este asunto con exhaustividad, pero baste decir que hasta bien entrado el siglo XVII las instituciones valencianas protestaron ante el Rey por esta imposición, siguieron actuando e ignoraron en la práctica su autoridad.

En la cúspide estaban los médicos (también llamados físicos) y los cirujanos «latinos», que eran los que habían cursado estudios en una universidad o estudio general. Había tres grados: bachiller, licenciado y doctor. Estos profesionales titulados generalmente vivían en la Corte o en ciudades grandes y estaban vinculados al servicio de grandes señores.

Después estaba el grupo de individuos sin titulación académica alguna y que ofrecían sus servicios «sanadores». Los cirujanos romancistas eran aquellos que no habían cursado estudio alguno, pero que tenían conocimientos médicos derivados de su trabajo previo con un médico o cirujano. Felipe III, en 1603, autorizó a que pasaran examen en el tribunal del Protomedicato, si trajeran probadas «[…] cinco años de práctica, tres en hospitales y dos con médico o cirujano […]» y una vez pasado el examen podían ejercer como cirujanos; no podían prescribir medicamentos, a diferencia de los cirujanos latinos que sí podían utilizar y prescribir los de uso externo. Los algebristas, aquí llamados *tornabraços*, estaban especializados en el tratamiento de fracturas, luxaciones y dislocaciones. Los barberos-sangradores hacían sangrías y ponían sanguijuelas, sajaban abscesos y sacaban dientes y muelas. Las parteras ejercían libremente, tras suprimirse su examen en el tribunal del Protomedicato en 1567, asistían a personas de todas las esferas sociales, a diferencia de los anteriores que prácticamente solo asistían al pueblo llano. Los ensalmadores o practicantes curaban llagas y heridas y, en general, dolencias externas. Se completa el cuadro con los hernistas o curadores de hernias, los sacadores de piedras o litotomistas, los oculistas o batidores de la catarata y los especializados en la cura de la tiña. Y a todos ellos hay que añadir los que explotaban la credulidad y superchería de las gentes: brujos, magos, astrólogos, sanadores y curanderos (Sánchez Granjel, 1971).[8]

Castelló contaba con 1165 vecinos en 1609 y 1146 en 1692. Un crecimiento poblacional nulo en un siglo, en el que probablemente algo tendría que ver la expulsión de los moriscos, decretada por Felipe III en 1609. A pesar de esto, Castelló era una ciudad populosa para su época (Casey, 1978). La estructura económica era fundamentalmente agrícola (un 60 % de la población vivía de la agricultura), entremezclada con artesanos, comerciantes y una incipiente aunque poco sólida burguesía urbana, compuesta de profesionales (sobre todo abogados) y funcionarios, ya que era sede de un gobernador real.[9] Llama la atención la evolución de la nobleza que experimentó un gran crecimiento en este siglo a base de compras de títulos de hidalguía, fundamentalmente por labradores ricos para sus hijos. Las profesiones sanitarias se repartieron a lo largo de este siglo en la forma que muestra el siguiente cuadro:

---

[8] En este trabajo Granjel hace una descripción magistral de todos los aspectos de la cotidianeidad de un médico en el siglo XVII: desde cómo organizaba su tiempo a la consulta diaria, o los peligros que arrostraban en el tratamiento de episodios epidémicos.

[9] Casey hace un pormenorizado retrato de la estructura económica de la ciudad a través del estudio del «Llibre de peytas», de 1608 y 1702. La *peyta* era un impuesto recaudado por el municipio tras la confección a intervalos regulares de un padrón de las haciendas, tanto de los naturales y residentes, como de los forasteros que tenían casas y propiedades en el término. Los principales cultivos eran, por este orden, trigo, lino y cáñamo, habas, algarrobos, moreras y vid, y estaban fundamentalmente orientados al abastecimiento del autoconsumo. El número de contribuyentes no agrícolas eran respectivamente en 1608 y 1702: Iglesia: veinticuatro y veintinueve; nobleza: seis y cuarenta; derecho: treinta y cuatro y sesenta y nueve; tejedores y confección: cuarenta y cinco y sesenta y nueve; cáñamo y esparto: veinticinco y sesenta y cuatro; cuero: veintiuno y veintiuno; construcción: diecisiete y veintitrés; metalurgia y platería: veintidós y veintisiete; madera: diez y dieciocho; hostelería y alimentación: trece y veintiuno; dependientes: doscientos cuarenta y siete y trescientos cuarenta. El cuadro general es de prosperidad, con una importante creación de riqueza en la ciudad durante el siglo, lo que contrasta con el nulo crecimiento demográfico de la ciudad y el declive económico que sufrió el País Valenciano en este período.

Tabla 1: Evolución del número de profesionales sanitarios y su patrimonio en el siglo XVII en Castelló

	1608		1702	
	A	B	A	B
Médicos	2	3150	5	24775
Practicantes	1	700		
Cirujanos	4	25450	12	14750
Apotecarios	4	21925	8	9600
Albeitares	2	800	3	4475

A: Número de profesionales;
B: Valor total de la hacienda declarada (en sueldos). Fondo documental: Casey, 1979: 27.

Un retrato de la actividad de un médico castellonense de esta época lo encontramos en «El médico castellonense Bertomeu Giner (1588-1630). Acercamiento a la actividad médica en la sociedad rural del Siglo XVII» (Gil, Salabert, 1997). Bertomeu provenía de una familia castellonense de agricultores acomodados. Es probable que estudiara en Valencia y se graduó en noviembre de 1601. Fue contratado por el Consell de la ciudad para visitar a los pobres del hospital por las mañanas por un salario de 27 libras anuales, muy por debajo del que cobraban sus colegas de Valencia –unas 100 libras– por hacer el mismo trabajo. Aunque los contratos solían ser anuales, también se solían renovar de forma automática y Bertomeu estuvo atendiendo el hospital hasta su muerte.

Además de este trabajo hospitalario, por las tardes visitaba a sus enfermos privados en régimen de iguala, que fueron alrededor de seis cada año de diversa extracción social, hasta hacer un total de 34 libras y 12 sueldos.[10] Estos ingresos eran complementados con la atención a pacientes no abonados. Además de esta actividad profesional desarrolló otras actividades económicas como el comercio y compró tierras, ampliando considerablemente el patrimonio heredado de sus padres. Buscó y obtuvo reconocimiento y prestigio social, y fue elegido Mustaçaf en 1623 y estuvo en las bolsas de Jurat y de Conseller en 1627 y 1630. Hay que recordar que esos cargos eran solamente asequibles a una pequeña parte de la población que tenía rentas muy por encima de la media, títulos de nobleza u otros privilegios reales. El ascenso social de la familia lo consolidó su hijo, Pere Giner, que se dedicó a la notaría.

4. La Guerra de Sucesión. La Nueva Planta y el siglo XVIII

Como toda la Monarquía Hispánica, Castelló empezó el nuevo siglo en medio de un cambio dinástico que dio lugar a la Guerra de Sucesión. Felipe V, vencedor, intentó homogeneizar el variado cuerpo legislativo que convivía en los diversos territorios de la Corona, promulgando normas que adecuaban los derechos forales y los asimilaban al derecho imperante en Castilla, con el deseo de «[...] llevar a todos mis reynos de España a la uniformidad de unas mismas leyes, usos, costumbres y Tribunales». La principal y

---

[10] El sistema monetario valenciano de la época se regía a partir de la libra que valía 20 sueldos y el sueldo, que hacía 12 dineros. Recogía por tanto 540 sueldos de su trabajo en el Hospital y cobraba 36 sueldos y cuatro dineros a los pacientes ricos y 19 sueldos y ocho dineros a los pobres. Como comparación se debe tener en cuenta que un peón de albañil cobraba en Valencia seis sueldos y un oficial ocho. (Transcrito de la nota al pie n.º 7 del trabajo de Casey)

más conocida fueron los decretos de Nueva Planta, promulgados entre 1707 y 1716, por los cuales se abolieron la mayoría de las leyes e instituciones propias de los territorios de la Corona de Aragón, entre ellos el Reino de Valencia.

La nueva organización centralista del Estado hizo posible la creación en el otoño de 1720 de la Junta Suprema de Sanidad (en adelante JSS), como un órgano técnico del Consejo de Castilla y con potestad legislativa para todos los territorios de la Corona. El principal motivo de su creación fue «[...] ver y consultar a S.M. sobre las dependencias que ocurrieren en orden a la peste» (Varela, 1998; Rodríguez, 1987-88). Aunque paradójicamente en su constitución no había médicos, la JSS era un órgano de carácter técnico-consultivo que ejercía funciones directivas y ejecutivas en materia de Salud Pública.

En el siglo XVIII había que entender como organización sanitaria aquella parcela de la administración dedicada a prevenir y sobre todo combatir, enfermedades catastróficas o epidémicas,[11] y la JSS nace fundamentalmente con la función de articular la defensa del Reino de epidemias provenientes de fuera de nuestras fronteras, algo así como una rudimentaria Sanidad Exterior que trabajaba fundamentalmente en los puertos y fronteras, aunque también ejerció funciones en los frecuentes casos de epidemias internas o domésticas como el paludismo, endémico en aquella época en muchos territorios de la Península o las varias epidemias de fiebre amarilla habidas a partir del año 1800; también tenía potestad para adoptar medidas tendentes a la preservación de la salud, como permisos para comerciar con géneros que podían entrañar algún peligro sanitario, vigilancia costera, confiscación de ropas o géneros sospechosos, imposición de penas de cárcel y multas por contravenir normas… una auténtica policía sanitaria al servicio de la administración central (Varela, 1998). La Junta Suprema de Sanidad mantuvo su vigencia hasta que un decreto de 17 de marzo de 1847 la disolvió y la sustituyó por la Dirección General de Sanidad. Hay que decir que tuvo dos períodos en que fue abolida: entre agosto de 1742 y julio de 1743 y entre marzo de 1805 y agosto de 1809.

Castelló empieza este nuevo siglo con 3752 habitantes (Sánchez Adell, 1993),[12] y lo acaba con 13 000 (aproximadamente 3400 vecinos); un importante crecimiento poblacional, si lo comparamos con el habido en el conjunto de España en ese período (de nueve a once millones de habitantes) y en línea con el resto del Reino de Valencia que triplicó su población en este período (Bustelo, 1975). Un crecimiento continuo y sostenido que se dio en el marco de un nuevo período expansivo en todos los órdenes. Castelló empieza el siglo siendo un burgo medieval y sale de él con las bases puestas para el desarrollo de una ciudad moderna. A pesar de ello, sigue siendo una ciudad esencialmente agrícola con una estructura de propiedad minifundista.[13]

Hay importantes lagunas documentales respecto a la actividad médica en Castelló en este siglo. De hecho, López-Piñero, García Ballester y colaboradores en una exhaustiva

---

[11] De hecho, el Consejo de Castilla al motivar la creación de la Junta Suprema de Sanidad, acuerda la constitución «de un tribunal privativo de la peste», ante la alarma provocada por un brote de peste bubónica declarada en Marsella y traída por un barco procedente del levante marítimo.

[12] Esto, según este mismo autor, equivale a mil setenta y dos vecinos, lo que concuerda con las cifras dadas por Casey para finales del siglo XVII.

[13] Los cultivos sufrieron cambios con respecto al siglo anterior; en 1721 el algarrobo acapara la mayor superficie cultivada con 25 273 hanegadas, seguido de trigo y cáñamo con 14 637, olivar con 4559 y viña con 3479. Por su parte en las profesiones y oficios despuntan mucho los corderelos transformadores de la mayor cantidad de cáñamo recogida, con cuarenta y un menestrales, notarios veintiocho, *espardañers* veinticinco, tejedores veintiocho, herreros veinte y por supuesto, los agricultores, de los que contribuían a la *peyta* trescientos sesenta y cinco de ellos (Díaz Manteca, 1993).

revisión de la bibliografía histórica de la Medicina valenciana, en la que revisan más de seiscientas publicaciones, no encuentran nada que hable del ejercicio de la Medicina en Castelló en ese siglo (López Piñero, 1975), y después de ese trabajo tampoco he encontrado otros con esta temática. Otro ejemplo: un trabajo que detalla los orígenes de los estudiantes de la Universidad de Valencia (y en concreto los de Medicina) en los cursos 1732-1733 y 1733-1734; se discrimina entre catalanes, aragoneses, mallorquines, murcianos, vascos, navarros… pero no hay mención alguna a Castelló, cuando con toda probabilidad algún estudiante originario de Castelló debió de haber (Peset, 1977). Por esta causa, deberemos reflejar algunos apuntes de la actividad de los médicos en Castelló en este período acudiendo a obras que hablan acerca de ello de una forma genérica, tanto a nivel del conjunto de España (Sánchez Granjel, 1979), como de esta tierra en particular (López Laguarda, 1948).

La enseñanza de la Medicina en el siglo XVIII se efectuaba en las facultades de Medicina de las universidades, pero había grandes diferencias entre la calidad de unas y otras. Las universidades expedían títulos de bachiller, médico y doctor y se ingresaba en ellas previa obtención del título de bachiller en artes. El título de bachiller en Medicina se alcanzaba tras cuatro años de estudio y un examen público que ya habilitaba para ejercer. Los médicos necesitaban dos años más de prácticas en un hospital y los doctores tenían que pasar además un costoso examen ante un tribunal. Los cirujanos tenían sus propios centros docentes: los reales colegios de Cirugía, creados en la mitad del siglo. Estudiaban los tres primeros años de Medicina, un cuarto de Anatomía y un quinto de Cirugía propiamente dicha.

Había dos clases de cirujanos: latinos, que tenían una formación superior, cursaban los estudios en latín y estaban mejor considerados y los romancistas, que estudiaban en lengua romance. Medicina y Cirugía eran profesiones distintas de tal forma que «[…] los médicos de ningún modo pueden exercer la cirugía ni los cirujanos latinos la medicina, sino en los casos mixtos que ocurran; y que los cirujanos romancistas no puedan practicar la medicina en ningún caso» (real orden de 3 de septiembre de 1797). También existía la figura del sangrador o cirujano-barbero, con estudios reglados y normas de ejercicio, hasta el punto de que llegó a existir un protobarberato.

Se estima que a finales de esta centuria había en todo el Reino de España cuatro mil médicos y más de nueve mil cirujanos ejerciendo (Sánchez Granjel, 1979: 79), con concentración en las capitales y un serio déficit en el mundo rural. Las retribuciones que recibían, excepto profesionales al servicio de la realeza o la nobleza, o contratados por comunidades religiosas, eran poco lucrativas y muchas veces en especie; a este respecto transcribo la reflexión de un médico de aquella época:

> […] las gentes creen que el médico tiene dinero y no saben que a los quince días que un médico no visite queda en la calle o a buen librar en el hospital […], que dejan acomodados sus hijos, dicen, y la medicina lo que da de sí es dar de comer a su amo y a su familia con alguna decencia y no más. (Granjel, 1979:83).

Por último, en cuanto a titulaciones, también estuvieron nuevamente reguladas las parteras, por una disposición de 1750 que imponía su examen ante el tribunal del Protomedicato previo a su ejercicio. El ejercicio profesional siguió regulado en este siglo por el Protomedicato, que tenía competencia para conceder autorización para el ejercicio a todos los médicos y a los cirujanos a partir de 1780, con la creación de un Protocirujanato por Carlos III. El Protomedicato del Reino de Valencia quedó incorporado al de Castilla a partir de 1763 y tenía también como cometido la lucha contra el intrusismo (Sánchez Granjel, 1979: 79-100).

Los problemas sanitarios más frecuentes a los que se enfrentaban los médicos en este siglo eran las endemias e infecciones. Fiebres tercianas y cuartanas, pulmonías, hemoptisis y viruela en los niños. Es un siglo de epidemias, algunas de ellas nuevas. La peste prácticamente desaparece tras el primer tercio del siglo, pero llega la fiebre amarilla y otras muchas. Se sabe que afectaron de forma importante al Reino de Valencia el tabardillo en 1728, las tercianas ligadas al cultivo del arroz, con brotes documentados en 1727, 1760 y 1784 o la fiebre amarilla en 1803. También se menciona como enfermedad profesional el «asma» en los cardadores de lana y cultivadores del cáñamo, por lo que es de suponer que en Castelló habría buenos conocedores de esta dolencia (Sánchez Granjel, 1979: 101-15).

Sabemos que a principio de este siglo había un médico en la ciudad de Castelló, apoyado por diez cirujanos y cinco *apotecaris* o farmacéuticos (Díaz Manteca, 1993: 13-34). Para dar idea de cómo ejercían unos y otros nos remitiremos a la descripción que hace López Laguarda sobre el ejercicio profesional en Valencia, citando a un coetáneo. No hay razón para pensar que lo que es válido para los médicos en Valencia no lo fuera para los de Castelló. Dice así:

> Todos los médicos de esta época, aún los más sabios, tienen el modo de visitar siguiente: llegan a casa del enfermo, le toman el pulso y dicen, media sangría y buen caldo de gallina, y un pedacito de carne de carnero y buenos garbanzos, y sobre todo, un cuarto de azafrán en el puchero. Buenos refrescos de agua de nieve y azúcar de dos en dos horas y dejarlo dormir hasta mañana. Se marchaba. Al día siguiente volvía y preguntaba cómo había pasado la noche. Le tomaba el pulso y ordenaba otra media sangría de la otra mano, diciendo: esta es para igualar la sangre. Y repetía: todo lo mismo que el día anterior. Era ya una costumbre o regla general el darle a los médicos dos reales por cada visita que le hacían al enfermo, menos cuando era pobre que le daban siete cuartos (López Laguarda, 1948: 38-39).

Refiriéndose a los cirujanos el cronista afirma:

> Cuando un hombre o una mujer tienen la desgracia de hacerse un corte, la cura que le hacen es: con un alfiler, con un hilo doble y que no sea delgado, cosen la carne como si fuera una camisa. Para curar una herida de la cabeza no se llama al cirujano. Le ponen un puñado de tierra de la calle con un pañuelo ensima y nada más, y con eso cura (López Laguarda, 1948: 48-49).

CAPÍTULO 2

EL SIGLO XIX.
NACIMIENTO Y DESARROLLO DEL
ASOCIACIONISMO MÉDICO

El siglo XIX es clave en la historia de España. Es en este siglo cuando desaparece el *Ancien Régime* y se sientan las bases para el desarrollo de un Estado moderno. El régimen señorial y cuasi feudal existente hasta los primeros años de este siglo cedió, y tuvo que dejar paso progresivamente al estado liberal burgués que conocemos. En este siglo es cuando, a trompicones y con retraso respecto a la mayoría de los países europeos, se ponen en marcha y se desarrollan las estructuras de un Estado moderno en España: democracia parlamentaria, separación de poderes, libertad de prensa y de asociación y libertad de movimiento. Estos profundos cambios administrativos y sociales, forzosamente tuvieron que influir en el modo de ejercicio de la Medicina. A lo largo de este siglo se observa un cambio que va desde el puro ejercicio libre y prácticamente sin regulación heredado del régimen anterior, a un intento de control de la actividad médica por los poderes públicos, fundamentado en la importancia social que esta actividad iba adquiriendo progresivamente; al mismo tiempo, se asiste a una progresiva toma de conciencia por parte de los médicos de los beneficios profesionales y científicos que reportaba el formar asociaciones que defendieran sus intereses.

En las próximas líneas ampliaremos el retrato anterior con las peculiaridades que revistió en el caso de nuestra ciudad y provincia.

1. Castelló en el siglo XIX

Castelló y el resto de España reciben al nuevo siglo como lo hicieron con el anterior: con el país en guerra, por la alianza de la Monarquía Hispana con Napoleón, que obligó primero al ejército español a luchar al lado del francés contra sus enemigos europeos y culminó con la ocupación francesa y la Guerra de la Independencia (1808-1814).

A finales del siglo XVIII y principios del XIX Castelló es una población agraria de tamaño medio que contaba con 9960 habitantes en 1816. Era una sociedad de pequeños y medianos propietarios de tierra, la mayoría de ellos locales, con un índice moderado de población desposeída (en torno a la cuarta parte de la población, cuando en el resto del territorio valenciano rondaba la mitad) (Martí Arnándiz, 1997: 50). «Castelló es de los castellonenses […] pues no ofrece las ventajas que en otras zonas del País Valenciano sirven para incrementar la presencia de terratenientes valencianos en sus términos municipales» (Martí Arnándiz, 1997: 70).

Tabla 2: Estructura de la propiedad agraria en Castelló en 1818

Hectáreas de propiedad	Número de propiedades (%)	Hectáreas totales	Porcentaje de las hectáreas totales
0-<5 Has	1375 (80,79 %)	2083,53	29,48
>5-<15 Has	242 (14,22 %)	2016,84	28,56
>15-<35 Has	57 (3,34 %)	1246,24	17,64
>35 Has	27 (1,58 %)	1710	24,24
Totales	1701 (99,3 %)	7074,61	99,92

Elaboración propia a partir de: *Un liberalismo de clases medias. Revolución política y cambio social en Castellón de la Plana (1808-1858)*. (Martí Arnándiz, 1997: 77).

Es un siglo de constante crecimiento demográfico hasta casi triplicar la población como muestra la Tabla 3. Esto debió de tener mucho que ver con la división provincial de 1833, año en que Castelló alcanzó la capitalidad provincial, lo que sin duda influyó en su crecimiento.

La constitución y puesta en marcha de los órganos administrativos del Estado (Diputación, Gobierno Civil, delegaciones territoriales ministeriales, Administración de Justicia, efectivos militares, etcétera), da lugar al incipiente desarrollo de una clase media burguesa, no dependiente de la agricultura para subsistir.[14]

Los médicos van adquiriendo una importancia creciente en la sociedad castellonense a lo largo del siglo, cuantitativa y cualitativamente. No son grandes terratenientes, pero progresivamente se van implicando en las estructuras y gobierno ciudadanos.

En las siguientes Tablas se muestra la evolución numérica de los habitantes y de varias profesiones sanitarias en la capital a lo largo del siglo.

Tabla 3: Evolución de la población de la ciudad de Castelló en el siglo xix.

Año	Habitantes	Índice 1787=100
1787	11739	100
1794	11900	101,3
1816	9096	77,4
1841	13338	113,6
1848	14368	122,3
1857	19945	169,9
1860	20123	171,4
1877	23393	199,2
1887	25193	214,6
1897	31272	266,3
1900	29904	254,7
1910	32309	275,2

Elaboración propia a partir de: *Un liberalismo de clases medias. Revolución política y cambio social en Castellón de la Plana (1808-1858)*, Martí Arnándiz, 1997: 18.

---

[14] Hay que recordar que Castelló ya era sede de una Gobernación, un órgano de la administración de Justicia, lo que ya daba pie a la existencia previa de un grupo urbano de estas características, aunque muy minoritario.

Tabla 4: Evolución numérica de las profesiones sanitarias en la ciudad de Castelló a lo largo del siglo XIX.[15]

	Médicos	Cirujanos	Farmacéuticos	Veterinarios
1823[1]	3	10		
1835[2]	6	8	6	6
1845[3]	6	11	4	5
1877[4]	18	4	6	5
1890[5]	19		7	4

Elaboración propia a partir de: [1]Martí Arnándiz, 1997; [2]Aguilera López, 2011; [3]AHM. Libro de reparto de la contribución, año 1845; [4]AHM. Padrón de moradores. Castelló, 1877. (Había también 2 dentistas, 6 maestros sangradores y 1 practicante); [5]*Guía oficial de Castellón y su provincia y almanaque para 1890*. Imprenta de Venancio Soto. Castelló, 1889 (También había 3 dentistas). Desde 1868 se unificaron titulaciones, pasando todos a ser médicos-cirujanos.

Desde 1833 lo idóneo sería tratar la provincia de Castelló como un todo, a partir de la constitución de esa entidad administrativa, pero la fragmentación de la información y su escasez no permite hacerlo así. Es solo a partir del primer censo poblacional de 1895, que podemos hacernos un fidedigno retrato de los profesionales sanitarios que ejercían en la ciudad y su provincia en esas fechas, que se muestra en la siguiente Tabla.

Tabla 5: Censo de profesionales sanitarios de Castelló y provincia en 1895.

	Médicos(*)	Cirujanos	Practicantes(‡)	Veterinario/ Albéitar(£)	Farmacéuticos	Sangradores(¥)
Castelló ciudad	24	-	4	4	12	7
Resto de la provincia	112	7	82	71	81	33

Fuente: Censo electoral de Castelló, 1895. Archivo Histórico de la Diputación Provincial.
(*): Están incluidos dos médicos-cirujanos en la capital y otros dos en la provincia. No están incluidos dos dentistas en la capital.
(‡): Los estudios de practicante se regularon por primera vez en el RD de 9 de septiembre de 1857 (*Gaceta* del 10), desarrollado por el Reglamento para la enseñanza de practicantes y matronas de 21 de noviembre de 1861 (*Gaceta* del 28) y posteriormente por el reglamento de 16 de noviembre de 1888 (*Gaceta* del 18). Se consideraban a ellos mismos como «los únicos auxiliares técnicos del médico». En la relación están incluidos tres profesionales titulados como «enfermeros».
(£): La palabra *albéitar* designaba en la Edad Media a las personas que curaban animales, especialmente caballerías. En 1793 se abre en España la primera escuela de Veterinaria, titulación que se fue imponiendo hasta que en 1847 se suprimió el título de albéitar.
(¥): El sangrador se encargaba de hacer las sangrías, que eran un importante método «sanador» y de indicación muy frecuente, principalmente lo hacían con sanguijuelas, aunque también se utilizaban lancetas.

---

[15] Desde 1868 se unificaron titulaciones pasando todos a ser médicos-cirujanos.

La titulación médica fue una gran preocupación en todo este siglo y hasta casi su final, se puede decir que el ejercicio de la Medicina no estuvo en manos de un tipo único de profesional (López Piñero, 1964: 213; Albarracín Teulón, 1969).

El real decreto de 16 de junio de 1827 es el primer intento de poner orden en el galimatías de la ordenación de profesiones médicas, que como ya hemos visto se arrastraba desde los siglos anteriores. Se transforman los colegios de Cirugía de Cádiz, Madrid y Barcelona en colegios de Medicina y Cirugía, con facultad para otorgar títulos de médico-cirujano (inédito hasta ese momento) y de cirujano sangrador. No obstante, se permitió a las universidades seguir enseñando y expidiendo títulos de médico, a los que enseguida se les apellidó «puros», con lo que el galimatías aumentó creándose agravios e injusticias, ya que un cirujano anterior al nuevo plan podía fácilmente completar su formación hasta ser médico-cirujano en los tres colegios acreditados, pero un médico de los «puros» debía completar los siete años reglamentados para acceder a esa titulación. Además, las plazas de cualquier establecimiento asistencial oficial, estaban reservadas a los médicos-cirujanos. En las siguientes décadas hubieron varias reformas y contrarreformas que contribuyeron a espesar todavía más el panorama y a que nadie supiera en realidad los estudios, conocimientos y capacidades que tenían quienes decían ser médicos.

En esa época se podían contar en España las siguientes titulaciones: licenciado y doctor en medicina, licenciado y doctor en medicina y cirugía médica, licenciado en cirugía, médico-cirujano, doctor en ciencias médicas, cirujano de primera clase, cirujano de segunda clase, cirujano-sangrador, cirujano de cuarta clase, práctico en el arte de curar, ministrante, facultativo de cuarta clase y partera. Solo a partir de 1868 las nuevas titulaciones se reducen a las que ahora conocemos: licenciado y doctor en medicina y cirugía y practicante, aunque los titulados anteriores lógicamente siguieron ejerciendo su profesión con la titulación que tenían en ese momento.

El ejercicio de la Medicina en este siglo sigue el ejemplo de una profesión liberal, esto es, una relación libre entre médico y enfermo, guiada unas veces por el interés de beneficencia o el científico (en la actividad hospitalaria) y, en la mayoría, por un interés económico entre médico y cliente. Existían grandes diferencias entre el ejercicio rural y el urbano. En el medio rural y en un entorno esencialmente agrario, en el que nobles y grandes terratenientes nombraban en sus dominios cargos como alcaldes mayores, corregidores y otros, era habitual el caciquismo.

El 24 de marzo de 1847 se publicó un real decreto mandando que en todas las ciudades, villas y lugares del Reino hubiera médicos, cirujanos y farmacéuticos titulares. En este decreto se establecían las clases de partidos médicos y las formas de proveerlos por los ayuntamientos y, aunque fue derogado poco después de su promulgación, fue inspirador de todas las medidas posteriores que se dieron en este aspecto. La división provincial de la estructura sanitaria tiene su origen en la ley de Sanidad de 1855, en la que se crean las juntas provinciales de Sanidad con potestad sobre todos los aspectos organizativos de la materia en cada provincia.

La forma de contratación solía ser como sigue: el ayuntamiento contrataba con un médico la asistencia a un determinado número de familias pobres por una cantidad anual y además ese médico contrataba, con los vecinos que lo querían, la asistencia por medio de las igualas. Eran situaciones precarias y con el médico sometido a toda clase de presiones del cacique local, ya que casi siempre su nombramiento había dependido de él y además la vida en el pueblo dependía en muchas ocasiones de su voluntad, del trabajo que el cacique diera o dejara de dar y a quien. El médico normalmente enfrentaba esta situación de tres formas (López Piñero, 1964: 253-4): tomando el ejercicio en el pueblo como una forma de medro personal; ejerciendo la Medicina y poniendo en ello todo su empeño y por último anhelando llegar a la ciudad para librarse de las imposiciones del cacique local.

En la ciudad también existía esta forma de contratación, pero afectaba a pocos de los médicos que allí ejercían y que contrataban con el Ayuntamiento la asistencia de un determinado número de familias pobres en un determinado barrio. La mayoría de los médicos urbanos pasaba su consulta en una dependencia de su propio domicilio (López Piñero, 1964: 249 y sigs).

En la ciudad había otra forma de ejercicio que era el hospital. Normalmente los hospitales en esa época eran de titularidad municipal y prestaban asistencia a pobres y transeúntes. Era el Ayuntamiento quien contrataba a los médicos y demás profesionales que los servían. Médicos y cirujanos empleaban muy pocas horas de su tiempo en la asistencia del hospital, parece que ese trabajo lo prestaban por otros intereses que los pecuniarios, intereses que muy bien podrían pasar por la religión, el prestigio social o ganar experiencia y conocimiento con el tratamiento de los pacientes alojados en el hospital. Aguilera López nos proporciona datos exactos sobre el hospital de Castelló en 1835. Los dos médicos que trabajaban allí, y cuyos salarios pagaba en esa época el Ayuntamiento, eran José Peris y Vicente Masip y cobraban ciento veinte reales[16] anuales y los dos cirujanos (José y Vicente Segarra) cobraban setenta y cinco. Estos sueldos eran inferiores a los que cobraba el boticario (seiscientos dos reales) o los *morberos de sanidad* (ayudantes del médico y del cirujano), que percibían quinientos cuarenta reales (Aguilera López, 2011: 88). Estos datos abundan en lo anteriormente apuntado sobre la dedicación de los médicos al trabajo hospitalario y en su carácter fundamental de beneficencia.

2. El asociacionismo médico en España

El asociacionismo médico surge en España tras la muerte de Fernando VII, más allá de 1833. Ciertamente que había muchos antecedentes, pero revestían caracteres de gremios o cofradías, con los aspectos de control de la actividad que les caracterizaba. A partir del segundo tercio del siglo XIX lo que se va consolidando es la formación de un *corpus* de intereses particulares profesionales, que se reivindican y defienden a través de las acciones corporativas de las asociaciones que se crean. Su característica principal es la profesionalidad: «[…] una profesionalidad que les impulsa a obtener una autonomía, reflejada en el ejercicio libre de la profesión y en un autocontrol, que favorece necesariamente la actuación colegiada, como forma de articulación interna» (Arroyo Medina, 1997). Los objetivos generales pretendidos por este nuevo movimiento asociativo profesional son la abolición de una legislación ajena a los intereses médicos, la defensa de un ámbito propio de trabajo (lucha contra el intrusismo y la charlatanería), la existencia de mecanismos de control de la actividad médica y la unión de la Clase, de cara a una mayor capacidad en la defensa de los intereses comunes.

En 1838 se funda la Sociedad Médica Matritense, tras una labor de abogar sin desmayo a favor de la constitución de asociaciones profesionales por parte del *Boletín de Medicina,*

---

[16] En esta época seguía vigente la mezclanza de monedas con distinto valor entre ellas, según el lugar donde estuvieran acuñadas. En Valencia en el primer tercio del siglo XIX un real de plata nueva equivalía a dos sueldos o 24 dineros.

Cirugía y Farmacia, publicación que se había empezado a editar en Madrid cuatro años antes (Albarracín Teulón, 1971). A partir de ese momento son muchos los intentos de dotar a la clase médica de corporaciones profesionales representativas, que defendieran sus intereses ante los poderes públicos y también que reivindicaran y trabajaran por una mayor consideración social de los médicos. Suelen iniciarse todas estas tentativas en Madrid (Instituto Médico Español, Instituto Médico General de España, Confederación Médica Española…), y de allí se traslada y clona la idea a otras zonas de España con el objetivo final, común a todas las iniciativas, de una federación posterior de carácter nacional aunque con poco éxito; ya sea por personalismos, discrepancias personales o profesionales, problemas de representación, intrigas y manejos promovidos por los poderes públicos u otras causas, muy pocas de estas iniciativas tuvieron una duración suficiente en el tiempo como para marcar impronta en la clase médica española. Mención aparte entre estas merece el Instituto Médico Valenciano, con actividad ininterrumpida desde marzo de 1841 hasta hoy, siempre en defensa de la dignificación de la clase médica y promoviendo actividades científicas para una mejor formación de sus asociados.

Las iniciativas de asociaciones se iban sucediendo a lo largo del tiempo, pero a los enemigos internos había que sumar los externos, que se oponían a cualquier concesión a la clase médica desde los poderes públicos.[17] Incluso entró en liza la Corona. La reina Isabel II emitió una real orden, de fecha 25 de enero de 1857, prohibiendo el funcionamiento de la todavía no constituida oficialmente Alianza de las Clases Médicas (Albarracín Teulón, 1971). Con el triunfo de la revolución en 1868 y la consagración del derecho de asociación en la Constitución, renace el asociacionismo médico. En 1871 se crea la Asociación Médico-Farmacéutica Española, cuyo principal objetivo es «la mejora de la situación material y la elevación de la condición moral y científica de los asociados», con gran impulso ya que llegó a celebrar doce sesiones, pero pronto los mismos vicios de siempre –junto al estado del país, en plena última guerra carlista– acabaron con ella. En sus reuniones se plantearon por primera vez reticencias a la obligatoriedad de la asociación de cada médico, el embrión de la futura lucha contra la colegiación obligatoria y que constituiría una gran fuente de polémica y discrepancia entre los médicos durante todo el proceso de creación y consolidación de los colegios de médicos como instituciones.

El 15 de octubre de 1878 se inauguró el Congreso Médico-Farmacéutico, con la asistencia de unos doscientos congresistas de toda España. Allí se abordó un proyecto de colegio de médicos y farmacéuticos e incluso se estudiaron unos primigenios estatutos en los que ya se prevén colegios provinciales y la obligatoriedad de la colegiación para poder ejercer. Se produjo un gran impulso del asociacionismo médico, con profusión de creación de agrupaciones provinciales, entre ellas en Castelló como veremos.

Aunque muy dificultosamente, la idea iba cuajando. En la primavera de 1894 se constituye el Colegio de Médicos de Madrid, con la asistencia del ministro de la Gobernación y más de quinientos médicos. Este movimiento es seguido en varias

---

[17] En la tramitación de la Ley de Sanidad de 1855, cuando se discute la necesidad de imponer a los ayuntamientos la obligación de asistir médicamente a los pobres, un diputado valenciano, Sr. Alfonso, se opuso exitosamente al dictamen de la comisión y al aumento de los honorarios de los facultativos rurales con la siguiente argumentación: «Con médicos y sin médicos se mueren siempre los hombres y no está demostrado que se hayan muerto menos ni más cuando no ha habido médicos, porque pueblos hay que han vivido largos siglos sin haber admitido el ejercicio de la facultad médica. Yo en lugar de poner un médico y un farmacéutico en cada distrito, haría que hubiese un panadero que tuviera la obligación de dar pan a los que carecen de él y un carnicero con la obligación de dar carne a los desvalidos para que pudieran poner su pucherito…» (*Diario de Sesiones del Congreso*, 25 de junio de 1855: 5952 y sigs. En: Farrerons Noguera, 2013: 71-2.).

provincias. En Valencia, en diciembre de 1894, se concedió carácter oficial de Colegio al Instituto Médico Valenciano. La colegiación obligatoria es ahora lo polémico y sobre su conveniencia o no se discute en todas las asociaciones formadas, hasta la promulgación del Real Decreto de 12 de abril de 1898, de creación de los colegios de médicos provinciales, con lo que comienza en realidad la historia de las corporaciones médicas colegiales.

3. Los albores del asociacionismo médico en Castelló

Con algún retraso respecto al resto de España, las ideas asociativas también prendieron progresivamente entre los médicos de Castelló. El 7 de marzo de 1872 se fundó el «Centro Médico-Farmacéutico Castellonense» que tuvo como órgano de expresión la revista quincenal *La Unión Médica* (UM), que empezó a publicarse en octubre de 1872 y lo siguió haciendo hasta agosto de 1877. El centro y la revista tenían su sede en calle Mayor 33, entresuelo, y posteriormente en calle Enmedio 88, principal. En su primera página, la revista ya define su objetivo al decir que está «[...] consagrada al progreso de las ciencias médico-farmacéuticas y a la defensa de los intereses de los profesores».

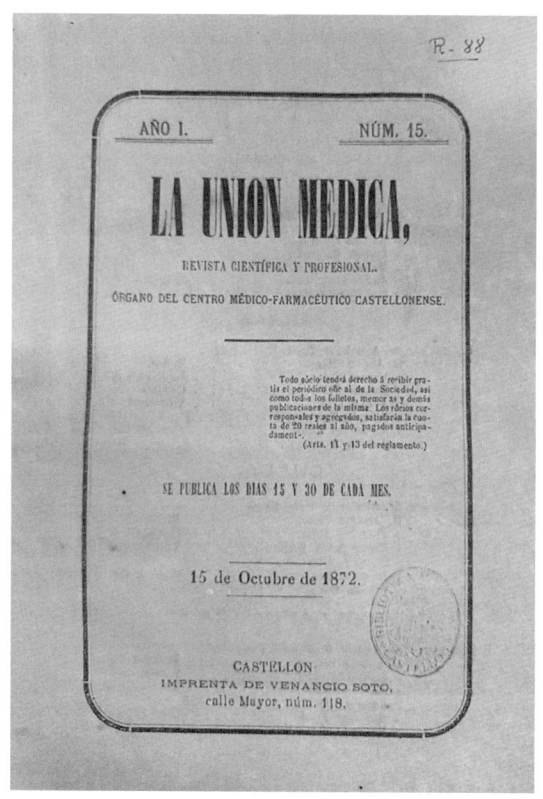

La Unión estaba dirigida por Eduardo Portalés. En su primer artículo se daba cuenta del lema de la sociedad: «protección mutua e instrucción recíproca» y de sus cuatro objetivos fundamentales: procurar el progreso de las ciencias médicas; facilitar la mayor instrucción de sus socios; contribuir a estrechar más los vínculos que deben unirles y facilitar el decoro y elevación de la Clase, que figuran en el artículo primero de su reglamento como objeto de la sociedad.[18] El Centro Médico-Farmacéutico realizó una importante labor de salud pública, organizando y facilitando la distribución y administración de la vacuna de la viruela, así como de beneficencia, habilitando un local en el que se prestaba asistencia gratuita a los menesterosos, según un turno establecido entre sus socios.[19]

Primera página del primer número que se conserva de *La Unión Médica*. (Fuente: Archivo Histórico Municipal, Castelló).

[18] *La Unión Médica* 1877; 6: 6-10.
[19] *La Unión Médica* 1872; 1: 1-9.

Una de las grandes líneas de actuación del Centro fue la denuncia y el combate contra el intrusismo, incluso elevando exposiciones sobre el estado de la cuestión al ministro de Gracia y Justicia, a fin de que se revisaran judicialmente todos los títulos expedidos y otra al Ministerio de Fomento, solicitando que se publicaran en la *Gaceta de Madrid* los nombres de todos los que hubieran obtenido el título después de 1868.[20] No consta que las peticiones fueran atendidas.

En el primer número de 1874[21] se da cuenta de la elección de una nueva Junta Directiva del Centro, que estaba presidida por Eliseo Soler Breva, nombre que veremos repetirse con profusión a lo largo de las páginas siguientes, por ser una figura importantísima en los inicios y consolidación del asociacionismo médico en nuestra ciudad y provincia. Lo cierto es que no consta como Eliseo Soler dejó la presidencia del Centro, pero en números siguientes que dan cuenta de las reuniones de la Junta Directiva, él aparece ya como secretario. La revista cumplió una importante tarea de denuncia del intrusismo y de llamamiento a la unión de la clase médico-farmacéutica, como demuestra la editorial titulada «Unión y Constancia».[22] Dice uno de sus párrafos:

> Las clases médicas, abrumadas bajo el peso del intrusismo más descarado, parece como que ya no tienen bastante energía para sacudir el vergonzoso yugo de esa gente sin conciencia, de esa turba de ignorantes que, con insultante descaro, sorprenden la buena fe del público, empleando para lograr su objeto, cualquier medio por repugnante que sea». Y apunta una solución: «Sería de desear en verdad, que en cada provincia se formasen corporaciones médico-farmacéuticas que lograrían indudablemente hacer oír su voz, y tendrían suficientes fuerzas para que sus quejas fueran atendidas».

También, pocos números más adelante, la revista se hace eco de una convocatoria de reunión de los principales medios de prensa médica, a celebrar el 8 de noviembre de 1875 en Madrid,[23] con el fin de aunar esfuerzos de cara a constituir una asociación médico-farmacéutica nacional. Sobre este asunto se ocupará la revista en números posteriores, dando reseña de reuniones que se iban celebrando y acuerdos que se lograban en ellas.[24] Es de resaltar la reseña que se hace en el número de noviembre de 1876 de un artículo de *El Siglo Médico* que aboga por exigir el cumplimiento del artículo 80 de la ley de sanidad de 1855, la primera norma legal que da carta de naturaleza a la Deontología médica, y que reza:

> Con el objeto de prevenir, amonestar y calificar las faltas que cometan los profesores en el ejercicio de sus respectivas facultades, regularizar en ciertos casos sus honorarios, reprimir todos los abusos profesionales á que se puede dar margen en la práctica, y á fin de establecer una severa moral médica, se organizará en la capital de cada provincia un jurado médico de calificación, cuyas atribuciones, deberes, cualidades y número de los individuos que le compongan, se detallarán en un reglamento que publicará el Gobierno, oyendo al Consejo de Sanidad.[25]

---

[20] *La Unión Médica* 1873; 2: 193-97.

[21] *La Unión Médica* 1874; 2: 252.

[22] *La Unión Médica* 1875; 4: 85-87.

[23] *La Unión Médica* 1875; 4: 117-21.

[24] *La Unión Médica* 1876; 5: 265.

[25] *La Unión Médica* 1876; 5: 301-2. El reglamento a que se refiere el último párrafo nunca se publicó, por lo que la ética y

El último número de *La Unión Médica* se publicó el 31 de agosto de 1877 y la revista desapareció de forma abrupta; no hay aviso ni explicación alguna entre sus páginas que hicieran prever que eso fuera a ocurrir. Ahora bien, la semilla ya estaba plantada y no podía dejar de dar fruto, como estaba ocurriendo en toda España. Otra notable iniciativa local en este sentido y que merece la pena ser resaltada fue la *Revista Médico-Farmacéutica* (RMF).[26] Era esta una publicación quincenal regida –otra vez– por Eliseo Soler, dirigida a profesionales médicos y farmacéuticos de Castelló. «Consagrada al progreso de las ciencias médico-farmacéuticas y a la defensa de los intereses profesionales», dice en su primera página. Se editó entre mayo de 1879 y abril de 1888; primero con periodicidad quincenal y a partir de junio de 1881 con periodicidad decenal. Con independencia del interés, más histórico que de otro tipo, que puedan tener hoy sus artículos científicos, sí que es muy de seguir su sección profesional, pues en ella se da una visión de primera mano de los problemas, preocupaciones e iniciativas en pos de su solución, que tenían nuestros colegas de aquella época.

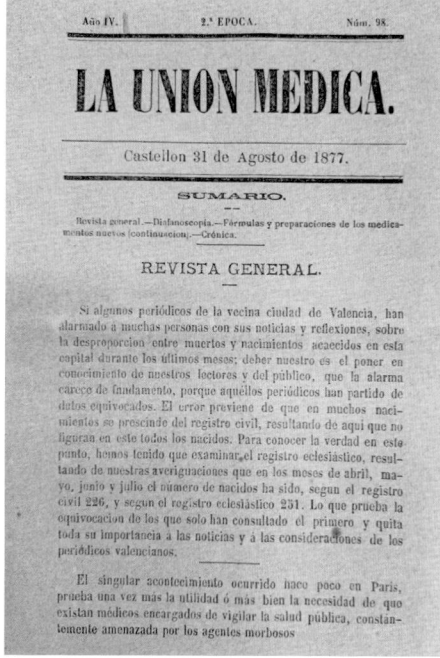

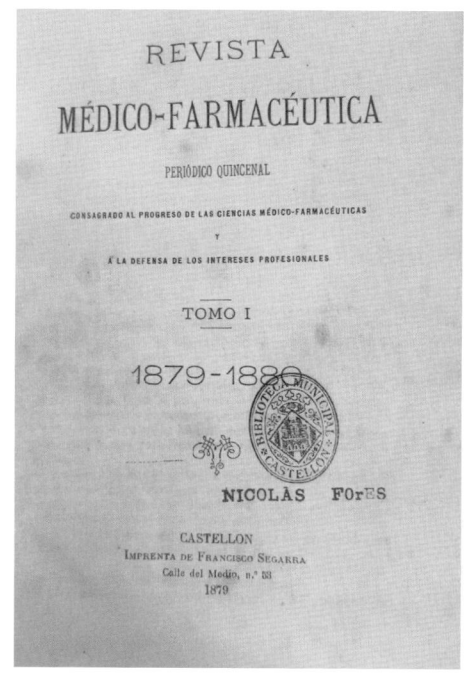

Primera página del último número de *La Unión Médica*. (Fuente: Archivo Histórico Municipal, Castelló).

Primera página del primer número de *Revista Médico-Farmacéutica*. (Fuente: Archivo Histórico Municipal, Castelló).

Desde su primer número la *Revista Médico-Farmacéutica* ya abogaba por un asociacionismo médico a imagen de los farmacéuticos, ya que «[…] su unión obra el milagro de que ahora vivan mejor siete farmacias que antes cuatro». Y se preguntaba:

---

disciplina profesionales siguieron siendo una entelequia.

[26] Tanto *La Unión Médica* como *Revista Médico-Farmacéutica* tienen la gran mayoría de sus números digitalizados y disponibles en el Archivo Histórico Municipal de Castelló.

«¿Cuándo imitaremos nosotros su conducta?».[27] En la *Revista* se da cuenta de la constitución del gremio de médicos-cirujanos a efectos impositivos,[28] con el nombramiento de los médicos José Pachés como síndico clasificador, Agustín Segarra como síndico y José Tárrega, Eliseo Soler y Francisco Jimeno como clasificadores.

También se daba cuenta de vicisitudes que interesaban a todos los médicos, de las que una muy importante era la lucha contra el intrusismo. Por ejemplo, se reseña de forma notable la sanción gubernativa de ciento veinticinco pesetas impuesta a un tal Jaime Ten, «cirujano» de Borriol por intrusismo.[29]

En la línea de fomentar el asociacionismo médico a imagen y semejanza de otros territorios del Estado, se da cuenta de la creación de asociaciones de médicos en Valmaseda (Vizcaya) y Valladolid, con fines de regulación interna de la práctica profesional; algunos de estos fines son hoy perfectamente asumibles por nosotros y tienen cabida en nuestro código de deontología:[30]

- Asistir a enfermos de otro compañero por ausencia justificada de éste.
- Vigilar y reprimir las visitas injustificadas a enfermos de un colega.
- Vigilar porque no hubiera conflictos en los cambios de médicos.
- Fijar emolumentos por igualas y otros servicios.
- Vigilar y denunciar el intrusismo.
- Publicitar entre sus asociados plazas vacantes.
- Prohibir las críticas públicas entre compañeros.
- Combatir las vejaciones u ofensas que pudieran recibir los asociados.

La asociación era voluntaria, pero el respeto de estas reglas era exigido por el grupo a todos sus asociados mediante un tribunal al que se llamaba *jurado comprofesional*. El reglamento en cuestión y esta manera de actuar fue aprobado por el gobernador civil de la provincia, lo que empezaba a dar carta de naturaleza en otros lugares de España a la Deontología profesional.

En el número doce de *La Revista*, editado el mes de octubre de 1879, se da cuenta de la existencia en Castelló de una Unión Médico-Farmacéutica creada algunos años antes de la que no se dan más datos pero que «[…] es tal la afición que tenemos a la inacción, que hace más de dos años que dormimos, aunque nuestro sueño no sea el de los justos».[31] En el siguiente párrafo se dice que el asociacionismo farmacéutico gozaba en aquel momento de muy buena salud y consecuentemente con todo lo anterior, en el siguiente número se hace un llamamiento a crear una asociación provincial médico-farmacéutica. En el número catorce se publica una carta de Ramiro Ripollés, médico de Vila-real, en la que demanda la creación de una comisión provincial que organice un congreso médico provincial para tratar asuntos profesionales y sobre todo, la creación de una asociación provincial.[32] En el número dieciséis se publica una carta de Ramón Viscarro, médico de Vinaròs, en la que se explicitan algunas de las características que debería

[27] *Revista Médico-Farmacéutica* 1879; 1: 15.
[28] *Revista Médico-Farmacéutica* 1879; 2: 31.
[29] *Revista Médico-Farmacéutica* 1879; 2: 30.
[30] *Revista Médico-Farmacéutica* 1879; 4: 49-53.
[31] *Revista Médico-Farmacéutica* 1879; 12: 177-78.
[32] *Revista Médico-Farmacéutica* 1879; 1: 209-12.

tener esa asociación a su juicio, como que debía ser doble: médica y farmacéutica, que regulara honorarios y sustituciones y que se creara una sociedad de seguros mutuos para los asociados.[33]

En los siguientes números de la Revista hay varios comunicados de Ramiro Ripollés en los que vierte sus opiniones sobre la organización del antedicho congreso médico provincial y los temas que deberían tratarse que según él serían: intrusismo, revisión de los partidos médicos, banco médico de la provincia, honorarios y reglamento de la asociación.[34] Estos antecedentes culminan con la publicación de un proyecto de reglamento de la asociación.[35] En el mismo número se da cuenta de la constitución del Colegio de Médicos en Málaga, tras haber aprobado el gobernador civil su reglamento.[36]

La reunión constitutiva de la Asociación Médico-Farmacéutica castellonense tuvo lugar el 30 de mayo de 1880 en el salón de actos del Instituto Provincial, con la asistencia física, o por representación, de ochenta y siete médicos de toda la provincia, a los que hay que añadir los del partido de Morella que no pudieron asistir pero se adhirieron a lo allí aprobado. Presidió la reunión Ramiro Ripollés y fue asistido por sus colegas Miguel Ribes, Nicolás Forés y Manuel Segarra como vocales de mesa. Se puede consultar el acta.[37] Se aprobó una cuota anual de diez reales para los asociados y se eligieron como integrantes de la Junta Directiva a Ramiro Ripollés, Manuel Segarra, Pedro Aliaga, Enrique Beltrán, Antonio Forns, Manuel Sánchez, Manuel Masip y Agustín Segarra como médicos y como farmacéuticos a Enrique Dávalos, José Nebot, Pedro Armengol, Ramón Barrachina y Plácido M. Pastor. Se discutió el proyecto de reglamento ya divulgado por el Dr. Ripollés y se aprobó en su mayor parte, quedando encomendadas a la Junta Directiva la discusión y redacción final de los artículos que no se aprobaron en esta asamblea, que fueron fundamentalmente los referidos a la creación de una sociedad de socorros mutuos.

El 7 de junio tuvo lugar la primera reunión de la Junta Directiva de la Asociación con el principal fin de elegir cargos que quedaron como sigue:

- Presidente: Manuel Segarra.
- Vicepresidente: Enrique Dávalos.
- Secretario: Ramiro Ripollés.
- Vicesecretario: Manuel Sánchez.
- Tesorero: Antonio Forns.
- Contador: Pedro Armengol

Y como vocales el resto de componentes que figuran más arriba.

En esa reunión se acordó presentar al gobernador civil para su aprobación el reglamento aprobado en la asamblea. La aprobación definitiva está fechada el 27 de agosto de 1880 y firmada por el gobernador interino, Francisco del Cacho.[38] Se repite lo que ya hemos apuntado más arriba sobre el asociacionismo en este siglo en que comienza: necesita

---

[33] *Revista Médico-Farmacéutica* 1879; 1: 243-44..
[34] *Revista Médico-Farmacéutica* 1880; 1: 273-75.
[35] *Revista Médico-Farmacéutica* 1880; 1:369-74.
[36] *Revista Médico-Farmacéutica* 1880; 1: 335.
[37] *Revista Médico-Farmacéutica* 1880; 2: 23-30.
[38] *Revista Médico-Farmacéutica* 1880; 2: 125-28.

contar con normativa que lo regule y con amparo de las autoridades, que legitime su existencia ante la Sociedad.

Los posteriores números de *La Revista* son un goteo de adhesiones de profesionales de toda la provincia a la Asociación. Durante varios números a partir del primero de noviembre, se da relación de profesionales adheridos a la Asociación junto al lugar de ejercicio, pero la relación está incompleta por lo que no se puede decir con exactitud cuantos médicos y farmacéuticos se asociaron, pero por toda la información recabada se puede decir que muy probablemente al menos las tres cuartas partes de profesionales de una y otra rama que ejercían en toda la provincia eran asociados.

La Junta Directiva de la Asociación publicitó un proyecto de reglamento para una sociedad de socorros mutuos entre profesores de Medicina, Cirugía y Farmacia de España,[39] elaborado por un médico rural de Teruel, como modo de dinamizar este anhelo, que siempre fue una de las principales preocupaciones de la Asociación, pero que nunca llegó a buen puerto. La Asociación, con su *Revista*, también cumplía una función informativa de la normativa legal que se iba promulgando y que podía ser de interés para el colectivo. Como muestra, apuntar que publicó el «Reglamento de imposición, administración y cobranza de la contribución industrial», impuesto que debía pagar cualquier profesional. Se exigía en él la agremiación de todos los individuos que en cada ciudad ejercieran la misma industria. Los gremios tenían unos cargos oficiales –síndico y clasificador– encargados de prorratear la contribución asignada al gremio entre sus miembros.[40]

En el primer número de diciembre de 1882 se publica una carta anónima de un médico, que liga una asociación médica viva y duradera en el tiempo con el desarrollo y cumplimiento de unas reglas de moral médica;[41] la carta es contestada en el número siguiente por Ramiro Ripollés, director de *La Revista*, mostrando su completa conformidad con lo expresado por el anónimo comunicante. En los siguientes números hay un cruce de cartas entre estos dos médicos abundando en argumentos y abordando otros problemas de los médicos. En una de sus cartas dice Ripollés:

> En efecto: sin moral propia la profesión médica no solamente pierde toda su nobleza sino que hasta puede degenerar en la más vil e infame de las ocupaciones.[42]

Hace más de ciento cuarenta años nuestros colegas ya hacían reflexiones de una gran altura y que serán plenamente vigentes mientras la Medicina exista.

La *Revista* se posicionó en contra del anteproyecto de ley general de Sanidad[43] e informó en los números posteriores sobre el progreso de las discusiones en el Senado y Congreso; en ese mismo año se adhirió a la Asociación de la Prensa Médico-Farmacéutica, entidad de carácter nacional que había sido fundada en 1877 en Madrid y que constituyó uno de los primeros ejemplos de asociacionismo entre la prensa en España (Arroyo Medina, 1997).

La epidemia de cólera que durante 1884 y 1885 asoló buena parte de España con especial predilección por el Levante, pudo ser la causa de que a partir de mayo de 1884

---

[39] *Revista Médico Farmacéutica* 1881; 4: 311-16.
[40] *Revista Médico-Farmacéutica* 1882; 4: 188-90.
[41] *Revista Médico-Farmacéutica* 1882; 4: 337-40.
[42] *Revista Médico-Farmacéutica* 1883; 4: 417-19.
[43] *Revista Médico-Farmacéutica* 1883; 4: 497-500.

La Revista dedicara una mayor proporción de sus contenidos a entidades patológicas y sus tratamientos. Lo cierto es que los contenidos de carácter profesional son mucho menores en cuantía y extensión en este año que en el precedente y las menciones a la Asociación, casi inexistentes. La Revista da cuenta de los experimentos del doctor Ferrán y su vacuna contra el cólera.[44] Aunque desde luego, no se olvida de la vertiente profesional y en el último número de diciembre de 1884 publica, en un artículo a propósito de las juntas de Sanidad locales,[45] una durísima denuncia del que era otro de los cánceres y principal preocupación de los médicos de este final de siglo: el caciquismo rural y su influencia sobre el trabajo del médico. A partir de enero de 1885 cambian los redactores de la Revista; cesan en sus funciones Ripollés y Forés y entran, entre otros, José Clará Piñol y Manuel Segarra como médicos y Ernesto Soler Armengol como farmacéutico, siempre bajo la dirección de Eliseo Soler. Su declaración de intenciones es dedicar más espacio a las cuestiones profesionales de lo que se venía haciendo hasta ese momento. Ya en el número siguiente se publican unas bases para una «Colegiación de las clases médico-farmacéuticas» que habían sido publicadas en el madrileño *Diario Médico* y en los números siguientes se publican los avances que se van obteniendo en ese empeño.

La Revista Médico-Farmacéutica dejó de publicarse en abril de 1888. En sus últimos tres años, exceptuando algún escrito suelto sobre los males de la clase médica, gana peso en sus contenidos la sección oficial de la publicación, en la que se recogía nueva normativa o convocatorias de puestos de trabajo vacantes. No hay en estos años referencia alguna a la Asociación, por lo que no podemos saber el grado de actividad que tenía. Con la desaparición de RMF entramos en unos años de *impasse* en los que poco o nada podemos aportar sobre el movimiento asociativo entre los médicos de Castelló. Es probable que el cansancio y la falta de relevos hicieran mella en los Ripollés, Viscarro, Soler, Clará, Pachés, Forés y compañía, que habían constituido la punta de lanza de este movimiento en nuestra ciudad y que hasta 1898 permanecieran dedicados a sus actividades privadas, hasta la publicación de la Real Orden de 12 de abril, de constitución de los Colegios de Médicos. Pero ese acontecimiento lo analizaremos en las páginas siguientes.

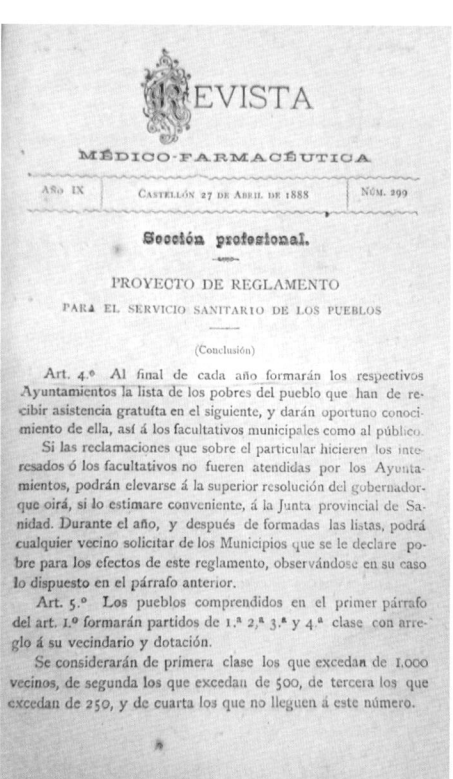

Primera página del último número publicado de *Revista Médico-Farmacéutica*. (Fuente: Archivo Histórico Municipal, Castelló).

---

[44] *Revista Médico-Farmacéutica* 1884; 6: 365-7.
[45] *Revista Médico-Farmacéutica* 1886; 6: 369-73.

CAPÍTULO 3

LOS INICIOS DEL COLEGIO OFICIAL DE MÉDICOS DE CASTELLÓ. LA POLÉMICA DE LA COLEGIACIÓN OBLIGATORIA (1898-1917)

1. El nacimiento del Colegio de Médicos de Castelló

A efectos normativo-legales, el nacimiento de los colegios de médicos tal y como ahora los conocemos tiene lugar, en un primer momento, con la promulgación del real decreto de 12 de abril de 1898, por el que se definían los «Estatutos para el Régimen de los Colegios de Médicos». Es de notar como, en la exposición de motivos que se aducen para la promulgación de la norma, se detallan causas que fundamentalmente tienen que ver con facultades disciplinarias de las corporaciones, ya que los objetivos fundamentales de la norma se definen así:

> [...] con objeto de prevenir, amonestar y calificar las faltas que cometan los Profesores en el ejercicio de sus respectivas Facultades; regularizar en ciertos casos sus honorarios; reprimir todos los abusos profesionales a que se puede dar margen en la práctica, y establecer, en fin, una severa moral médica.

El real decreto lo firma el entonces ministro de la Gobernación del gabinete liberal de Sagasta, Trinitario Ruiz y Capdepón, de quien, como hemos visto, dependía la Dirección General de Sanidad y todos los asuntos sanitarios del país. Según la norma habría un colegio en cada capital de provincia (artículo 1), la Medicina es una profesión titulada en el sentido de que hace falta un título legalmente expedido para ejercerla (artículos 2 y 3) y es obligatorio estar colegiado para ejercer la profesión (artículo 3). Las disposiciones transitorias de este real decreto establecían la forma de elección de la primera Junta de Gobierno de cada institución. En el plazo de un mes a partir de la publicación de la norma, los gobernadores civiles debían designar una junta provisional compuesta de siete médicos, a ser posible con residencia en la capital de la provincia, que sería la encargada de organizar las primeras elecciones. Se pondría a disposición de esta junta provisional un listado nominal de médicos ejercientes en la provincia, con el tiempo de ejercicio y la contribución industrial que pagaba cada uno, que eran factores definitorios de su capacidad para ser elegibles a los cargos.

Un mes después de constituirse esta junta provisional, se publicaría esta lista provisional en el *Boletín Oficial de la Provincia* y pasado otro mes de plazo para rectificaciones, la lista pasaba a ser la definitiva de los médicos elegibles para formar parte de la primera Junta de Gobierno de cada colegio, con la obligación de celebrar elecciones dentro de los siguientes quince días de su publicación. El real decreto establecía una cuota de inscripción durante el primer año de estar constituidos los colegios de cinco pesetas en el caso de Castelló, al estar considerada como provincia de tercera clase y también disponía que, a lo largo del primer año de constitución del colegio, todos los médicos debían colegiarse para poder ejercer. En el mismo real decreto se publican los estatutos por los que deberían regirse los colegios de farmacéuticos.

En nuestro caso, en el *Boletín Oficial de la Provincia de Castellón* de 27 de mayo de 1898 el gobernador civil de Castelló, Gonzalo Lozano, ordena a todos los alcaldes de la provincia «[…] la remisión de relación nominal de médicos y farmacéuticos que ejercen la profesión en sus respectivas localidades […] para poder darse cumplido efecto a las disposiciones transitorias del real decreto de 12 de abril último». Este mandato se reitera en el *BOP* de 3 de junio, al haber varios alcaldes que no habían cumplido el anterior. Se exige el cumplimiento inmediato de la orden «[…] apercibiéndoles que les impondré un severo correctivo en caso contrario».

Por fin, en el *Boletín* de 17 de junio se publica la lista provisional de médicos con dos apartados anexos:

a) Una lista con los médicos que podían optar a ser presidentes de la Junta de Gobierno del Colegio, en la que aparecen los siguientes nombres: Francisco Ferrer, José Cucala, Francisco Julve, José Clará, José Pachés, Francisco Esteve, Joaquín Fabregat, Eliseo Soler, Agustín Segarra, José Cazador, Nicolás Forés, Manuel Sánchez, Francisco Vaquer y Miguel Armengot.

b) Otra lista con los médicos que podían aspirar a ser vocales, tesorero o secretario de la Junta de Gobierno en la que figuran: Félix Roig, Antonio Forns, Francisco Coloma, Ernesto Pastor, Francisco Gimeno, Gonzalo Salvia, Andrés Puig y Pío Segura.

Estas listas pasaron a ser definitivas (o al menos no se publicaron oficialmente otras diferentes con posterioridad) y en el *Boletín Oficial de la Provincia* de 22 de julio, el presidente de la junta interina, Eliseo Soler, convoca a los médicos a elecciones para la primera Junta de Gobierno del Colegio de Médicos de Castellón, según el nuevo real decreto regulador, entre el 1 y el 4 de agosto en los locales del Instituto Provincial.

Se custodian en el Colegio varios libros de actas de sus órganos de gobierno con hojas numeradas,[46] algunos de ellos en deficiente estado de conservación. Esto es una pérdida incalculable, ya que lo que se pierde son las fuentes originales de la historia de nuestra Institución o lo que es lo mismo, nuestra memoria colectiva. Además, es una auténtica pena, ya que están escritos a mano, con una caligrafía primorosa la mayoría de ellos y con un estilo de redacción y un empleo del idioma desusados hoy y que son un gozo de leer. Doy fe de que nuestros colegas de aquella época tenían un gran dominio del idioma castellano y los libros de actas del Colegio son un fiel testimonio de ello.

---

[46] A partir de este momento y una vez constituido el Colegio, nuestra principal fuente de información son las actas de la Junta de Gobierno –esa y no otra es la denominación que el real decreto da al órgano rector de la institución–, de la Junta General de colegiados y, desde 1900, los contenidos del Boletín Informativo que en ese año empezó a editar y publicar el Colegio. A ellos me remito para el contenido de las páginas siguientes. Se conservan libros de actas de la Junta de Gobierno hasta final de 1900. A partir de aquí y hasta 1917 las actas de la Junta de Gobierno se han conservado de forma muy fragmentaria: algunas hasta 1904, muy pocas hasta 1910 y ninguna hasta 1917. Respecto a las juntas generales de colegiados, que debían celebrarse obligatoriamente una vez al año con carácter ordinario y cuantas veces fueran convocadas por la Junta de Gobierno, tenemos las actas de las celebradas en el año 1900 y los cinco primeros años del siglo XX y actas de juntas generales celebradas en julio y noviembre de 1909 y en enero y marzo de 1910. Se conserva además un llamado *Libro de correcciones*, que recoge diez actas celebradas por la Junta de Gobierno entre 1900 y 1902. Son juntas extraordinarias convocadas para resolver casos de denuncias entre médicos, fundamentalmente porque uno se establecía o contrataba servicios sin permiso en el pueblo de que era titular otro médico. Son actas fundamentalmente correctivo-disciplinarias en asuntos de moral médica y buena praxis profesional.

El primer libro cronológicamente hablando recoge las actas de la elección de la primera Junta de Gobierno que tuvo lugar los días uno al cuatro de agosto de 1898, según la convocatoria publicada en el *Boletín Oficial de la Provincia de Castellón*. Votaron veintisiete de un censo total de ciento cuarenta y ocho médicos ejerciendo en Castelló y provincia. Resultó elegido presidente por amplia mayoría José Pachés Andreu, quedando la Junta de Gobierno formada además como sigue: secretario: José Clará Piñol; tesorero: Francisco Coloma; contador: Ernesto Pastor; primer vocal: Eliseo Soler; segundo vocal: José Cazador; tercer vocal: Miguel Armengot.

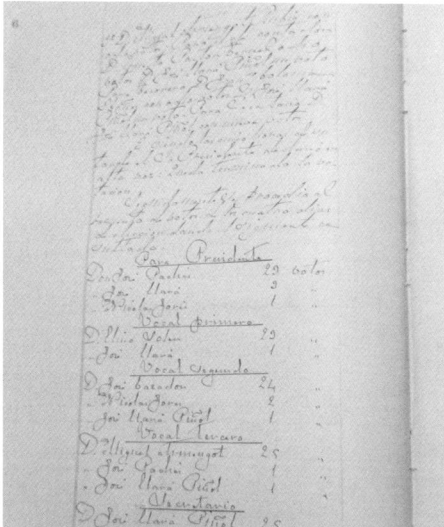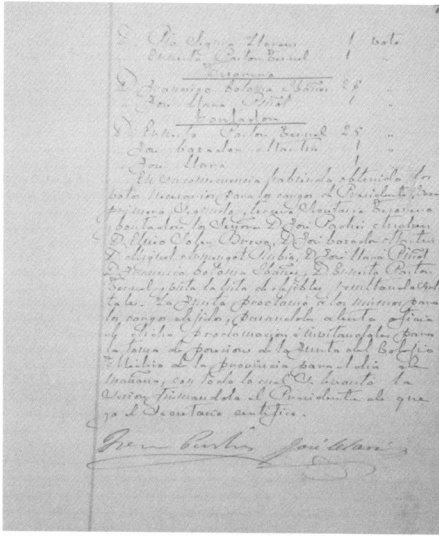

Fragmentos del acta en que se recogen los resultados de la elección a la primera Junta de Gobierno del Colegio, entre el 1 y el 4 de agosto de 1898. (Fuente: Libros de actas del Colegio Oficial de Médicos de Castelló).

El día cinco tomaron posesión, y quedó constituido el Colegio de Médicos de Castelló. Ese mismo día *Heraldo de Castellón* publicó la composición de la junta elegida, así como la del Colegio de Farmacéuticos. El día nueve de agosto se participó el resultado de las elecciones al Gobierno Civil.

Otra importante fuente de información propia del Colegio es el Libro General de Registro de Colegiados, que está compuesto de varios volúmenes. En una primera etapa hay dos volúmenes: El primer tomo abarca desde el primer inscrito, José Pachés Andreu, el 27 de septiembre de 1898, hasta el inscrito número 248, Francisco López Ibáñez, que lo fue el 6 de abril de 1906.

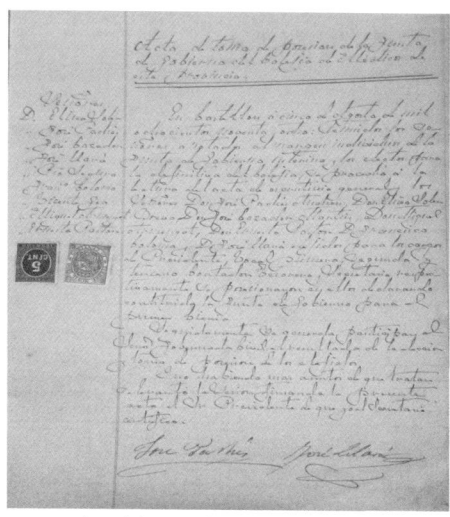

Acta de la toma de posesión de la primera Junta de Gobierno del Colegio. (Fuente: Libros de actas del Colegio Oficial de Médicos de Castelló).

Complementariamente a este libro, existe un libro de fichas donde están las fichas personales de los colegiados, donde se anotaba fecha y universidad de licenciatura, fecha de colegiación y, en algunos casos, vicisitudes del ejercicio profesional como traslados de residencia, nombramientos para cargos de la Junta de Gobierno y similares; de estas fichas solo se conservan ciento noventa y nueve: las comprendidas entre la número dos correspondiente a Eliseo Soler Breva, colegiado el 27 de septiembre de 1898 y la número ciento noventa y nueve, correspondiente a Rafael Martínez Seguí, colegiado el 24 de marzo de 1899. No se conserva la ficha personal del primer presidente y primer médico colegiado en Castelló, José Pachés Andreu. Los diez primeros médicos colegiados en esta etapa se detallan en el cuadro 1.

A partir de 1906 hay un lapsus en la información que se prolonga hasta 1917 en que empieza la nueva etapa del Colegio. De esta nueva etapa hay también varios volúmenes del Libro General de Registro de Colegiados. Estos volúmenes se pueden considerar como nuevos ya que la numeración del anterior no se respeta y se inicia una nueva. El primer colegiado inscrito en esta etapa fue Saturnino Noguera Gallur, forense que ejerció en Viver. En este libro también hay anotaciones sobre vicisitudes profesionales en la hoja de inscripción, aunque no de todos los colegiados.

Respecto a los boletines del Colegio hay que decir que forman una colección de treinta y cuatro tomos encuadernados en tapa dura de diferentes colores, según la época del Colegio a que se refieran. Estos tomos abarcan tres períodos: de 1900 a 1903; de 1920 a 1936 y de 1971 a la actualidad. Entre los años 1951 y 1970 el *Boletín* se llamó *Hoja Informativa del Colegio de Médicos de Castellón*, las cuales, no todas, están recogidas en veintitrés carpetas de anillas.

Cuadro 1: Nombres y fechas de licenciatura y colegiación de los diez primeros médicos colegiados en el Colegio de Médicos de Castelló.

N.º 1: José Pachés Andreu.
Fecha de colegiación: 27 de septiembre de 1898.
Título expedido en la Universidad de Valencia el 16 de junio de 1869. Primer presidente del Colegio, lo fue entre agosto de 1898 y julio de 1903.

N.º 2: Eliseo Soler Breva.
Fecha de colegiación: 27 de septiembre de 1898.
Título expedido en la Universidad de Valencia el 6 de octubre de 1869. Vocal primero de la primera Junta de Gobierno desde su constitución hasta el 6 de junio de 1901. Presidente del Colegio entre julio de 1912 y abril de 1919.

N.º 3: José Cazador Martín.
Fecha de colegiación: 27 de septiembre de 1898.
Título expedido en la Universidad de Zaragoza el 22 de julio de 1872. Vocal segundo de las primeras juntas de gobierno hasta junio de 1903.

N.º 4: Miguel Armengod Rubio.
Fecha de colegiación: 27 de septiembre de 1898.
Título expedido en la Universidad de Madrid el 13 de marzo de 1882. Vocal tercero de la primera Junta de Gobierno hasta su cese el 16 de junio de 1901.

N.º 5: Francisco Coloma Ibáñez.
Fecha de colegiación: 27 de septiembre de 1898.
Título expedido en la Universidad de Valencia el 25 de agosto de 1892. Tesorero de la primera Junta de Gobierno y reelegido el 16 de junio de 1901. Sabemos que en 1909 era presidente del Colegio y que lo fue hasta su muerte, en junio de 1912, pero no tenemos información de cuando accedió al cargo.

N.º 6: Ernesto Pastor Teruel
Fecha de colegiación: 27 de septiembre de 1898.
Título expedido en la Universidad de Madrid el 12 de diciembre de 1881. Contador de las primeras juntas de gobierno hasta junio de 1903.

N.ª 7: José Clará Piñol
Fecha de Colegiación: 27 de septiembre de 1898.
Título expedido en la Universidad de Valencia el 27 de junio de 1881. Secretario de la primera Junta de Gobierno y reelegido el 16 de junio de 1901. Presidente del Colegio entre junio de 1903 y abril de 1905.

N.º 8: Pío Segura Llorens
Fecha de colegiación: 27 de septiembre de 1898.
Título expedido en la Universidad de Valencia el 14 de junio de 1889. Secretario de la tercera Junta de Gobierno elegido en junio de 1903 y reelegido en abril de 1905. No hay datos de cuándo dejó el cargo.

N.º 9: Manuel Monzonís Mercader
Fecha de colegiación: 13 de octubre de 1898.
Título expedido en la Universidad de Valencia el 26 de noviembre de 1880.

N.º 10: Pedro Vicent Fabregat
Fecha de colegiación: 13 de octubre de 1898.
Título expedido en la Universidad de Madrid el 7 de noviembre de 1896.

El primer número del *Boletín* corresponde al 1 de enero de 1900 y está editado conjuntamente con el Colegio de Farmacéuticos, de forma que se llama *Boletín de los Colegios de Médicos y Farmacéuticos de la provincia de Castellón*. El *Boletín* nace «[...] de la imperiosa necesidad sentida por los colegiados de alcanzar cuanto de notable pueda ocurrir dentro del orden profesional y científico[...]», o sea, responde a la necesidad de la institución colegial de contar con un órgano informativo que cumpliera varios objetivos: es un medio de comunicación y de intercambio de opiniones, así como de ideas y noticias, y de diálogo entre los médicos y farmacéuticos de la provincia.

El *Boletín* es un documento de consulta imprescindible si se quiere conocer el devenir histórico de nuestra Institución, ya que en él se encuentran reflejados todos los acontecimientos que han tenido importancia en la vida del Colegio. En su primera época era quincenal y constaba de una sección profesional, otra científica, una dedicada a «Crónica» y otra a la publicación de vacantes. El primer artículo se titula «A nuestros compañeros» y explica la génesis del *Boletín*, cuya publicación se acordó en Junta General extraordinaria de 2 de noviembre de 1899, en esa Junta se acordó también la publicación conjunta del *Boletín* junto al Colegio de Farmacéuticos. Acaba este primer artículo con un homenaje al Dr. Julián Calleja y Sánchez, primer presidente del Colegio de Médicos de Madrid y uno de los grandes impulsores de la ley de 1898 de creación de los colegios de médicos. Una vez descritas las fuentes de información principales –actas de la Junta de Gobierno y Generales y Boletín–, vayamos al contenido.[47]

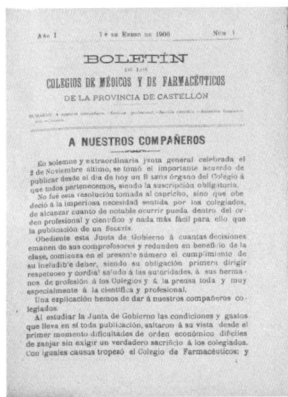 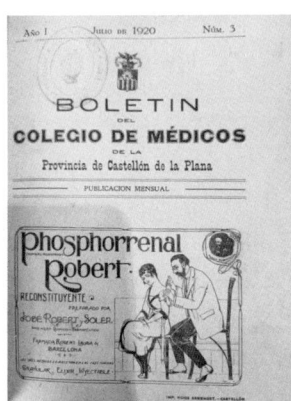 

Reproducción de la primera página del primer número del *Boletín Informativo* editado por el Colegio. (Fuente: Colegio Oficial de Médicos de Castelló).

Primera página del primer número de la segunda etapa del *Boletín*. (Fuente: Colegio Oficial de Médicos de Castelló).

Primera *Hoja Informativa* editada por el Colegio tras la Guerra Civil, en 1951. (Fuente: Colegio Oficial de Médicos de Castelló).

La primera sesión de trabajo de la Junta de Gobierno nacida de las primeras elecciones se celebró el 27 de agosto de 1898, en ella se acordaron asuntos de trámite e intendencia como la adquisición de los libros de actas, la impresión de un ejemplar de los estatutos para todos los médicos y la confección y adquisición de un sello para el Colegio, así como pólizas para certificados médicos. También se acordó recordar a todos los médicos de la provincia la obligatoriedad de la colegiación, lo que debió de tener su efecto ya que en la Junta de octubre se acuerda la admisión de cuarenta y ocho colegiados y otros cuarenta más en la sesión siguiente.

En la sesión de enero de 1899 la Junta entiende que el Colegio no está completamente constituido por falta de colegiación de algunos médicos, y decide celebrar una Junta General extraordinaria cuando eso suceda. En la sesión de marzo se nombra una comisión compuesta por tesorero, secretario y contador para el reparto del déficit de patentes de industria que había comunicado Hacienda. Esta es una de las funciones en las que se observa claramente la colaboración de las corporaciones colegiales con la Administración y uno de los principales argumentos para la obligatoriedad de la colegiación, según Villacorta (1989: 8). Hasta la llegada de la democracia era el Colegio el que se encargaba de asignar la cuota contributiva correspondiente a cada médico, en función de la cuota total para el conjunto de los médicos que establecía la Hacienda pública, y del tipo de ejercicio y los ingresos de cada médico.

---

[47] En el número del *Boletín* conmemorativo del I Centenario del Colegio en el año 2000, Mezquita Broch y Campos i Cruañes hacen una bastante más extensa y pormenorizada descripción de los libros de actas y de los boletines del Colegio.

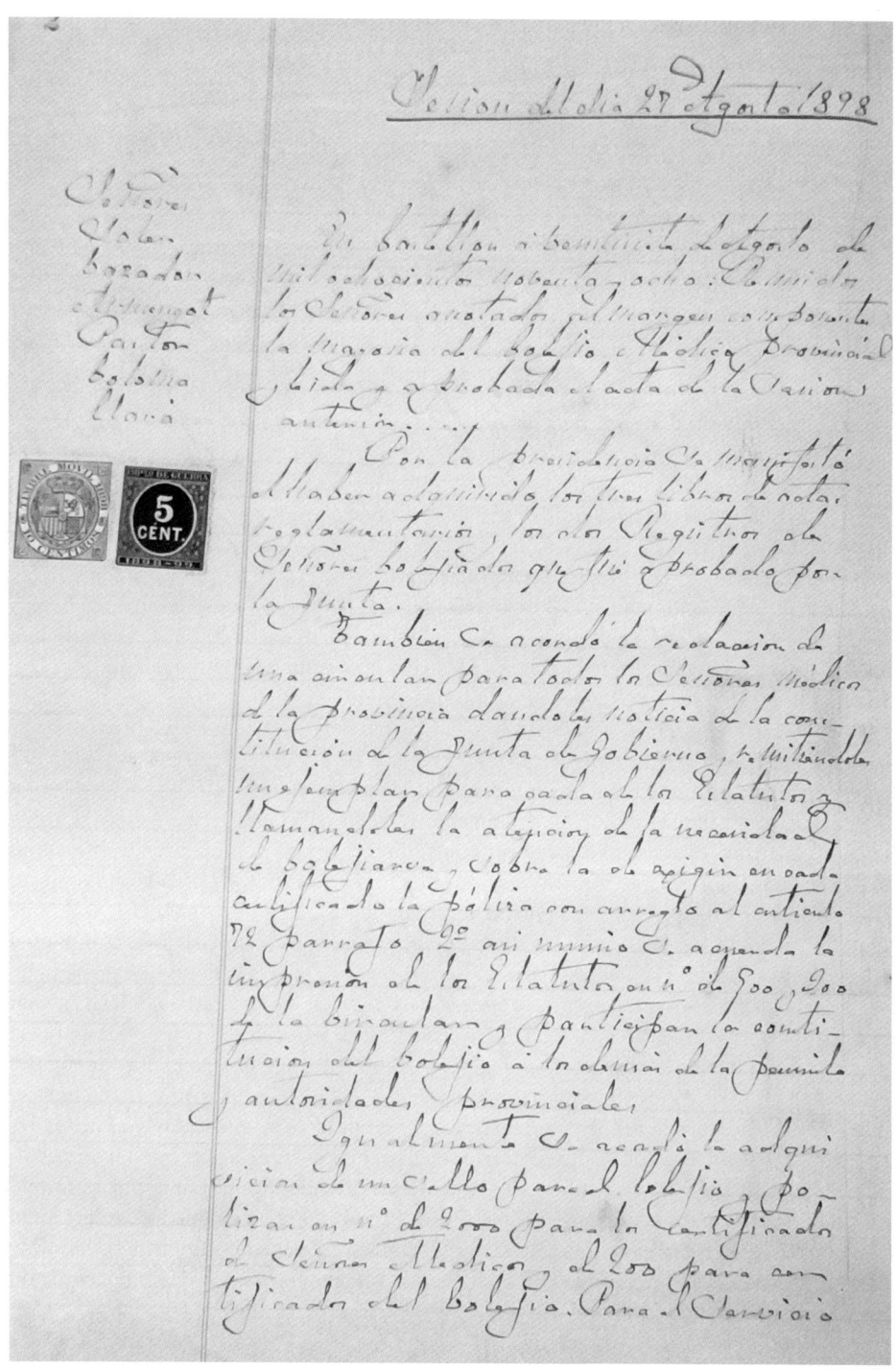

Principio del acta de la sesión de la Junta de Gobierno del COMCAS de agosto de 1898. (Fuente: Libros de actas del Colegio Oficial de Médicos de Castelló).

En la Junta de Gobierno de mayo de 1899 se trata sobre la colegiación obligatoria, a propósito de una comunicación de los colegios de Madrid, Barcelona y Navarra sobre la imprescindible necesidad de que el ministro de la Gobernación reafirme la vigencia de los Estatutos, sobre todo en lo que concierna a este asunto de la colegiación obligatoria. La Junta del COMCAS acordó la remisión de un telegrama al ministro de la Gobernación en ese sentido: «Reunida la Junta de Gobierno, acordó adhesión decreto colegiación obligatoria de 12 de abril de 1898 por cuenta indispensable prestigio científico y moral a los médicos». En este punto es conveniente que nos detengamos más largamente, ya que el problema de la colegiación obligatoria condicionó buena parte del período inicial de vida de las corporaciones colegiales.

2. La cuestión de la colegiación obligatoria

Al inicio de la existencia de las corporaciones colegiales, la obligatoriedad de asociación siempre fue un gran punto de fricción entre los profesionales. Este asunto había sido ya motivo de discusión y disputa, en la constitución y desarrollo de las numerosas agrupaciones de médicos que se habían formado a lo largo de las décadas anteriores. El Congreso Médico-Farmacéutico español de 1878 se había pronunciado a favor y se habían constituido asociaciones en defensa de la colegiación obligatoria, pero a pesar de ello, muchos creían que esta medida conculcaba un aspecto esencial del ejercicio de la profesión como era la libertad profesional. Inmediatamente a la publicación del real decreto de los Estatutos médicos y farmacéuticos, surgen las protestas encabezadas por médicos de Madrid, que solicitan apoyos de compañeros de otros lugares de España para impugnar la medida (Albarracín Teulón, 1971). El Colegio de Barcelona califica la medida de «[...] anticonstitucional, opuesto a la actual Ley de Sanidad, contrapuesto a la libertad de asociación, atentatorio contra la ley del Subsidio, en decidida pugna con las tendencias de nuestro tiempo e incompaginable con el credo del partido liberal hoy imperante» (Albarracín Teulón, 1971).

A esta oposición frontal de muchos médicos, se unieron una serie de disposiciones legales confusas, cuando no opuestas y contradictorias, que complicaron todavía más el panorama. En el mismo año 1898 se publica una real orden relativa a lo dispuesto en el artículo 39 de los Estatutos para el régimen de los colegios de médicos, en la que se admiten como elegibles para las juntas de gobierno a profesionales que cumplan el requisito de antigüedad en el ejercicio «... aunque no pagasen las cuotas que mencionan los precitados artículos...» (se refiere a aquellos artículos de las Disposiciones Transitorias que regulaban los requisitos de los médicos elegibles). Es decir, en la práctica se vacía de contenido una de las bases de la colegiación, que es el pago de una cuota. Además, a principios de 1899 y motivado por la presión de los colegios de Madrid y Barcelona, se inicia el estudio para la reforma legislativa del real decreto de Estatutos y el ministro, en este caso el conservador Eduardo Dato, declara que la colegiación está en suspenso «hasta conocer los informes solicitados a las Reales Academias». Asimismo, el propio presidente del Gobierno, el conservador Silvela –en principio favorable a la colegiación obligatoria–, tras escuchar a una nutrida representación de médicos y farmacéuticos se mostró partidario de suprimirla «[...] no habiendo tradición ni siendo unánime, como no lo es la aspiración de la clase en este sentido»[48] (Ortiz Gómez, 1983).

---

[48] Fueron simples declaraciones que no se llegaron a plasmar en norma alguna. A pesar de ello tuvieron su importancia e influencia en los médicos renuentes y que, todavía, no se habían colegiado.

La Junta de Gobierno del COMCAS siempre estuvo por la colegiación obligatoria y ya se había manifestado en ese sentido, como hemos visto. Otra vez, el 15 de diciembre de 1899, se acuerda enviar una carta al ministro de la Gobernación en la que se manifiesta la disconformidad del Colegio por la suspensión de la colegiación obligatoria en Barcelona y se dan razones para que esto no sea así. La carta va firmada por el primer presidente del Colegio, José Pachés y el secretario José Clará. Se afirma en el acta que todos los médicos de la provincia de Castelló están colegiados y dice que se expidieron ciento sesenta y una patentes en 1898 y ciento ochenta en ese año.[49]

En la *Gaceta de Madrid* de 5 de noviembre de 1900 se publicó la real orden de 3 de noviembre anterior, disponiendo se cumpliera en todo su vigor el real decreto de 12 de abril de 1898 sobre colegiación obligatoria de las clases médico-farmacéuticas, y dando un plazo de dos meses para su cumplimiento. Para ello se contó con informes a favor del Real Consejo de Sanidad (aunque con dos votos particulares) y de seis de las once reales academias de Medicina, lo que da cuenta de la división que causaba esta medida. Ante esta nueva norma tres médicos muy conocidos en ese momento judicializan el asunto; solicitan autorización para ejercer sin estar colegiados,[50] lo que les es negado el 6 de diciembre y a renglón seguido interponen recurso ante el tribunal de lo Contencioso-Administrativo.

El 3 de agosto de 1901 se publica en la *Gaceta de Madrid* una orden del director general de Sanidad, Ángel Pulido, disponiendo no se prive del ejercicio de su profesión al médico José Feliú. El director general dirige una comunicación al gobernador civil de Lleida a fin de que no se prive el ejercicio de la Medicina al doctor Feliú, que había sido sancionado por su Colegio al no estar colegiado, apoyándose en una real orden de 6 de julio referente a unas disposiciones administrativas fiscales para sociedades médicas y en el dictamen del fiscal de lo contencioso-administrativo del Consejo de Estado, que se había manifestado en ese sentido, mientras no se aclarara la situación provocada por la real orden de 6 de julio y mientras no se pronunciase el tribunal de lo contencioso. El fiscal aduce «que no hay razones de interés general o de Estado en lo referente a la colegiación médica».

A finales de ese mismo mes de agosto, el ministro de la Gobernación dicta una real orden, de fecha 28 de agosto, contestando una consulta del colegio de farmacéuticos en la que ratifica la plena vigencia de la de 3 de noviembre de 1900, y por tanto de la colegiación obligatoria, «[…] mientras el tribunal de lo contencioso no acuerde la suspensión de sus efectos». El 3 de octubre el tribunal de lo contencioso dicta un auto en el que: «Se decreta, de conformidad con el Ministerio Fiscal, la suspensión hasta el fallo definitivo, de los efectos de la R. O. impugnada, [la de 3 de noviembre de 1900] en cuanto tienen de preceptivo y obligatorio…»; en una comunicación aparte, el fiscal del Alto Tribunal declara al Director General que la suspensión es aplicable a los tres reclamantes y no a la clase médica en su conjunto. Por fin, el tribunal se pronuncia declarándose incompetente, lo que induce al ministro, Segismundo Moret, a publicar la siguiente real orden que dirige al Director General de Sanidad:

---

[49] Esto equivale al número de médicos que ejercían en la provincia, ya que era el Colegio el que expedía las llamadas patentes de industria, que era la forma de tributación de artesanos, comerciantes y profesionales.

[50] Joaquín Pi y Arsuaga fue socio fundador de la Sociedad Española de Higiene e internista de prestigio; al interponer el recurso dirigía el periódico *El Nuevo Régimen*. era hijo del político Francisco Pi y Margall. Manuel Iglesias Díaz era médico de la Casa Real y secretario perpetuo de la Real Academia de Medicina. El tercero era Dío Amando Valdivielso y Prieto, notable médico y articulista, que fue concejal del Ayuntamiento de Madrid (tomado de Ortiz Gómez, 1983).

Ilmo. Sr.: Vista la comunicación del Presidente del Tribunal Contencioso administrativo del Consejo de Estado, acompañando testimonio de la sentencia dictada por dicho Tribunal declarándose incompetente para conocer en la demanda interpuesta por D. Joaquín Pi y Arsuaga, D. Manuel Iglesias Díaz y D. Dio Amando Valdivielso contra la Real orden expedida por este Ministerio en 6 de Diciembre de 1900, por la que se les negaba el derecho á ejercer la profesión de Médicos sin estar inscritos en el Colegio de Médicos; y resultando en virtud de tal fallo firme la expresada Real orden; El Rey (Q. D. G.) ha tenido á bien disponer se ejecute lo que en la misma se previene. De Real orden lo digo á V. I. para su conocimiento y efectos consiguientes. Dios guarde á V. I. muchos años. Madrid 30 de Mayo de 1902. S. MORET. (*Gaceta de Madrid* n.º 159, de 8 de junio de 1902).

En consecuencia, la colegiación obligatoria estaba vigente. A pesar de ello, el propio ministro en declaraciones de prensa y en un despacho dirigido al rector de la Universidad de Barcelona, se mostraba partidario de la colegiación voluntaria (Ortiz Gómez, 1983), lo que aumentó la confusión reinante. Para completar el panorama, el Director General de Sanidad, Ángel Pulido, emite el mismo día una circular (*Gaceta de Madrid* de 8 de junio de 1902)[51] en la que ratifica la obligatoriedad de la colegiación, pero reconoce la profunda división que la medida causa entre la clase médica y por ello dirige una comunicación al Ministro en la que entre otras cosas dice:

Conviene hacer una revisión de los Estatutos por una comisión mixta de adversarios y partidarios de esta colegiación, a fin de que de ella surja aquella organización que, sin molestias ni violencias, pueda interesar a todo el personal facultativo correspondiente de la nación, para que le sea posible realizar una misión social, gubernativa y profesional, hasta ahora apenas bosquejada. Madrid, 11 de agosto de 1902.

La sugerencia sería recogida por el ministro que mediante real orden de 6 de octubre de 1902, dispone la creación de una comisión de actualización y reforma de los Estatutos de colegios de médicos y farmacéuticos. Esta comisión la formaban seis médicos, tres farmacéuticos y tres veterinarios; sabemos poco sobre sus trabajos que además fueron retrasados por el cambio de director general de Sanidad, cargo para el que fue nombrado Carlos M. Cortezo, conocido por su oposición frontal a la obligatoriedad de la colegiación.

El nuevo director general retuvo un primer dictamen en el que se recogía su obligatoriedad, al menos para los médicos titulares. Sí que sabemos que en octubre de ese año se creó una comisión en el Congreso de los Diputados para revisar los Estatutos de los colegios «[...] a fin de que desaparezca cuanto se considere vejatorio a la independencia de los profesores, o incompatible con su libertad y se estudien los términos de la concordia» (Ortiz Gómez, 1983). Mientras, el ministro dictó instrucciones a las juntas de gobierno de los colegios para que se abstuvieran de intervenir, salvo casos que afectaran «al decoro o a la moral pública». Es decir, a finales de 1902 la colegiación obligatoria, si no de derecho, al menos de hecho ya no existía. Esto tomó carta de naturaleza jurídica con la promulgación el 15 de julio de 1903, con carácter provisional, de la Instrucción General de Sanidad, que en su artículo 85 disponía que la colegiación no era obligatoria sino optativa, aunque también decía en el artículo 86

---

[51] Albarracín Teulón tilda este escrito de «documento importantísimo para la época».

que solo los colegios que contaran con más de los dos tercios de los médicos ejercientes colegiados tendrían carácter de corporación oficial.

Posteriormente se publica la real orden de 29 de septiembre de 1903, disponiendo la no obligatoriedad del sello de los colegios de médicos en las certificaciones facultativas y recalcando la no obligatoriedad de la colegiación. Por último la publicación definitiva de la Instrucción General de Sanidad, mediante real decreto de 12 de enero de 1904, declara optativa la colegiación y abre la posibilidad de la colegiación conjunta de médicos y farmacéuticos (artículo 84).

Muy interesante desde el punto de vista organizativo es que se concedía a los colegios el carácter de corporaciones oficiales, siempre que acreditasen que más de las dos terceras partes de los profesionales de la provincia estaban colegiados (artículo 85). Esta condición de corporación oficial era trascendente, ya que daba derecho al colegio a representar al colectivo ante cualquier gestión de interés general para él, a vigilar el ejercicio profesional y fiscalizar los delitos de intrusismo. Además, sus juntas de gobierno pasaban a desempeñar las funciones de los jurados profesionales médicos previstas en el artículo 80 de la ley de Sanidad de 1855, confiriéndoles por ello la responsabilidad de la vigilancia de los preceptos deontológicos en todos los colegiados (artículo 85) y dotándolos, además, de facultades disciplinarias (artículo 88). Ya no sería hasta 1917 en que se regularizaría definitivamente este asunto, estableciéndose la obligatoriedad de la colegiación para las profesiones sanitarias tituladas, que venían catalogadas en el artículo 62 de la Instrucción de Sanidad: «Medicina y Cirugía, Farmacia, Veterinaria, el Arte de los partos, el del practicante, el dentista y, en general, las complementarias que con título especial pudieran crearse en este ramo […]».

3. Primera época del Colegio de Médicos de Castelló: 1898-1917

Dejábamos la actividad de la Junta de Gobierno más arriba con la adhesión a la medida de la colegiación obligatoria, pero no se paraba ahí su actividad. Había que ordenar la profesión y a ello se dedicó este primer órgano de gobierno del Colegio. Hemos visto como su actividad en la sesión de mayo de 1899 estuvo en buena medida dedicada a defender la colegiación obligatoria; en la misma acta de la sesión de mayo de 1899, figura que se acuerda iniciar los trabajos para fijar un precio mínimo a las igualas en toda la provincia. Ese precio se fijó en la sesión siguiente, era variable, según «[…] la situación de los médicos en cada pueblo y las condiciones del arte […]» y oscilaba entre las seis pesetas de Benicàssim, Ludiente o Xilxes y las diez de Castelló o Vinaròs. Esto significaba una subida que no fue aceptada de buen grado en los pueblos y causó no pocos enfrentamientos entre los médicos y de estos con las poblaciones y las autoridades locales. En la sesión de julio se conoció la agresión sufrida por el médico de Les Coves de Vinromà por este motivo y como una comisión de este pueblo pidió al médico de Vilanova d'Alcolea si quería hacerse cargo del partido en las mismas condiciones que había antes. La Junta de Gobierno del Colegio prohibió a este médico acceder a esa petición. Este no fue el único conflicto de este tipo en aquel tiempo.

En la sesión de veintiuno de septiembre se dictaron importantes normas de conducta para los médicos que merecen conocerse:[52]

[52] *Libro de Actas de la Junta de Gobierno del Colegio Oficial de Médicos de Castellón* (LACOMCAS). Sesión de 21 de septiembre de 1899.

-Ningún médico podía prestar servicios a un paciente que estuviera en tratamiento por otro médico sin conocimiento y consentimiento de este.

-No se podían admitir igualas de familias que no hubieran satisfecho sus honorarios al médico anterior

-Ni directa ni indirectamente, ningún médico debía perjudicar los intereses, fama y prestigio de otro compañero.

-Las recetas debían dispensarse según se disponía en los Estatutos, sin que se pudieran admitir prescripciones de fórmula desconocida

-Se debía poner en conocimiento de la Junta de Gobierno del Colegio los cambios de residencia

-Era preciso el visto bueno del presidente para contratar igualas con empresas o sociedades.

-La Junta de Gobierno señalaría el tipo mínimo de las igualas, asesorada por los médicos de cada lugar. Ningún médico podría contratar por un precio menor del establecido.

-Los colegiados están obligados a denunciar los casos de intrusismo que conozcan y procurarán aportar datos y pruebas de ello.

La Junta de Gobierno de dos de octubre de 1899 se celebró junto a la del Colegio de Farmacéuticos, en el domicilio del presidente de estos últimos, ya que nuestro Colegio no tenía sede todavía. Se discutía el caso de un practicante del Grao que recetaba y dispensaba medicinas, un caso de intrusismo, lo que también fue ocupación frecuente de las juntas en estos primeros años del Colegio. La Junta de catorce de octubre acuerda la convocatoria de una Junta General de colegiados en el Instituto Provincial el dos de noviembre, para discutir y aprobar el reglamento de régimen interno del Colegio, lo que era preceptivo según los Estatutos, una vez hubiera pasado un año de la constitución del Colegio. El proyecto de reglamento se leyó y aprobó en la junta de gobierno de veintiocho de octubre. La Junta General de dos de noviembre, con asistencia de cuarenta y seis colegiados, aprobó el primer reglamento interno del COMCAS. El texto no se conserva.

En la sesión de trece de diciembre de 1899 la Junta de Gobierno toma la trascendente decisión de publicar un periódico quincenal junto con el Colegio de Farmacéuticos que se empezaría a publicar el uno de enero siguiente y suscrito a partes iguales por ambas clases.[53]

En la sesión del diecinueve de enero de 1900 la Junta conoce, por comunicación

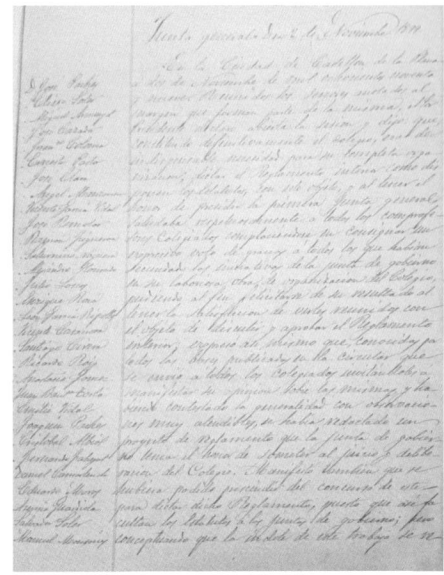

Acta de la Junta General de colegiados en la que se aprobó el primer reglamento de régimen interno. (Fuente: Libros de actas del Colegio Oficial de Médicos de Castelló).

[53] *LACOMCAS*. Sesión de 13 de diciembre de 1889.

del Colegio de Madrid, el proyecto de ley de bases de Sanidad, que suprimía la colegiación obligatoria y la inamovilidad de los facultativos de partido. En esa nota se convocaba una reunión nacional en Madrid el día uno de febrero, a la que asistirían al menos dos representantes de cada colegio provincial.[54] La sesión de veintiséis de enero, además de nombrar representantes para la reunión nacional, entendió de un conflicto en el que un médico había contratado sus servicios con compañías del Grao a un precio mucho menor del estipulado por el Colegio y del que cobraba el otro médico de la localidad. Se reprendió públicamente al médico contratante.[55] El resto de juntas de gobierno de este año se dedican a arbitrar conflictos entre médicos, y entre estos y las autoridades locales por el monto de las igualas, así como casos de intrusismo. Una buena parte del tiempo también lo empleó la Junta en adherirse a todas las iniciativas que iban surgiendo desde el Colegio de Madrid y otros a favor de la colegiación obligatoria.

A partir de ahora y hasta 1917, las actas de juntas de gobierno y juntas generales que se conservan son escasas; tenemos conocimiento de la vida del Colegio de estos años por estas pocas actas disponibles, por el *Libro General de Registro de Colegiados*, donde se siguieron anotando colegiados hasta 1906 y también por el *Boletín* editado a partir del día primero de enero de 1900, que es una valiosísima fuente de información para el investigador, ya que se conservan perfectamente ordenados, impresos y encuadernados y transcribían de forma prácticamente literal en sus páginas las deliberaciones y acuerdos de la Junta de Gobierno.

En su primer número el *Boletín* da cuenta de la vacante de médico titular de Oropesa, para la asistencia de dieciocho familias pobres y los otros servicios que marcaba el artículo 2 del reglamento benéfico sanitario de catorce de junio de 1891.[56] Se marcaba un sueldo de novecientas noventa y cinco pesetas anuales y el médico quedaba en libertad para hacer contratos particulares de igualas con el resto de los vecinos. La Junta General del Colegio de veintiocho de enero de 1900 se celebró en los salones del Instituto Provincial, ya que en ese momento el Colegio no tenía una sede para acoger una asamblea. En ella se dio lectura a la cuenta de ingresos y gastos desde la constitución del Colegio en agosto de 1898 y hasta el treinta y uno de diciembre de 1899, con un saldo favorable de 746,25 pesetas. En los ingresos se contabilizan ciento sesenta y ocho cuotas de ingreso a cinco pesetas cada una y ocho más a diez pesetas. Se da cuenta también de que el director del *Boletín* es el presidente del Colegio y su administración está a cargo del secretario; corresponde al Colegio de Farmacéuticos la mitad del texto del periódico. En esos momentos el personal del Colegio eran: un escribiente que cobraba doscientas setenta pesetas anuales y un conserje que cobraba noventa. En el presupuesto aprobado para 1900 se contemplan setecientas pesetas de ingresos por «certificaciones ordinarias».

En el *Boletín* de uno de abril de este año 1900 se da cuenta del reparto del déficit de recaudación de Hacienda por las patentes para el ejercicio de la profesión. Esto lo debía hacer el Colegio de Médicos, según el artículo once del real decreto de 13 de agosto. Hay

---

[54] *LACOMCAS*. Sesión de 19 de enero de 1900.

[55] *LACOMCAS*. Sesión de 26 de enero de 1900.

[56] Según este reglamento, en todos los pueblos de menos de cuatro mil vecinos debería haber médico y farmacéutico costeados por los ayuntamientos. Su artículo segundo establecía obligaciones como prestar los servicios sanitarios que le encomendaran las autoridades, realizar funciones de salud pública y estadística sanitaria, certificar las defunciones habidas, sustituir al forense en sus ausencias y prestar los servicios que le encomendaran las autoridades provinciales en pueblos limítrofes en caso de necesidad y debidamente retribuidos.

una relación nominal de todos los médicos colegiados y en ejercicio, en la que figuran veintitrés médicos ejerciendo en Castelló capital y ciento cuarenta y tres más en el resto de la provincia.

Merece la pena resaltar las varias y enjundiosas contribuciones realizadas al *Boletín* por el médico de Vinaròs, Ramón Vizcarro, que también había destacado por sus colaboraciones en *La Unión Médica* y la *Revista Médico-Farmacéutica*, que como hemos visto más arriba fueron en su momento las enseñas del movimiento asociativo médico-farmacéutico en Castelló; siempre escribió de forma brillante en defensa de la dignificación del ejercicio en el medio rural, es una delicia leer sus textos y son, en muchos aspectos, plenamente actuales.

En el *Boletín* de quince de noviembre de 1900 se transcribe la real orden de 3 de noviembre, disponiendo se cumpla en todo su vigor el real decreto de 12 de abril de 1898 sobre colegiación obligatoria de las clases médico-farmacéuticas, y dando un plazo de dos meses para su cumplimiento.[57]

La Junta General de colegiados de veintitrés de enero de 1901[58] modificó el reglamento de régimen interno del Colegio y se crean las juntas de distrito, con el fin de aligerar y descentralizar el trabajo de la Junta de Gobierno provincial. También se acuerda iniciar los trabajos para crear un montepío de ayuda mutua. Esta fue una preocupación recurrente de las juntas de gobierno del COMCAS, así como de otros de España; fueron numerosos los intentos de crear este mecanismo mutual, pero nunca se consiguió plenamente; se encargó al doctor Gallur elaborar un proyecto de reglamento para su estudio por la Junta de Gobierno. Mientras se redacta el citado reglamento, la Junta General aprobó una derrama de diez pesetas por colegiado para entregar a los herederos del primer médico que falleciese y diez pesetas cada vez que uno falleciera. En los boletines de quince de mayo y uno de junio se publica el proyecto redactado por el Dr. Gallur, aunque no consta que se tomara decisión formal alguna al respecto.

En los dos números de mayo y en el primero de junio, el *Boletín* publica un «Informe sobre los principios fundamentales de la Deontología Médica» realizado por el Dr. M. Grasset, catedrático de Clínica Médica de la Universidad de Montpellier. Es la primera vez que el *Boletín* se ocupa de la Deontología refiriéndose a ella con este nombre, ya que muchas de las colaboraciones del doctor Vizcarro y otras de otros colegas también recogen principios de buenas prácticas médicas, pero sin llamarlas de esta forma.

En el acta de la Junta General de veintiséis de enero de 1902 se recoge la discusión habida sobre la colegiación obligatoria a propósito de la excepción hecha a la obligación de colegiarse a tres médicos que habían llevado el caso a la vía judicial y que se ha desarrollado en otra parte más arriba. El entonces vicepresidente del Colegio, Nicolás Forés, había estado en Madrid comisionado por el Colegio pocas semanas antes y para él, según dijo en esa Junta, la colegiación obligatoria estaba suspendida:

> El asunto no ofrece dudas. De mi viaje a Madrid traigo la impresión de que la colegiación ha muerto, que sólo la influencia del Sr. Calleja [Presidente del Colegio de Madrid] la entretiene. La colegiación está de hechos, suspendida. La Junta desautorizada. Obligatoriamente deberemos darnos por muertos y proceder bajo ese concepto.

---

[57] *Boletín Informativo de los Colegios Oficiales de Médicos y farmacéuticos de la provincia de Castellón.* 15 de noviembre de 1900.

[58] Estatutariamente debía celebrarse una junta general ordinaria al año.

En esta sesión se dejó en suspenso el proyecto de montepío, a la vista de cómo estaba el asunto de la colegiación y también se acordó seguir publicando el Boletín.[59]

En el número de febrero, el *Boletín* da cuenta de la gestión del Colegio durante el año anterior y de cómo las vicisitudes sobre la colegiación obligatoria habían condicionado la pasividad de la Junta de Gobierno respecto a la creación del montepío. Al tiempo, da cuenta del fallecimiento de tres colegiados durante el año y de que se han satisfecho a las familias de los dos primeros las cantidades recaudadas con la derrama acordada para esas ocasiones, aunque puntualiza que ha habido «ocho» colegiados que no la han satisfecho en la primera ocasión y veinticuatro en la segunda. El tercer colegiado fallecido, joven y soltero, renunció en vida a esa cantidad. A partir del número de quince de marzo, y durante otros tres más, hay una serie de artículos firmados bajo el seudónimo de *Mogiel* y que bajo el título de «Apuntes para una historia del Colegio de médicos de la provincia de Castellón», va desgranando una visión sobre las vicisitudes del ejercicio médico en la capital durante el siglo XIX y de cómo estas fomentaron el asociacionismo médico en Castelló y al final dieron origen al Colegio. Recuerda como hasta pasada la primera mitad de ese siglo, médicos y cirujanos eran profesiones distintas que cada uno ejercía sin inmiscuirse en lo que no fuera de su incumbencia y en un clima de respeto hacia el compañero. Que ambos eran *severos* en el trato social y que ocupaban un destacado lugar honorífico en el seno de las familias a quienes atendían. Según este antiguo compañero, la unión de ambas carreras significó el inicio del derrumbe de ese modo de ejercicio ya que, dice:

> Si a la par que se explicaba ciencia moderna se hubiera enseñado en las escuelas los derechos y deberes del médico y el respeto que a sus compañeros y enfermos debe dentro del límite profesional, es muy probable que una vez alcanzada la investidura de licenciado, hubiérase este dedicado al ejercicio de la medicina con toda la dignidad y decoro correspondiente a su clase, adquiriendo al propio tiempo hábitos de estudio tan indispensables como necesarios para ejercer como es debido tan difícil ministerio.

Ciento veinte años después de ser escrito, este párrafo no ha perdido actualidad. Sigue afirmando el autor que la reforma posterior a la revolución *Gloriosa* de 1868 facilitó mucho la obtención del título de médico, lo que originó una plétora de estos. Esta situación causó un cambio en la forma de ejercicio que se hacía «… no como un ministerio, sino como una industria de cuya explotación se obtenían pingües ganancias». Con ello se creó una insana competitividad que causó fundamentalmente una falta de respeto entre profesionales. Da cuenta de un primer embrión de asociación que parece corresponder a la Sociedad Médico-Farmacéutica Castellonense, creada en 1872, aunque no lo cita así. Va desgranando hitos en el desarrollo del asociacionismo médico, como el congreso de médicos titulares que dio origen al reglamento benéfico-sanitario de catorce de junio de 1891 y, sobre todo, la nueva forma de tributación de los médicos de agosto de 1894, de agremiación de los médicos «[…] para lo que hubo de reunir a toda la clase». El autor ve aquí el germen del Colegio y en los capítulos siguientes de su relato se dedica a ensalzar la labor realizada por la Junta de Gobierno hasta esa fecha. La última entrega aparece en el *Boletín* del primero de mayo y en ella hace una ácida y crítica reflexión sobre la influencia de la política y el poder político sobre los médicos.

---

[59] *Libro de Actas de Junta General de Colegiados*. Sesión de 26 de enero de 1902.

El quince de mayo se transcribe en el *Boletín* la sentencia del tribunal de lo contencioso-administrativo de primero de mayo de ese año, en el recurso planteado por los médicos Joaquín Pi i Arsuaga, Manuel Iglesias Díaz y Dío Amando Valdivielso contra la real orden de 3 de noviembre de 1900, que disponía se cumpliera en todo su vigor el real decreto de 12 de abril de 1898 sobre colegiación obligatoria de médicos y farmacéuticos, dando un plazo de dos meses para su cumplimiento. La sentencia es desestimatoria de la pretensión y dio lugar como ya hemos visto a disposiciones legales que reforzaban la colegiación obligatoria (real orden de 30 de mayo y circular del director general de Sanidad de 8 de junio siguientes, que se reproducen en el siguiente número del *Boletín*.[60] (Ver anexo legislativo). La colegiación obligatoria seguía ocupando tiempo a la Junta de Gobierno y, aunque volvía a ser plenamente efectiva, seguía contando con poderosos enemigos.[61] Las patentes de industria expedidas ese año por el Colegio fueron 152 para la provincia y veinticinco para la capital.

El *Boletín* de 1903 empieza con una advertencia trascendente: por acuerdo de ambas juntas de gobierno, el *Boletín* pasa a ser desde ese momento órgano exclusivo del Colegio de Médicos, aunque se daba la oportunidad a los farmacéuticos que quisieran a seguir con la suscripción. También en este primer número del año se da cuenta de la fundación de la Asociación de Médicos Titulares de España, así como de la creación de una junta de partido de esa asociación, con sede en Caudiel. Los junteros se adhieren al Colegio, pero estiman que no es incompatible la existencia de su junta de médicos titulares con la del distrito del Colegio, que tenía el mismo ámbito geográfico. Posteriormente se constituyeron juntas de distrito de esa Asociación en Segorbe y otros partidos de la provincia.

La Junta General de ese año 1903 se celebró en el salón de sesiones del palacio de la Diputación, el veinticinco de enero. Por el acta que se conserva y por el *Boletín* sabemos que se desarrolló con un tema casi monográfico: la colegiación obligatoria.[62] Estaba ya creada y trabajando la comisión parlamentaria encargada de la reforma de los estatutos colegiales, lo que hacía temer que la colegiación obligatoria desapareciera. La Junta de Gobierno había llevado a cabo una encuesta entre todos los colegiados preguntando acerca de esto y se obtuvieron los siguientes resultados:

Partidarios de la colegiación obligatoria	143 votos
Partidarios de la colegiación voluntaria	13 votos
Contrarios a toda colegiación	3 votos
No contestan	16 colegiados

La Junta General se felicitó de este resultado, pero también tomó conciencia de las dificultades por las que pasaba el concepto. Pero la vida seguía y por imposición estatutaria entre los días siete y diez de junio, en dependencias del Hospital Provincial se celebraron elecciones para renovar los cargos de presidente, secretario, contador y vocales segundo y cuarto de la Junta de Gobierno. Los elegidos fueron: presidente: José Clará; secretario:

---

[60] Ver Anexo legislativo. Norma número 18.

[61] El mismo ministro de la Gobernación, Sr. Moret, en un telegrama dirigido al rector de la Universidad de Barcelona, declaró poco después que la colegiación obligatoria era inconstitucional y que «médicos y farmacéuticos contra quienes se intente sanción alguna, no queriendo colegiarse, que acudan a los tribunales ordinarios en la forma procedente». (BCOMCAS de quince de agosto de 1903)

[62] *Libro de Actas de la Junta General de Colegiados.* Sesión de 25 de enero de 1903.

Pío Segura; contador: Manuel Sánchez; vocal segundo: Vicente Gea; vocal cuarto: Vicente Segarra. Completaban la Junta los siguientes cargos que continuaban en sus puestos: vocal primero, Nicolás Forés; vocal tercero, Gonzalo Salvia; vocal quinto, Juan B. Flors; tesorero, Francisco Coloma. Una nueva Junta para gestionar los tiempos difíciles que se avecinaban.

El real decreto de 15 de julio de 1903 publica con carácter provisional la Instrucción General de Sanidad, que será una disposición clave en la regulación de la Sanidad española en los años siguientes. Se dispone aquí que la colegiación no es obligatoria, sino optativa (artículo 85) y que solo los colegios que contaran con más de los dos tercios de los médicos ejercientes en la provincia que estuvieran colegiados tendrían carácter de corporación oficial (artículo 86). Esta norma, junto a la real orden de 29 de septiembre, que eliminaba la obligatoriedad del sello colegial en las certificaciones que emitieran los facultativos, lo que era un torpedo a la línea de flotación de la viabilidad económica de los colegios, llevaron a estas corporaciones a un estado de parálisis del que tardarían años en salir, incluso algunos desaparecieron por completo. En el *Boletín* de quince de

José Clará Piñol, segundo presidente del Colegio, hacia 1935. (Fuente: Colegio Oficial de Médicos de Castelló).

noviembre hay una nota de la Junta de Gobierno dirigida a la colegiación en la que se da cuenta de lo hecho a partir de la Instrucción General de Sanidad. Se dice que, a la vista de esa norma, se solicitó a todos los colegiados que ratificaran o no su inscripción en el Colegio. De ciento setenta y ocho médicos ejercientes en la provincia lo hicieron ciento veintiocho, superando el requisito de los dos tercios de colegiados que dispone el artículo 86 de la Instrucción, ratificado después por la real orden de 6 de diciembre, para ser considerado como corporación oficial. En esa misma nota se da cuenta de la intención de la Junta de Gobierno de solicitar la mencionada consideración y, una vez conseguida, convocar una asamblea general de colegiados con dos objetivos: disolver el actual Colegio y crear otro nuevo con un órgano de gobierno nuevamente elegido, que redacte un reglamento de funcionamiento para proponer a la Junta Provincial de Sanidad, según disponía el artículo 85.4 de la Instrucción.

Este criterio cambió por presiones de muchos colegiados y en el *Boletín* de quince de diciembre hay un artículo titulado «Constitución del Colegio», en el que la Junta de Gobierno del Colegio *viejo* da por terminada la constitución del Colegio *nuevo* con arreglo a lo estipulado en la instrucción de Sanidad.[63] Se dice que de ciento ochenta y cuatro médicos de la provincia, ciento treinta y tres han ratificado su colegiación nuevamente, por lo que

---

[63] *BCOMCAS.* Número de 15 de diciembre de 1903.

se inician los trámites para que el Colegio sea considerado corporación oficial y su Junta de Gobierno como jurado profesional, a los efectos del artículo 80 de la Instrucción. Habla de los ciento treinta y tres colegiados como los profesionales «[...] que se inspiran en un compañerismo de verdad y los que no temen sujetar su ejercicio profesional con las trabas de la Deontología y la moral médicas». Aunque también advierte de que la no colegiación no es una patente de corso para actuar impunemente, ya que los médicos no colegiados también estarán sujetos a reglas y a la acción disciplinaria de la Junta de Gobierno, revestida de sus funciones de jurado profesional (artículo 86.3 de la instrucción). También se dice que al ser un Colegio nuevo quedan sin efecto los acuerdos del viejo y en ese sentido se suprime la publicación del *Boletín* tal y como se hacía hasta ese momento y a partir de enero de 1904 se publicaría solamente la parte profesional, suprimiéndose la científica y todas las otras secciones.

El nuevo Colegio celebró su primera Junta General el veintiuno de junio de 1904, en el salón de actos del Sindicato de Riegos y fue presidida por José Clará. Se ratificó la creación del nuevo Colegio al que llamaron «voluntario» y se aprobó el paso a este de los fondos y enseres del colegio «obligatorio». Se leyó primeramente la declaración de «Corporación Oficial», concedida al Colegio de Castelló por real orden de siete de marzo anterior, al contar como colegiados a más de las dos terceras partes de todos los médicos ejercientes en la provincia, en virtud de la Instrucción de Sanidad vigente, publicada con carácter definitivo en enero de este año 1904. Se presentó y aprobó un nuevo reglamento de régimen interno adaptado a la nueva situación legal. Por último, se acordó conceder un voto de confianza a la Junta de Gobierno saliente del Colegio viejo «obligatorio», para que siguiera rigiendo los destinos del nuevo Colegio, hasta la aprobación definitiva del reglamento y la forma de elección de la Junta de Gobierno por la Junta Provincial de Sanidad.

La Junta General de quince de junio de 1905 se celebró también en el Sindicato de Riegos y asistieron veintiséis colegiados. Teniendo en cuenta que la colegiación no era obligatoria y que estamos hablando de unos ciento ochenta médicos en toda la provincia, hay que reconocer que la implicación de nuestros compañeros de los albores del siglo xx en la vida del Colegio era muy notable, ateniéndonos a la media de asistentes a las juntas generales del Colegio y si tenemos en cuenta las dificultades de comunicación en aquellos tiempos. En esa Junta se discutió la conveniencia de establecer una cuota extraordinaria y obligatoria, dada la precariedad y escasez de los ingresos colegiales. Se pospuso el asunto hasta que la nueva Junta de Gobierno, que estaba recién elegida, lo tomara en consideración. Se recoge en el acta que al final de la sesión todos los asistentes saludaron a la nueva junta de gobierno y a su presidente, el Dr. Ramón Godes Solsona.[64] Además de esta referencia interna de un nuevo, y hasta ahora desconocido para todos, presidente de nuestra Institución, tenemos otra externa de la prensa diaria local; *El Heraldo de Castellón* de fecha veintinueve de abril, en su sección «Castellón» recoge la noticia con el siguiente texto:

> Ayer mañana se celebró en esta capital la reglamentaria elección del presidente del Colegio Médico provincial, siendo elegido para tan honorífico cargo el ilustrado médico de Villareal don Ramón Godes Solsona, quien agradecido a esta alta muestra de solidaridad y cariño de sus compañeros, trasladará en breve su residencia a esta capital. Nuestra enhorabuena más cumplida al señor Godes.

---

[64] *Libro de Actas de la Junta General de Colegiados.* Sesión de 15 de junio de 1905.

El Heraldo dice que en el mismo acto se renovó la Junta de Gobierno, quedando compuesta como sigue: presidente, Ramón Godes; vicepresidente, José Pachés; tesorero, Francisco Coloma; contador, Manuel Sánchez; secretario, Pío Segura; vocales, Gonzalo Salvia, Nicolás Forés, Vicente Gea, Vicente Sansano, Vicente Segarra, Pedro Montoy y José María Gozalbo.[65] Habremos de dar por bueno este testimonio de la prensa sobre la composición de la nueva Junta, de la que hasta ahora no teníamos noticias, y que debía regir los destinos de una institución en la que parece ser que pocos creían, más allá de sus miembros asociados.

A partir de aquí se abre una laguna informativa hasta 1909. No se conserva libro de actas alguno, ni de juntas de gobierno ni generales y en esta época el *Boletín* no se editaba. Así que tenemos un presidente del que nadie sabía nada hasta este momento, Ramón Godes, del que no sabemos hasta dónde duró su mandato ni detalle alguno de su gestión, así como la de su Junta de Gobierno.

El siguiente acta de que disponemos es uno de la Junta General del Colegio fechada el quince de julio de 1909. En ese momento el Colegio estaba presidido por Francisco Coloma Ibáñez, que había sido el tesorero de la primera Junta de Gobierno en 1898 y lo fue también bajo la presidencia de Ramón Godes, como hemos visto. No he logrado averiguar la fecha de su elección ni la composición de su Junta de Gobierno. Sí que hay constancia sin embargo de un aspecto capital de la gestión, como es el procurar una sede para el Colegio. En efecto, Francisco Coloma propuso en esa junta de julio de 1909 que el Colegio adquiriera un local propio para su instalación.[66] Se aprobó la idea y en ese mismo acto se abrió una suscripción voluntaria para los primeros gastos, recaudándose cuatrocientas quince pesetas. Poniendo en práctica esta idea con celeridad, la siguiente reunión de la Junta, el veinticuatro de julio ya se celebró en un local de la calle Mayor (el número está en blanco en el original), que había sido alquilado para sede del Colegio por el precio de una peseta diaria. El local constaba de secretaría con antesala, dependencia para conserjería, salón de juntas e «instalación de luz eléctrica mediante contador alquilado». Se adquirió también el correspondiente mobiliario, que se describe prolijamente en el acta. En esa Junta se acordó la contratación de un conserje y la imposición de una cuota mensual por afiliado de 1,50 pesetas.

La siguiente sesión de la Junta se celebró el veintinueve de julio de 1909 y se trató sobre las consultas entre médicos y sobre la emisión de certificados y bajas laborales. Se acordó la comunicación obligatoria al Colegio de las consultas que se celebraran, donde, cuando y la familia contratante. Se fijaron honorarios mínimos de diez pesetas por médico participante en la consulta. La consulta la cobraría el Colegio, que se quedaría con el 20 % del total, entregando el resto a los médicos participantes a partes iguales. Respecto a los certificados se acordó que no se expediría certificado alguno (excepto los de vacunación), que no llevara timbre legal y el sello del Colegio (recordemos que el Colegio era corporación oficial), los certificados serían sellados previamente a su expedición en el Colegio a un precio de cinco pesetas, de las que la mitad serían para el médico que firmaba el certificado y el resto para el Colegio; en el mismo sentido se acordó que las bajas serían selladas en el Colegio previo pago de una peseta, siendo la mitad para el médico firmante.[67]

---

[65] *El Heraldo de Castellón*, 29 de abril de 1905.
[66] *Libro de Actas de la Junta General de Colegiados.* Sesión de 15 de julio de 1909.
[67] *Libro de Actas de la Junta General de Colegiados.* Sesión de 29 de julio de 1909.

La Junta de doce de noviembre deliberó sobre el modo de tratar a los clientes morosos y se acordó publicar una lista de morosos con la cantidad que adeudaba cada uno en la tablilla del Colegio, así como que ningún médico podía igualar a nadie de los que figuraban en esa lista, excepto caso de urgencia. El doce de enero de 1910 se aprobó la memoria y cuentas de 1909 y se acordó prohibir que los médicos cobraran honorarios a otros médicos, sus padres e hijos, cónyuge y servidumbre que conviviera con él y que la Junta tenía la facultad de dispensar del pago de honorarios.[68] En la Junta de marzo de 1910 se acordó la obligatoriedad de consultar con el Colegio antes de formalizar contratos con colectividades, industrias, compañías de seguros y similares. La Junta asesoraría al colegiado acerca de las condiciones que eran aceptables en cada caso. Asimismo, se prohibieron las igualas colectivas, definidas como aquellas que comprendían familias diseminadas o que no habitaban bajo el mismo techo.[69]

En la sesión de 18 de marzo se suspendió el acuerdo de las igualas colectivas ante la protesta de algunos *asociados* (ellos mismos se llaman así, y no *colegiados*), que querían modificar esa disposición. A continuación se habló sobre moralidad médica. En ese momento el Colegio se regía por el reglamento aprobado por la Junta General de veintiuno de junio de 1904, ratificado por la Junta Provincial de Sanidad el veintiocho de julio de ese año. Este reglamento facultaba a la Junta de Gobierno colegial a dictar normas de moralidad médica y en esta sesión se discutieron y aprobaron unas *Disposiciones de moralidad profesional* que por su interés se transcriben en un anexo de esta obra.[70] Se prohibía en estas Disposiciones, por ejemplo, el charlatanismo, la dicotomía, la prescripción de remedios «secretos», la omisión de socorro en caso de urgencia, hacer tareas propias de enfermeros, la prescripción de abortivos o la expedición gratis de certificados. También obligaban a asistir gratuitamente a los familiares directos de otro médico y a respetar las tarifas por servicio acordadas por el Colegio entre otras varias disposiciones. Se trataba en definitiva de un auténtico código normativo de conducta para los médicos de aquella época, que el Colegio de Médicos de Castelló fue de los primeros de España en aprobar. Además, era un código coactivo, ya que se preveían sanciones por su no cumplimiento.

Así, en la siguiente sesión de veintiuno de marzo de 1910, se habló de los correctivos asociados al incumplimiento de las normas anteriores. Se estableció gradación de las faltas en graves, menos graves y leves, aunque no se explicitaron los correctivos que correspondían a cada cual.

Consistían faltas graves los hechos comprendidos en los artículos dos, tres, doce y veinticuatro.

Menos graves: artículos seis, ocho, once, trece, quince, dieciséis, diecisiete, dieciocho, veintitrés, veinticinco, veintinueve y treinta y uno.

Leves: artículos uno, cuatro, cinco, siete, ocho, nueve, diez, catorce, diecinueve, veinte, veintiuno, veintidós, veintiséis, veintisiete, veintiocho y treinta.[71]

Y hasta aquí llega la información sistemática disponible en los archivos del Colegio. A partir de este momento y hasta 1917 hay un vacío informativo. No se conservan actas

---

[68] *Libro de Actas de la Junta General de Colegiados.* Sesión de 12de noviembre de 1909.

[69] *Libro de Actas de la Junta General de Colegiados.* Sesión de 10 de marzo de 1910.

[70] *Libro de Actas de la Junta General de Colegiados.* Sesión de 18 de marzo de 1910.

[71] *Libro de Actas de la Junta General de Colegiados.* Sesión de 21 de marzo de 1910. Las Disposiciones se transcriben en el Anexo V de esta obra y allí podrá el lector establecer correspondencias entre hechos sancionados y sanciones que les correspondían.

si es que se redactaron, y no se editaba el *Boletín*. La única fuente de información disponible en el Colegio es el *Libro General de Registro de Colegiados*, en el que se siguieron inscribiendo nuevos colegiados hasta abril de 1906. Sabemos que el Colegio seguía vivo como institución y funcionaba por las reseñas de la prensa local sobre su actividad. Por ejemplo: *El Heraldo de Castelló* de trece de abril de 1905 comenta que el presidente del Colegio de Médicos (no se especifica el nombre), estaba en la comitiva oficial de recepción a S. M. Alfonso XIII, con motivo de la visita del monarca a la ciudad.[72] Poco después, el mismo periódico comenta la posibilidad de que el Colegio tomara una decisión extrema si se seguía permitiendo que un médico norteamericano (un tal V.G. John), siguiera diciendo por Castelló que lo podía curar todo.[73] El diez de septiembre de 1910, *Heraldo* habla de una reunión de médicos «en el local del colegio médico» para tratar sobre la epidemia de cólera que afectaba a la ciudad en esos momento, también hay referencias a otra reunión celebrada en «el Colegio provincial de Médicos de esta capital» de los subdelegados de Medicina el trece de octubre de ese mismo año.[74]

Importante, por ser un dato desconocido hasta ahora, es la reseña tanto del *Heraldo de Castellón* como de *El Clamor* de dos de julio de 1912; en esta fecha se renovó la Junta de Gobierno del Colegio que quedó presidida por Eliseo Soler Breva y constituida según se recoge en el anexo correspondiente a la composición de las juntas directivas. Podemos decir ahora que Eliseo Soler presidió nuestro Colegio desde cinco años antes de lo que creíamos hasta ahora y lo siguió presidiendo hasta junio de 1917, fecha en que volvemos a contar con actas colegiales como fuentes de información. Esto está fehacientemente demostrado por el hecho de que el once de junio de 1917, *Heraldo de Castellón* recoge la convocatoria de reunión de la Junta de Gobierno del Colegio provincial de médicos para tratar de la publicación de la real orden de 28 de mayo, relativa a la creación de un montepío de huérfanos de médicos,[75] y el catorce de ese mismo mes, ese mismo diario se publica la convocatoria para elegir la mitad de la Junta de Gobierno del Colegio provincial: presidente tesorero y cuatro vocales. Esta convocatoria, como se verá, fue hecha por el entonces presidente: Eliseo Soler Breva.

Por eso, antes de volver a la consulta de la documentación interna colegial para seguir con nuestra Historia, vamos a hacer una muy somera semblanza sobre los, hasta ahora, poco o nada conocidos presidentes de nuestra Institución en esta primera época.

4. Los primeros presidentes del Colegio (1898-1917)

Con motivo del primer Centenario del Colegio se publicó un número especial del *Boletín* mensual colegial, en el que varios autores trazaban desde diversas perspectivas un esbozo histórico de nuestra Institución. El profesor Francisco Mezquita Broch, catedrático de Historia del IES Ribalta, escribió buena parte de ese número y entre lo escrito hacía una semblanza de los presidentes del Colegio desde 1917. No reflejó en su trabajo los

---

[72] *El Heraldo de Castellón*, 13 de abril de 1905.

[73] *El Heraldo de Castellón*, 11 de mayo de 1905.

[74] *El Heraldo de Castellón*, 10 de septiembre de 1910.

[75] Hay que recordar que esta norma legal fue el origen de la reactivación de los colegios de médicos como instituciones de carácter público y que el funcionamiento de estos a raíz de su promulgación ha sido ininterrumpido, excepto un breve paréntesis durante la Guerra Civil.

presidentes que tuvo el Colegio desde su fundación en 1898 y hasta 1917, aunque lo cierto es que como ya ha quedado informado más arriba, hay constancia documental plena de su existencia, en actas de la corporación en las que figuran con ese cargo y por reseñas de la prensa local, aunque por las lagunas en el material informativo disponible, no conocemos más que los nombres, de alguno no sabemos en qué períodos ocuparon el cargo y tampoco la actividad que desplegaron.

Los presidentes de que hay alguna constancia documental son los siguientes:

Primer Presidente: José Pachés Andreu (agosto de 1898-junio de 1903)
Segundo Presidente: José Clará Piñol (junio de 1903-abril de 1905)
Tercer Presidente: Ramón Godes Solsona (abril de 1905-¿???)
Cuarto Presidente: Francisco Coloma Ibáñez (¿¿1909- junio de 1912)
Quinto Presidente: Eliseo Soler Breva (julio de 1912-enero de 1919)

José Pachés Andreu (1846-1909). Colegiado número UNO

Nacido en Castelló el día primero de abril de 1846 en el número 48 de la calle Mealla, en el seno de una familia de honda raigambre castellonense, como muestran los apellidos de sus abuelos; los paternos: Carlos Pachés y Vicenta Fabregat y los maternos: Francisco Andreu y Gloria Moliner; todos ellos de Castelló. Sus padres eran Jaime e Hilaria. Bautizado al día siguiente de su nacimiento en la entonces parroquia de Santa María. Hermano suyo fue mosén Jaume Pachés, que fue prior de Lledó entre 1890 y 1897 (Carceller Safont, 2012). José Pachés cursó sus estudios generales de segunda enseñanza en el Instituto provincial (actual Ribalta) entre los cursos 1858-59 y 1862-63, y posteriormente Medicina en la Universidad de Valencia entre los años 1863 y 1868 el grado de bachiller en Medicina y Cirugía, y un año más para obtener el título de licenciado en Medicina y Cirugía, el 16 de junio de 1869.

Se casó con Gertrudis Moliner, de Reus, y del matrimonio nacieron cinco hijos: Dolores, Gertrudis, Milagros, María y José, de los cuales solo le sobrevivió su hijo José. Abrió consulta en su domicilio, en la calle Mayor, 85. Respecto a su actividad profesional sabemos que en septiembre de 1885 se le concedió una mención honorífica por sus servicios durante la recientemente pasada epidemia de cólera en la ciudad. Así mismo, sabemos que en 1886 era el médico titular de la Brigada de Bomberos de la ciudad. Fue elegido primer presidente del Colegio en las elecciones celebradas en agosto de 1898 y fue el primer colegiado de nuestra Institución. En algún momento entre 1890 y 1900 fue nombrado médico de la Beneficencia Provincial. No es posible saber con exactitud el dato ya que no se conservan archivos de personal del Hospital Provincial de esa época, ni el contrato de trabajo de José Pachés. Sí sabemos que permaneció en ese puesto hasta su fallecimiento (AHDP, Caja 115, expedientes personales).

Fue una persona notable, que se implicó mucho en la vida política local y en el funcionamiento de sus instituciones. En 1874 ya formó parte del consistorio municipal (Carceller Safont, 2012). Fue elegido para formar parte de la junta municipal de impuestos y arbitrios locales para el año 1885-86 y *El Clamor* de Castelló de veintitrés de enero de 1890, da cuenta de su elección como segundo teniente de alcalde de la Corporación. Murió el veintidós de febrero de 1909, a los sesenta y cuatro años por un carcinoma de hígado.

José Clará i Piñol (1858-1946). Colegiado número SIETE

Es difícil hacer una breve reseña de una figura de la Medicina como fue el doctor Clará. Hay muchos trabajos escritos sobre él o que lo mencionan y, por citar uno, remito a la obra de Cantó Ibáñez *José Clará Piñol: notas sobre su vida y su obra,* editada por la Diputación Provincial en 1965 y que está referenciada en el índice bibliográfico de esta obra.

Resumiendo mucho, hay que decir que nació el 1 de octubre de 1858 en Torreblanca (Castelló). Hizo el bachillerato en el Instituto provincial, en la sede de la calle Mayor y marchó a estudiar Medicina a Valencia, acabando la licenciatura con veintidós años. Abrió inmediatamente consulta en la calle Caballeros y se casó con Dorita Clará, prima hermana suya. En enero de 1883 fue nombrado cirujano primero del Hospital Provincial y poco después médico forense. Trabajó con el doctor Jaume Ferrán en la aplicación de su vacuna durante la epidemia de cólera de 1885. Fue un enamorado de la Medicina Preventiva y creó servicios oficiales de Higiene para atender a la infancia. En 1898 ganó las oposiciones de Inspector de Sanidad y fue nombrado director del Hospital Provincial, siendo con su gestión el gran impulsor de la construcción de su nueva sede, en el edificio que lo alberga en la actualidad. También fue un notable cirujano y operó a personas de toda la provincia. Era el colegiado número siete y fue presidente del Colegio de Médicos entre junio de 1903 y abril de 1905. El treinta de diciembre de 1910 dimitió como médico del Hospital Provincial por incompatibilidad de la percepción de más sueldos públicos que el de Inspector de Sanidad, pero ofreció seguir desempeñando su trabajo clínico sin retribución, lo que fue aceptado y pasó a desempeñar el cargo de «Presidente de la Junta consultiva técnica del Hospital» (AHDP, Caja 132, expedientes personales). Fue nombrado con posterioridad Presidente Honorario del Colegio de Médicos, recibió la Gran Cruz de la Orden de Beneficiencia, fue nombrado académico de la Historia y, con gran alborozo por su parte, Hijo Predilecto de Torreblanca. El siete de junio de 1922 fue nombrado Hijo Adoptivo de Castelló. Falleció el once de noviembre de 1946, siendo concejal del Ayuntamiento de la capital.

Ramón Godes Solsona (1850-1913). Colegiado número VEINTIDÓS

Nacido en Castelló el siete de febrero de 1850. Su padre, Ramón, era labrador y natural de Castelló, así como sus abuelos paternos; su madre y abuelos maternos procedían de Vistabella. Estudió Bachiller en el Instituto de segunda enseñanza de Valencia hasta 1866 y posteriormente los dos primeros cursos de la licenciatura de Medicina en Valencia. En el curso de 1868-69, estando matriculado en Valencia, trasladó la matrícula a la Universidad de Zaragoza, por haber sido destinado allí en el servicio militar. Realizó este en el Hospital Militar de Zaragoza como cabo primero de la sección de Sanidad. Se graduó en febrero de 1873. Residente y ejerciendo en Vila-real desde 1897, era el colegiado número veintidós y trasladó su residencia a Castelló a principios de julio de 1905, tras haber sido elegido el tercer presidente del Colegio el veintiocho de abril anterior. Casado, tuvo tres hijos. Tenía su domicilio y consulta en la calle Ruiz Zorrilla. El quince de marzo de 1909, por acuerdo de la Diputación Provincial, fue nombrado médico de sala del Hospital Provincial, ocupando la plaza que dejó vacante por fallecimiento José Pachés Andreu, con una dotación económica de mil quinientas pesetas anuales; en septiembre de 1910 fue nombrado vocal de la Junta Provincial de Sanidad. Falleció el tres de febrero de 1913 por una miocarditis crónica.

Francisco Coloma Ibáñez. (1867-1912). Colegiado número CINCO
Nacido en Valencia el seis de mayo de 1867. Era de familia humilde originaria de Xixona y su padre se ganaba la vida como serrador. Se trasladaron a Castelló donde Francisco Coloma estudió el Bachiller, que acabó en octubre de 1885. Cursó sus estudios de Medicina en la Universidad de Valencia entre 1886-87 y 1891-92, graduándose el once de junio. Ejerció en Castelló desde 1893. Desde sus inicios profesionales se mostró como hombre de iniciativa, fue miembro de la Junta local de Sanidad (*El Clamor*, 29 de junio de 1895), emprendedor y con otras inquietudes además de la Medicina. En 1896 formó una sociedad con varios socios más con el objeto de construir y poner en marcha una fábrica papelera en Vila-real, que al final fracasó (Verdet Gómez, 2014). Era el colegiado número cinco y fue tesorero de las primeras juntas de gobierno, siendo reelegido para el cargo en las elecciones de veintiocho de abril de 1905. Ejerció de tocólogo, en 1907 era médico de la Beneficencia Municipal y en 1910 médico titular de Castelló. Sabemos que en julio de 1909 ya era presidente del Colegio (aunque no hemos podido averiguar cuando fue elegido) y que lo fue hasta su muerte, acaecida en la madrugada del diecinueve de mayo de 1912[76] por complicaciones de una infección gripal. Era un hombre muy respetado y querido en Castelló y su sepelio constituyó una gran manifestación de duelo popular en la que durante media hora estuvo gente desfilando ante el féretro rindiendo homenaje al fallecido.

Eliseo Soler Breva (1847-1933). Colegiado número DOS.
Nació en 1847 en Castelló. Era hijo de Inocencio Soler Pastor, militar originario de Calanda (Teruel) y Josefa Breva Castell, de Castelló. Era el mayor de cinco hermanos y su hermano pequeño, Ernesto, fue presidente del Colegio Oficial de Farmacéuticos entre 1916 y 1930. Estudió el Bachillerato en el Instituto Provincial y se licenció en Valencia en octubre de 1869. Fue médico del Hospital Provincial e Inspector de Sanidad del puerto. Además de la Medicina su otra pasión fue la política. Fue alcalde de Castelló en dos períodos: enero de 1886 hasta julio de 1887 y de enero de 1894 a julio de 1895. Fue el creador de la policía municipal al firmar el Acta de Creación de la Guardia Municipal en 1895, cuerpo que estaba formado en sus comienzos por un cabo y diez agentes; fue además teniente de alcalde y concejal en varios períodos más. Nombrado correspondiente de la Real Academia de la Historia en Castelló en abril de 1899.

Eliseo Soler Breva, presidente del Colegio entre 1912 y 1919. (Fuente: Colegio Oficial de Médicos de Castelló).

Designado por el gobernador civil presidente de la junta interina que organizó las elecciones a la primera Junta de Gobierno del Colegio, fue elegido vocal de esta primera junta en 1898, cesando en 1901. En julio de 1912 fue elegido presidente del Colegio, en la época en la que la colegiación no era obligatoria y reelegido para el cargo en 1917, en las primeras elecciones habidas tras la imposición definitiva de la colegiación obligatoria. Permaneció en el cargo hasta su dimisión en enero de 1919. Murió el veintiuno de septiembre de 1933 por una esclerosis cardio-renal, según se recoge en su acta de defunción.

---

[76] Sabemos esto porque *Heraldo de Castelló* en la crónica del entierro dice que sobre el féretro había dos coronas:«una del Colegio de médicos provincial a su presidente y otra de sus compañeros de la Beneficencia Municipal» (*Heraldo*, 20-06-1912).

CAPÍTULO 4

LA REACTIVACIÓN DEL COLEGIO Y EL NACIMIENTO DEL CONSEJO GENERAL DE COLEGIOS OFICIALES DE MÉDICOS (1917-1936)

Por real decreto de 15 de mayo de 1917 se creaba el colegio «Príncipe de Asturias» para huérfanos de médicos. En dicha norma se establecía que en todas las capitales de provincia en que existieran colegios médicos oficiales con arreglo a lo dispuesto en artículo 85 de la Instrucción General de Sanidad (real decreto de 12 de enero de 1904), se establecieran estos con carácter obligatorio para todos los médicos de la provincia y en las que no existiesen se procediera por los gobernadores civiles y los inspectores provinciales de Sanidad a su constitución con carácter obligatorio, para los fines consignados en la Instrucción General de Sanidad. Esta norma se complementó con una real orden de 28 de mayo siguiente, disponiendo que en el plazo máximo de treinta días se convirtiesen los colegios médicos oficiales ya existentes en colegios provinciales con carácter obligatorio, y que en las provincias donde no existiesen los colegios oficiales constituidos se procediera en el indicado plazo a la constitución de los expresados colegios con el carácter de provinciales obligatorios. Estas dos medidas fueron muy importantes ya que, además del carácter obligatorio de la existencia de las instituciones y la obligatoriedad de colegiarse para ejercer la profesión, significaron asegurar su sostenibilidad económica. La real orden de 28 de mayo reafirmaba lo dispuesto en el real decreto de 15 de mayo, y además obligaba a los colegios a redactar en el plazo de un mes un reglamento de régimen interior para su funcionamiento, en tanto no se promulgaran unos nuevos estatutos. Por último, por real orden de 6 de diciembre de este mismo año, se aprobaron los Estatutos para el régimen de los colegios provinciales obligatorios de médicos.

Bien, pues tras catorce años de que las instituciones colegiales permanecieran en un limbo legal y en el que su constitución y funcionamiento no eran obligatorios, llegamos a un punto en el que tenemos unas normas claras y taxativas, que en ese momento no fueron discutidas por nadie y fueron de inmediata y plena aplicación.

Se ha titulado éste epígrafe como «La reactivación del Colegio» y ello es debido a que, como ya queda sentado, nuestro Colegio no dejó de funcionar.[77] Es posible que su carácter de corporación oficial tuviera mucho que ver en esta circunstancia, lo cierto es que el colegio siguió funcionando todos estos años, aunque ya ha quedado dicho que tenemos muy poca información de esa época. Las referencias en la prensa local son también muy escasas, sabemos que «el Presidente del Colegio de Médicos ruega una oración por el alma de José Pachés»,[78] y algunas pocas más ya citadas.

---

[77] Otros colegios como el de Burgos y alguno más desaparecieron durante esos años, bien fuera por la no obligatoriedad de la colegiación, por dificultades económicas o por la aparición de otro tipo de asociaciones, como la Asociación de Médicos Titulares, creada en 1903 y que tuvo un gran predicamento entre muchos profesionales, principalmente del mundo rural.

[78] *Heraldo de Castellón.* 22 de febrero de 1909.

El primer acta que se conserva de esta nueva época es del diecisiete de junio de 1917 y corresponde a la constitución del Colegio de acuerdo a lo estipulado en el real decreto de quince de mayo de 1917; ese día se celebró una Junta General de colegiados, con asistencia de quince médicos de Castelló y provincia. Según consta, la Junta fue presidida por Eliseo Soler y en su encabezamiento se puede leer:

> Sesión de la Junta General celebrada el día 17 de junio de 1917 y en la cual queda constituido este Colegio conforme dispone el Real Decreto de 15 de mayo de 1917.
>
> En la ciudad de Castellón, a diez y siete de junio de mil novecientos diez y siete, reunidos los señores que al margen se expresan en el Salón de Sesiones de este Colegio provincial de médicos, el Sr. Presidente declara abierta la sesión. Leída el acta de la sesión del 11 del actual, celebrada por la Junta Directiva, se aprueba …

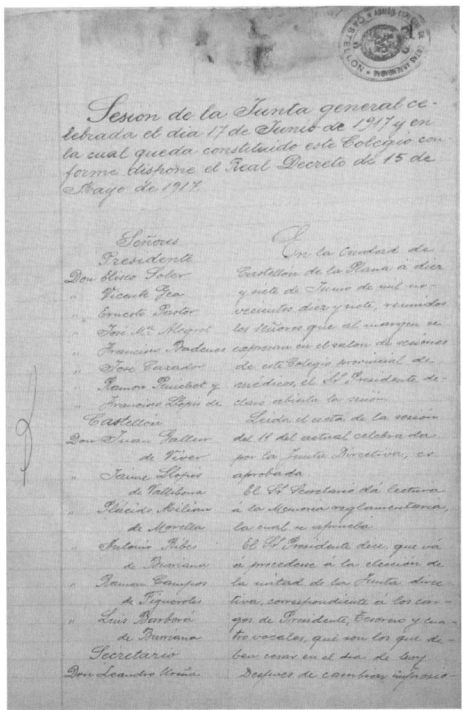

Acta de constitución del Colegio acorde con el real decreto de 17 de mayo de 1917. (Fuente: Libros de actas del Colegio Oficial de Médicos de Castelló).

Otra prueba más de que el Colegio venía funcionando,[79] tenía su sede[80] y tenía su Junta de Gobierno que ya estaba presidida por Eliseo Soler desde 1912 como ya se ha dicho más arriba. En esa misma sesión, el secretario de la Junta dio lectura a la memoria del año anterior y esta se aprobó. Según esta acta de junio de 1917, en esa sesión se procedió a la elección de la mitad de la Junta de Gobierno (presidente, secretario y cuatro vocales), que quedó conformada como sigue: presidente: Eliseo Soler Breva; vicepresidente: Vicente Gea Mariño; contador: Ernesto Pastor Teruel; tesorero: Ramiro Herrero Silvestre; secretario: Leandro Ureña Climent; vocales: Juan B. Bellido Tirado, José María Alegret Martínez, Francisco Badenes Champel, José Gil Valero, Joaquín Nos Mora, Luis Barberá Forner y Antonio Nebot Franch.[81] Esta es la primera Junta de Gobierno completa y conocida de esta nueva etapa. En esta misma sesión se acordó que el Colegio

---

[79] El real decreto de creación del Patronato Príncipe de Asturias es de 17 de mayo, o sea, solamente un mes antes de que el Colegio hubiera celebrado esta Junta en la que se aprobó el acta de una sesión celebrada días antes. Poco margen para una nueva elección que, además, no está reflejada en ningún documento colegial. Por otra parte, en el *Heraldo de Castellón* del día 11 de junio se lee: «Para esta tarde a las siete está convocado el Colegio médico provincial, con objeto de tratar sobre la R.O. de 27 de mayo último, referente a la creación de un Montepío de huérfanos». Todo ello sugiere fuertemente que el Colegio funcionaba y tenía sus preceptivos órganos rectores antes de mayo de 1917.

[80] Es posible que fuera la misma de la calle Mayor en que hemos visto que se celebró una Junta de Gobierno a finales de julio de 1909, pero no se puede asegurar al no haber encontrado documentación al respecto.

[81] *LACOMCAS*. Sesión de 17 de junio de 1917.

quedaba constituido para lo sucesivo según se estipulaba en el real decreto de 15 de mayo anterior, de creación del Patronato Príncipe de Asturias para huérfanos.

En la siguiente sesión se habló del déficit que tenía el Colegio de 436,50 pesetas y se propuso restablecer la cuota de una peseta mensual por colegiado, lo que fue acordado.[82] En la sesión de treinta de agosto se acordó una cuota extraordinaria de 2,50 pesetas a todos los médicos de la provincia, a fin de sufragar los gastos de instalación que se habían tenido.[83]

Por real orden de 6 de diciembre se promulgaron los Estatutos para el régimen de los colegios provinciales obligatorios de médicos y la Junta de Gobierno convocó una Junta General en vista de la trascendencia del asunto, designando al tiempo una ponencia que adaptaría los estatutos del Colegio vigentes desde 1904. Esa Junta General se celebró el ocho de enero de 1918 con asistencia de veintiún médicos, aprobándose el dictamen de la ponencia sobre los nuevos estatutos colegiales; también se acordó una cuota extraordinaria de cinco pesetas para atender los gastos ocasionados por la trasformación del Colegio de voluntario en obligatorio.[84] La Junta de Gobierno de veinte de abril de 1918 se dedicó por completo al estado financiero del Colegio que era malo: se debían 198,75 pesetas y había muchos médicos que no habían satisfecho las cuotas correspondientes, por lo que se acordó conceder un plazo de tres meses para que lo hicieran o se les aplicaría el artículo diecisiete de los nuevos estatutos.[85] La Junta General de treinta de junio de 1918 estableció una cuota de ingreso en el Colegio de cinco pesetas y una ordinaria de seis pesetas anuales, pagaderas en dos plazos.[86] También se habló sobre la conveniencia de editar de nuevo el *Boletín*, lo que fue apreciado favorablemente por la inmensa mayoría, pero la decisión final se dejó al arbitrio de la Junta de Gobierno, para mejor y más pausada consideración de los aspectos económicos relacionados con el asunto.

La sesión de veinticuatro de enero de 1919 se celebró en la casa del presidente (calle Gobernador, 48) ya que la sede permanente, que según se afirma en el acta estaba en la calle Mayor aunque no se dice el número, estaba en obras. También la siguiente de cinco de febrero, en la que el presidente presentó su dimisión y fue aceptada, por un desacuerdo profundo con la mayoría de los miembros de la Junta de Gobierno por el desarrollo y funcionamiento de las juntas de distrito y porque la gran mayoría de la Junta entendía que se estaba dilatando sin motivos la aplicación de acuerdos de la Junta General como, por ejemplo, la aplicación a los médicos morosos del artículo diecisiete de los Estatutos. Esta acta es firmada por el secretario de la Junta y por Vicente Gea Mariño, aunque no refleja en calidad de qué la firma.

Las siguientes sesiones son presididas por Vicente Gea como presidente accidental. En abril se celebra Junta General extraordinaria con el fin de elegir nueva Junta de Gobierno. Asistieron cuarenta y cuatro colegiados y se eligió por votación directa la siguiente Junta, ya con los vocales representantes de cada distrito integrados en ella: presidente, Vicente Gea Mariño; vicepresidente, Juan Bautista Bellido Tirado; contador, José María Alegret Martínez; tesorero, Ramiro Herrero Silvestre; secretario, José Forcada Príncipe; vocal por

---

[82] *LACOMCAS.* Sesión de 15 de julio de 1917.

[83] *LACOMCAS.* Sesión de 30 de agosto de 1917.

[84] *Libro de Actas de la Junta General de Colegiados.* Sesión de 8 de enero de 1918.

[85] El artículo diecisiete preveía la eliminación de la lista de colegiados hasta que satisficieran las cuotas, y con ello, la imposibilidad de ejercer. No se andaban con tonterías nuestros antecesores.

[86] *Libro de Actas de la Junta General de Colegiados.* Sesión de 30 de junio de 1918.

el distrito de Albocàsser, Ángel Fornet; por Lucena, Enrique Roca; por Morella, Erminio Climent; por Nules, Pedro Montoya; por San Mateo, José R. García Tirado; por Segorbe, Enrique Albiol; por Viver, Juan Gallur. No se eligió el vocal de Vinaròs por no estar constituida la junta de distrito allí.[87] La Junta General ordinaria de veintidós de junio, con asistencia de setenta y cuatro colegiados, ratifica por aclamación estos nombramientos.

Vicente Gea Mariño. (Cortesía de su bisnieta, la Dra. Carmen Peña Forcada).

En esa misma Junta se designa una ponencia para estudiar la implantación de un montepío provincial de médicos. Hasta fin de 1920 la actuación de la Junta de Gobierno se dedica a la ordenación del ejercicio de la profesión, aplicando cinco directrices fundamentales:

- Arbitraje entre médicos y entre estos y autoridades locales en toda clase de conflictos. Desarrollo y aplicación de las facultades disciplinarias que le confería la legislación vigente.
- La creación de instrumentos de previsión de ayuda a familiares de médicos fallecidos.
- Fijación de tarifas por prestación de servicios. También se dictan normas acerca de tarifas máximas y forma de proceder en el cobro de honorarios y se acuerdan modelos de contratos de servicios profesionales.
- La consolidación institucional y económica del Colegio, mediante la aprobación de un reglamento y aplicación de los correspondientes correctivos en caso de incumplimiento. También se recoge en las actas un considerable número de casos de intervención de la Junta en casos de Deontología. Por último, se normalizó la imposición y cobro de cuotas que sufragaran deuda y gasto corriente. También se consolidaron las juntas de distrito como instrumento descentralizador de la Junta de Gobierno.
- La colaboración con las autoridades, fundamentalmente en lo referido a Salud Pública y Tributos, ya que el Colegio se encargaba de asignar el déficit de recaudación de cada año mediante el llamado «reparto de patentes».

Llama la atención la numerosa asistencia a las juntas generales; asistencias de cuarenta y cinco, cincuenta y hasta setenta colegiados eran lo habitual en un colegio que en esa época no llegaba a los doscientos colegiados y que tenían enormes dificultades de comunicación y para viajar.

---

[87] *Libro de Actas de la Junta General de Colegiados*. Sesión de 27 de abril de 1919.

En la Junta de Gobierno de noviembre de 1919 se decidió reeditar el *Boletín* que, como en su época pasada, constituye una valiosísima fuente de información sobre la vida del Colegio.[88] En esta época el *Boletín* es de periodicidad mensual y su contenido es mucho más ligero que en la etapa anterior; de hecho, hay mucha publicidad de médicos, farmacias, productos y compañías farmacéuticos, cosa que no había en la época anterior.

El primer *Boletín* de 1920 corresponde al mes de abril y en él se convoca a Junta General para día 6 de junio en los locales del Colegio. La primera sede del Colegio en esta nueva época estuvo en la calle González Cherná, n.º 54 (actual Enmedio). El *Boletín* recoge también un acuerdo de la asamblea de distrito de Castelló, haciendo suyo el acuerdo de los médicos de Vila-real de romper relaciones con el doctor Joaquín Tuixans, por faltar a su compromiso con los otros compañeros respecto a las igualas y desatender las indicaciones del Colegio a ese respecto. Esa es una preocupación constante de la Junta de Gobierno también en esta época: el sentar las bases de la autoridad del Colegio sobre sus miembros en asuntos profesionales y deontológicos.[89] Hasta tal punto llegaba esta preocupación que el *Boletín* tiene una sección titulada «Cuadro de médicos que son malos compañeros» en la que, con nombres y apellidos, se enumera a los médicos que han sido sancionados por sus respectivos colegios en toda España, y por supuesto en el de Castelló, junto con la falta que motivó la sanción. A título de ejemplo: en el número de julio en esta sección, además de otros, se puede leer que «Eugenio Pina Brotons es un médico esquirol, que aceptando la plaza del Hospital de Caridad de Cartagena, ha merecido ser descalificado por sus compañeros de esa ciudad», y así varios más y todos los meses. En 1920 había ciento noventa y seis médicos ejerciendo en toda la provincia, treinta y siete de ellos en la capital.

Consolidado el funcionamiento de los colegios provinciales, renace la idea de formar un ente nacional que englobe a todos. A tal efecto el *Boletín* de noviembre da cuenta de la celebración entre el seis y el diez del mes de noviembre de 1920 de una asamblea en Valencia a la que asistieron, en persona o por delegación, representantes de al menos cuarenta y dos colegios provinciales. Castelló estuvo representado por su presidente, Vicente Gea. Esta asamblea fue convocada y presidida por José Sanchís Bergón, presidente del Colegio de Valencia. Su resultado fue la creación de una Federación Nacional de Colegios, presidida por el mismo Sanchís Bergón y una propuesta de modificación de la Instrucción de Sanidad, que fue inmediatamente elevada al Inspector General de Sanidad. Esta propuesta aumentaba el poder de control de las juntas de gobierno sobre los colegiados y establecía una gradación de sanciones para los infractores, sanciones que eran privativas del órgano de gobierno colegial.

En la Junta General de diciembre de ese año,[90] se acuerda la implantación de un sello colegial para todos los certificados que expidan los colegiados (recordemos que esta medida ya estuvo implantada y fue derogada en pleno fragor de la batalla por la

---

[88] *LACOMCAS.* Sesión de 10 de noviembre de 1919.

[89] Recordar que el COMCAS había acreditado desde 1904 tener colegiados a más de las dos terceras partes de los médicos ejercientes en la provincia, lo que le valió el reconocimiento como corporación oficial (real orden de 7 de marzo de 1904). En el mismo paquete fue declarado corporación oficial el colegio de Alicante. Valencia lo fue por real orden de 8 de julio de este mismo año. Esta condición de corporación oficial era trascendente, ya que daba derecho al Colegio a representar al colectivo ante cualquier gestión de interés general para él, a vigilar el ejercicio profesional y fiscalizar los delitos de intrusismo y sus juntas de gobierno pasaban a desempeñar las funciones de los jurados profesionales médicos previstas en la instrucción general de Sanidad que ya hemos visto más arriba, confiriéndoles por ello la responsabilidad de la vigilancia de los preceptos deontológicos en todos los colegiados (artículo 85), dotándolos además de facultades disciplinarias (artículo 88).

[90] *Libro de Actas de la Junta General de Colegiados.* Sesión de 30 de diciembre de 1920.

colegiación obligatoria, en septiembre de 1903). Este acuerdo se sustanció en febrero de 1921, con un aviso general a la colegiación según el cual y a partir de esa fecha «… todo certificado habrá de extenderse en el impreso que se ha repartido a los Presidentes de las Juntas de Distrito y cuyo valor total es de 5 pesetas. En el distrito de la capital podrán encontrar dichos certificados en la Conserjería del Colegio». Esta medida significaba un auténtico espaldarazo al funcionamiento colegial, ya que aseguraba su sostenimiento económico. Otra importante norma de respaldo a los colegios fue la real orden de 22 de febrero de 1921, que modificaba en algunos puntos los estatutos de los colegios; sus principales características se exponen en el apartado correspondiente.

En noviembre tuvo lugar en Barcelona la segunda asamblea de la Federación Nacional de Colegios, en la que se llegó a acuerdos como solicitar un cambio en el modo de tributación de los médicos, reivindicar que el pago a los médicos titulares lo hiciera el Estado y no los municipios como se hacía entonces, la reciprocidad por otros países de permiso para ejercer la profesión a los médicos españoles allí, que los médicos extranjeros tenían aquí en España, que los forenses fueran funcionarios del Estado, formas de despacho en las recetas médicas (por ejemplo: ya se hablaba en este acuerdo que las recetas debían estar hechas con letra clara y legible) y el reconocimiento oficial de la Federación de Colegios.

En la Junta General de diciembre de 1921[91] se renovó la mitad de la junta eligiéndose los siguientes cargos: vicepresidente, Juan Bautista Bellido Tirado; secretario, José Forcada Príncipe, contador, José María Alegret; vocal de Castelló, Federico Bonet Vives; de Nules, Pedro Montoya Cabedo; de Lucena, Julio Mas Pastor; de Morella, Erminio Climent; de San Mateo, Antonio Cucala Almela.

El acta de la Junta de Gobierno de enero de 1922 da cuenta de que el alquiler de la sede colegial ha subido a sesenta pesetas mensuales. En el número de marzo del *Boletín* se da cuenta de las gestiones hechas por el doctor Sanchís Bergón en su viaje a Madrid, para hablar con las instituciones oficiales sobre los acuerdos y reivindicaciones adoptados en la asamblea de la Federación Nacional de Barcelona el mes de noviembre anterior; además se detallan los cometidos encargados por la Asamblea nacional a las diferentes federaciones regionales para desarrollar los asuntos aprobados.[92]

La Junta General de junio de ese año aprobó una cuantía en las iguales de quince pesetas anuales, lo que representaba según los cálculos que hacía Vicente Gea en el número siguiente del Boletín, el uno por ciento anual de los ingresos de una familia cuyos ingresos fuesen al menos cinco pesetas diarias los trescientos días laborales de año.[93] En esta Junta General el Colegio nombró su primer Presidente Honorario en la figura del Dr. José Clará i Piñol, que había sido presidente de la Institución entre junio de 1903 y junio de 1905 y que recientemente había sido nombrado Hijo Adoptivo de Castelló por su Ayuntamiento. También se amonestó públicamente al colegiado García Peñuela por faltas de Deontología.

La Junta de Gobierno de diez de noviembre de 1922 fue accidentada. El presidente Gea Mariño presentó su dimisión «porque tenía noticias de que un sector de compañeros

[91] *Libro de Actas de la Junta General de Colegiados*. Sesión de 31 de diciembre de 1911.

[92] *LACOMCAS*. Sesión de 14 de enero de 1922.

[93] En su escrito Vicente Gea justificaba la propuesta de subida de iguala con el argumento de que la cuota significaba cinco céntimos al día por familia y se preguntaba si había familias que no tuvieran un nivel de ingresos de cinco pesetas por día trabajado. Terminaba afirmando que el más barato de todos los servicios de que disfrutaba una familia, era el médico.

estaban disconformes con su actuación». La Junta de Gobierno se solidarizó con su presidente y dimitió en bloque, convocando al tiempo una Junta General extraordinaria con el único punto en el Orden del Día de la dimisión de la Junta de Gobierno y elección de nuevos miembros. Esta convocatoria es publicitada a través del *Boletín* de ese mes. La fecha fijada fue el veintidós de noviembre, se celebró con la asistencia de ochenta y dos colegiados y fue presidida por el vicepresidente Bellido Tirado. Es de notar que la Junta General es convocada en el nuevo domicilio social del Colegio: Calle Mayor, 117. En la Junta parece ser que se detallaron los motivos de la dimisión, que en el acta solo están recogidos con un ambiguo «lucha de la Clase contra el caciquismo» y que al parecer estaba en relación con la continua intromisión de los alcaldes de los pueblos en los nombramientos y el proceder de los médicos rurales, sin que el gobernador civil hiciera gran cosa por evitarlo. La Junta General no admitió la dimisión de la Junta de Gobierno y por aclamación la pidió que continuara su labor, lo que al final se aceptó. Al acabar todos los concurrentes fueron hasta la casa del Dr. Gea Mariño a pedirle que siguiera al frente del Colegio, lo que él aceptó finalmente.

Durante 1923 y hasta junio de 1924 la publicación del *Boletín* fue intermitente e irregular, al parecer no por motivos achacables al Colegio, sino por conflictos laborales en las imprentas de Castelló. El primer número de 1923 vio la luz en el mes de abril y da cuenta del desarrollo de la Junta General ordinaria celebrada el diez de diciembre de 1922 y de la Junta de Gobierno de ocho de marzo anterior. También se da cuenta de una reunión de la Federación Nacional de Colegios, para tratar principalmente de la nueva forma de tributación impuesta a los médicos y de la ulterior reunión con el ministro de la Gobernación y la respuesta de este a las demandas del colectivo. En esencia, en ese momento los colegios solicitaban que Hacienda señalara a cada colegio provincial un tipo mínimo de tributación y que fuera el mismo colegio el que hiciera el reparto de esa cantidad entre los colegiados. Se consideraba más justo así ya que las Juntas de Gobierno podían tener datos bastante exactos de los ingresos de cada colegiado y de los gastos originados por el ejercicio de la profesión. No se aceptaron estas demandas.

En el *Boletín* de septiembre hay un artículo de Vicente Gea titulado «Colegiación ¿oficial o voluntaria?» en el que hacía un breve repaso a los avatares de la colegiación y ligaba su carácter legal de obligatoria a la creación del colegio Príncipe de Asturias para huérfanos de médicos y a la necesidad de que los médicos contribuyeran, al menos en parte, a su financiación. Decía Vicente Gea Mariño en 1923: «La esencia de la existencia de los Colegios es el estudio y mejoramiento de la vida profesional; es la defensa de los intereses del Médico, no como hombre de ciencia, sino como individuo social que realiza un trabajo útil y preciso, con el producto del cual debe vivir y atender a todas las necesidades de los suyos». Palabras plenamente actuales y con absoluta vigencia hoy en día. En el número de noviembre sigue Vicente Gea en esta línea, con un artículo titulado «Frutos de la colegiación», en el que repasa los logros de la clase médica debidos a la existencia de las corporaciones médicas colegiales. Empieza afirmando que estos frutos han sido debidos a la unión y solidaridad de los colegiados. Hace un repaso de como las igualas han subido de cinco a quince pesetas anuales, a pesar de las resistencias que esto causó en muchos pueblos, incluso con agresiones a varios médicos. Otro logro que apunta es la limitación y definición de los servicios del contrato de iguala, de modo que el médico tenía derecho a considerar como extraordinarios los servicios no comprendidos en la iguala y también los ordinarios cuando estos fueran prestados en horas extraordinarias; también mencionaba como un importante logro el que en ese momento se hubiera regularizado el pago del sueldo a los titulares por los ayuntamientos, lo que antes no sucedía siempre. También habla de las mejoras conseguidas en la tributación de los médicos, sobre todo en la equidad de esta. Concede mucha importancia al hecho de que en ese momento fuera el Colegio el cauce obligatorio para proveer los puestos de trabajo, sobre todo en el medio rural, habiéndose desterrado en buena medida prácticas caciquiles de épocas pasadas. A pesar de todos estos logros, el Dr. Gea es realista y consciente del poco peso institucional de los colegios cuando afirma que «[…] las Autoridades cumplen lo solicitado por estos organismos, cuando estas peticiones son para cosas de puro trámite y siempre que un compromiso de los llamados políticos no se oponga a la realización de lo pedido». Finalmente hace un llamamiento: «Mantengamos compacta nuestra organización y tengamos fe en nuestra actuación. Por hoy hemos adelantado mucho sin necesidad de recurrir a más acción que la nuestra».

En la Junta General de diciembre de 1923 debían renovarse los cargos de presidente, tesorero y varios vocales por acabar su mandato, pero los cargos que no debían renovarse presentaron su dimisión por «… la indisciplina, desorganización y falta de espíritu de clase existentes en los distritos, motivadas quizás, por la ineficacia de los actuales Estatutos, que al estar en perfecta contradicción con las leyes fundamentales, impiden todo apoyo legal y deprimen el moral, necesario por parte de la Clase, base indispensable para desenvolverse la vida de la colegiación».[94] La Junta General no aceptó la dimisión, pero los dimisionarios insistieron, por lo que se celebró votación, recogiéndose todas las papeletas en blanco. En vista de ello se acordó poner en conocimiento del gobernador civil el asunto para que resolviese. El nueve de enero se convoca Junta General por el gobernador civil, para constituir la Junta de Gobierno. En esta reunión Vicente Gea lo primero que hace es dar lectura a una comunicación del gobernador, según la cual la junta de gobierno debía quedar conformada por: presidente, Vicente Gea Mariño; vicepresidente, Ramiro Herrero Silvestre; tesorero, José Forcada Príncipe; contador, José Alegret Martínez; secretario, Sixto García Luis; vocal por Albocàsser, Angel Fornet; por Castelló, Federico Bonet; por Lucena, Julio Mas; por Morella, Erminio Climent; por Nules, Pedro Montoya; por San Mateo, Antonio Cucala; por Segorbe, Manuel Garcerán; por Vinaròs, Ramón Freixes; por Viver, Francisco Berenguer. En esa comunicación se ordena que los citados se posesionen inmediatamente del cargo, el cual desempeñarían de forma interina hasta la resolución definitiva del problema. En esa misma Junta General se acordó suspender temporalmente la publicación del *Boletín* y sustituirlo por circulares que se enviarían a todos los médicos, ello a pesar de la buena marcha económica de la publicación, que tenía un superávit de 389,53 pesetas. Esta nueva Junta de Gobierno impuesta por la autoridad gubernativa, se ocupó de asuntos de trámite, con el criterio de que su nombramiento no se adaptaba a los Estatutos y así no podía ostentar la representación del Colegio. Se preguntó a la colegiación la mejor forma de ejercer esa representación y la respuesta fue la convocatoria de una Junta General. En sesión de quince de mayo se convocó esta Junta General que se celebró el quince de junio y, sin votación, ratificó por aclamación a la Junta de Gobierno interina. La primera propuesta de esa nueva Junta, aprobada por unanimidad en esta misma asamblea, fue la reanudación de la publicación periódica del *Boletín*. A finales de 1924 ejercían en la provincia un total de doscientos veinte médicos, cuarenta y cuatro de ellos en la capital.

---

[94] *Libro de Actas de la Junta General de Colegiados*. Sesión de 9 de diciembre de 1923.

Por real decreto de 2 de abril de 1925 se publicaron los nuevos Estatutos de los colegios oficiales de médicos y llama la atención que en ningún acta de la Junta de Gobierno se haga referencia a esa importante norma regulatoria de la vida colegial. El *Boletín* sí que se ocupa de ello y en el número de abril de 1925 hay un artículo del Dr. Sanchís Bergón, presidente de la Federación Nacional de Colegios, en el que dice de ellos que «… sin ajustarse de modo absoluto al proyecto formulado en la última Asamblea, constituyen sin embargo una notoria satisfacción a nuestros anhelos y un progreso, en cuanto favorece la actuación eficaz de los Colegios para lograr el mejoramiento de la clase». Se hacen algunas consideraciones sobre esta norma en el apartado correspondiente.`

El presidente del comcas entró a formar parte del jurado profesional de la novena región médica (la levantina), que estaba constituido por los presidentes de los colegios de Alicante, Baleares, Valencia, Castelló, Murcia y Albacete. También se recoge en el *Boletín* la memoria de la V Asamblea de Juntas Directivas de Colegios de Médicos, celebrada en Madrid del dieciocho al veintiuno de diciembre de 1925 y cuyas principales conclusiones fueron: la urgencia de la promulgación de una Ley de Sanidad, en cuya redacción debían participar los Colegios; la necesidad de definir lo que era delito sanitario y su inclusión en el Código Penal; el intrusismo debía ser considerado como un delito; la consideración como prueba judicial de los peritajes médicos hechos según unos requisitos determinados; la modificación de la forma de tributar a Hacienda de los médicos; el apoyo de los poderes públicos a las medidas disciplinarias adoptadas por los colegios; la reforma del plan de estudios de la carrera; que se considerara la Odontología una especialidad de la Medicina; modificación del reglamento de Sanidad Municipal para dotar de mayor independencia a los médicos; normas de aplicación de tarifas mínimas médicas; que los tribunales que examinen a médicos estuvieran formados solo por médicos. Estos acuerdos fueron elevados al subsecretario del Ministerio de la Gobernación y en los meses siguientes empezarían a dar frutos en forma de nueva normativa. Todavía no existía un Consejo General plenamente constituido, pero la voluntad y el trabajo de muchos compañeros ya hacían funcionar algo que era parecido y que cumplía muchas de las funciones que luego tomaría el Consejo.

La Junta General del comcas de diciembre de 1925, acordó por aclamación renovar en sus cargos al presidente y tesorero del Colegio, así como a los candidatos propuestos de los diferentes distritos.[95] La nueva Junta de Gobierno se constituyó en la sesión de 2 de enero de 1926. Las juntas de gobierno y generales de 1926 se dedicaron con preferencia, además de a los asuntos de trámite, a discutir y organizar el nuevo sistema de tributación a Hacienda resultante de la real orden de 14 de julio de ese año. Fue la Junta de Gobierno la que hizo el trabajo fundamental de adaptación al nuevo sistema, ello a pesar de las constantes quejas y dificultades que ponían los colegiados que vieron aumentar su tributación.

El Colegio siempre ha velado por los intereses de la clase médica y porque toda actividad administrativa o social que tuviera que ver con la Medicina fuera hecha a través de la Institución, o al menos con su conocimiento. Buena prueba de ello es el enfrentamiento que nuestra entidad tuvo en 1925-1926 con la Corporación Municipal y que resumido fue como sigue: el Ayuntamiento convocó unas oposiciones para tres puestos de médico de la Beneficencia Municipal y pretendió constituir un tribunal de cinco miembros

[95] *Libro de Actas de la Junta General de Colegiados*. Sesión de 13 de diciembre de 1925.

con dos de ellos absolutamente profanos en Medicina. El Colegio se opuso y a través de la Federación Nacional de Colegios de Médicos llegó hasta el ministro de la Gobernación, que hizo rectificar al Ayuntamiento imponiendo que la totalidad del tribunal estuviese compuesto por médicos, con una representación del Colegio entre ellos. En 1926 ejercían en la provincia ciento setenta y cuatro médicos y cincuenta y uno más en la capital.

La Junta de Gobierno de diez de marzo de 1927 acordó el cambio de sede del Colegio. La nueva sede será en la calle Ruiz Zorrilla n.º 1, los pisos primero y segundo que se ocuparían conjuntamente con el Ateneo de Castelló que ya tenía establecida allí su sede. La Junta consideraba compatible el funcionamiento de ambas instituciones en el mismo local y teniendo en cuenta que el Ateneo ya contaba con conserjes, acordó despedir al del Colegio, con el que se habían tenido problemas, ya que se comprobó que no satisfacía puntualmente en la caja del Colegio las cantidades que cobraba en concepto de sellos oficiales. En la segunda mitad de este año la Junta de Gobierno tuvo otro grave enfrentamiento con la Corporación Municipal, que se había arrogado competencias que no eran suyas en la adjudicación de una plaza de inspector municipal de Sanidad. Además de ello, en un pleno municipal se habían vertido acusaciones de falsedad y descalificaciones contra médicos y abogados, que no habían sido combatidas por nadie ni desmentidas por autoridad alguna. La Junta de Gobierno puso el asunto en conocimiento del gobernador civil y de la Federación Nacional de Colegios de Médicos, así como del ministro de la Gobernación, que se declaró incompetente para resolver e intentó derivar el conflicto al contencioso-administrativo.

Aprovechando que reglamentariamente en la Junta General de diciembre debían elegirse los cargos de vicepresidente, contador y secretario, además de varios vocales de distrito, el presidente y el tesorero presentaron su dimisión por motivos de salud, con la intención de acumular las dos elecciones. Esa Junta General de cuatro de diciembre de 1927 estuvo muy concurrida; asistieron ciento cuarenta y siete colegiados de un total de doscientos treinta y cinco colegiados en la provincia. Ha sido la Junta General con más asistencia de toda la historia del Colegio analizada. Fue presidida por el inspector provincial de Sanidad, miembro nato de la Junta de Gobierno en función del artículo 59 del reglamento, ante la ausencia justificada de presidente y vicepresidente.

La Junta General trató varios asuntos de conflictos entre médicos y aceptó las dimisiones de presidente y tesorero. Se pasó a la votación electiva y la nueva Junta de Gobierno quedó conformada por: presidente, Antonio Giménez García; vicepresidente, Antonio Fossas Coll; tesorero, Sebastián Roca Ribera; contador, Julio Alcón Fandós; secretario, Vicente Domínguez Micó; vocal por el distrito de Castelló, Ramón Rocabert Chavarría; por el de Lucena, Federico Michavila Paús; por el de Morella, Manuel Palomo Pallarés; por el de Nules, Eduardo Moros Gozalbo; por San Mateo, Antonio Cucala Almela, que con Eustaquio Vercher por Segorbe

Antonio Giménez García, presidente del COMCAS entre 1927 y 1929. (Fuente: Colegio Oficial de Médicos de Castelló).

y Alfredo Gómez por Viver, integrarán la Junta de Gobierno durante 1928-1929. Todos tomaron posesión en sesión de dos de enero de 1928.

En esa misma Junta se acordó la modificación del reglamento del Colegio para adecuarlo a los Estatutos de 1925. En sesión extraordinaria de treinta de enero, la Junta de Gobierno aprueba el proyecto de nuevo reglamento colegial y se acuerda mandarlo a las juntas de distrito para su valoración, así como presentarlo a la aprobación de todos en la siguiente Junta General. Esto al final no se haría, ya que se tuvo conocimiento de que se preparaban unos nuevos estatutos de colegios y se decidió no modificar nada hasta no conocerlos. También la nueva Junta toma conciencia de la insuficiencia de las dependencias colegiales y se acuerda comunicar al Ateneo la imposibilidad de seguir allí y empezar a buscar nueva sede,[96] a pesar de que el Ateneo aceptó una rebaja en la parte del alquiler que pagaba el Colegio y que a partir de ese momento quedó fijado en sesenta pesetas mensuales, más quince en concepto de gastos de limpieza, alumbrado y conserjería, se buscó un nuevo local y la Junta de Gobierno acordó el diecinueve de enero de 1929 el cambio a una nueva sede sita en número 31 de la plaza Cardona Vives, por la que se pagaría un alquiler de ochenta pesetas mensuales. En 1928 había ciento ochenta y cuatro médicos en la provincia y cincuenta y uno más en la capital. Vemos como poco a poco se va cubriendo las necesidades asistenciales en el medio rural castellonense. El *Boletín* da cuenta de como a lo largo de este año de 1928 empiezan los trabajos del Consejo General de Colegios de Médicos (CGCOM) que con el tiempo sustituiría a la Federación Nacional de Colegios. En estas reuniones se trabaja fundamentalmente en el proyecto de reforma de los estatutos de los colegios. A lo largo de este año los colegios, y el de Castelló entre ellos, asumen una labor de colaboración con la Administración que todavía desarrollan: la expedición a los médicos de talonarios de recetas oficiales de prescripción de tóxicos y estupefacientes, que había sido regulada por real decreto ley de 30 de abril y complementariamente por real orden de 10 de diciembre.

La Junta General de diciembre de 1929 renovó parte de la Junta de Gobierno; los cargos elegidos quedaron así: presidente, Antonio García Giménez; tesorero, Sebastián Roca Ribera; vocal por Segorbe, Ángel García Morro; por Vinaròs, Antonio Lloréns Plaza, por Viver, Elviro Adán Pérez. Las especiales circunstancias políticas que vivía el país (hay que recordar que el general Primo de Rivera dimitió el veintiocho de enero de 1930) y la publicación por real decreto de 27 de enero de los nuevos estatutos de los colegios de médicos, que daba vida y personalidad propia al CGCOM y con el que, al parecer, esta Junta de Gobierno no estaba de acuerdo, hicieron muy efímera la duración de su mandato.

La Junta dimitió y convocó una Junta General extraordinaria para elegir nueva Junta de Gobierno, que se celebró el veintidós de febrero con la considerable asistencia de más de ciento veinte colegiados y en el Orden del Día había dos puntos:

1. Proyecto de Reglamento para adaptarlo a los nuevos estatutos de colegios de médicos, que habían sido publicados el 7 de febrero anterior y
2. Dimisión irrevocable de la Junta de Gobierno y elección de una nueva.

---

[96] Aunque parece que no fue esa la única causa de este traslado ya que en la memoria de ese año del Ateneo, se hace referencia a las gestiones que se están llevando a cabo para que el Colegio de Médicos ocupe un lugar y vuelva a tener su sede en el local del Ateneo, «obligado a salir de ella por la arbitraria imposición de un Gobernador de la Dictadura al que no eran gratos el liberalismo y espíritu de independencia en que se ha orientado siempre la actuación del Ateneo» (Godes 1988: 13).

La Junta en cuestión fue movidita y tras una larga discusión de una proposición firmada por más de setenta colegiados, se cambió el Orden del Día, con el argumento de que una junta dimitida no tenía autoridad moral ni legal para proponer un cambio en el reglamento colegial. A propuesta de Juan B. Bellido, fue elegida por aclamación la siguiente Junta de Gobierno: presidente, Vicente Gea Mariño; vicepresidente, Juan B. Bellido Tirado; contador, José Alegret Martínez; tesorero, José Forcada Príncipe; secretario, Sixto García Luis; vocales, Luis Antón Agustín, Juan Arizo Olmos, Julio Mas Pastor, Manuel Palomo Pallarés, Pedro Montoya Cabedo, Alfredo Lorente Villalba, José T. Ramón García, Alfredo Gómez Garriga y Pedro Muñiz Izquierdo; en ese mismo acto tomaron posesión y la sesión continuó con los nuevos miembros ya en sus papeles.

Se acordó encargar a una comisión la redacción de un nuevo proyecto de reglamento, para presentarlo a la aprobación de toda la colegiación en los plazos legales marcados. Tras acabar la Junta General, la nueva Junta de Gobierno tuvo sesión para elegir el representante del Colegio en la Diputación Provincial, de acuerdo con el real decreto de 15 de febrero de ese año, eligiéndose a Vicente Gea.

También la nueva Junta tuvo conocimiento del mal estado financiero del Colegio, con una deuda de 4088,86 pesetas, según un avance de la liquidación hecha por el contador entrante, ya que la Junta anterior todavía no había rendido cuentas. En el primer *Boletín* del Colegio editado bajo el mandato de la nueva Directiva, hay dos artículos firmados por Vicente Gea y Juan B. Bellido y que titulaban respectivamente «Volvemos a empezar» y «El derrumbamiento de la tiranía profesional», que dan cuenta del radical giro ideológico que daba el órgano del gobierno del Colegio y hacen una durísima crítica de la forma de elección y la gestión de sus antecesores.[97]

En el número de marzo del *Boletín* se publicó íntegro el proyecto de estatutos, junto con la petición de la Junta de Gobierno a los colegiados de su estudio para aportar propuestas en la redacción definitiva. La Junta General extraordinaria de dos junio de 1930 se celebró en el salón de actos de la Comunidad de Regantes, como las dos anteriores, ya que la nueva sede colegial no tenía un salón con capacidad para hacerlas. Se trataba de aprobar el proyecto de nuevo reglamento colegial y hubo intensa discusión sobre el procedimiento a seguir para ello: mientras que la presidencia defendía el precepto legal de aprobarlo tras su lectura en Junta General, otros decían que ese método no aseguraba una serena reflexión y completa comprensión del texto y sus consecuencias para los colegiados, y que mejor sería enviarlo a las juntas de distrito para su discusión previa. Al final se acordó publicar el proyecto en el *Boletín* para general conocimiento y convocar una nueva Junta General para su aprobación. En la siguiente Junta General, ordinaria, se constituyó y tomó posesión el Tribunal Profesional (antecedente de las comisiones de Deontología),[98] cuya constitución estaba prevista en el artículo 3 de los estatutos de los colegios de 27 de enero de 1930, siendo su primer presidente Juan Bautista Torlá Pallarés, y presidente suplente Francisco Badenes Champel; a propuesta de Miguel Peña Masip, colega que luego sería uno de los redactores de *Les Normes del 32*, se aprobó por corta mayoría la cooficialidad de castellano y valenciano para todas las actividades del Colegio. También hubo quejas de varios colegiados acerca de la acción política que llevaba a cabo Vicente Gea en su condición de diputado provincial, mezclando ambos papeles. El ambiente crispado que

---

[97] *Boletín del Colegio Oficial de Médicos de la provincia de Castellón*, 1930; (XI): n.º 102, de febrero de 1930.
[98] *Libro de Actas de la Junta General de Colegiados*. Sesión de 13 de junio de 1930.

precedió a los trascendentales acontecimientos que pronto habían de ocurrir en España, empezaba a tomar forma entre la clase médica y eso retrasó la aprobación del reglamento, que no se llevó a cabo hasta la Junta General extraordinaria de ocho de noviembre de 1930, varios meses después del plazo legal previsto para ello. El reglamento debió de aprobarse en la Junta General convocada al efecto el veintiuno de septiembre, pero esto no fue así dada la escasa asistencia de colegiados al acto (no fueron más que veinticuatro y no fue el presidente, aunque excusó su asistencia). A la vista de ello, la asamblea decidió que las juntas de distrito se reunieran con la mayor brevedad y emitieran su dictamen sobre el proyecto, dictamen que debían remitir a la Junta de Gobierno que convocaría otra Junta General para aprobar el reglamento, independientemente de los colegiados que acudieran y siempre que los dictámenes de los distritos fueran aprobatorios.

El ocho de noviembre fueron aprobados por fin estatutos de nuestro Colegio (en aquella ocasión se llamaba reglamento de régimen interior) con la asistencia de cuarenta y un colegiados; este reglamento no entró en vigor hasta mayo siguiente, previa la preceptiva aprobación por el Gobierno Civil. En la asamblea general de treinta de diciembre la Junta de Gobierno pone a disposición de la colegiación sus cargos, con el argumento de que ya habían completado la tarea que se propusieron cuando fueron elegidos, que fundamentalmente eran dotar al Colegio de su reglamento y la implantación de la Previsión Médica. La asamblea interpretó que la Junta debía continuar en su puesto hasta agotar su mandato y así se acordó e hizo.

En el *Boletín* de julio se había publicado ya el Reglamento de la Previsión Médica Española, aprobado por real orden de 9 de mayo anterior. En esta misma Junta General se rechazó la dimisión presentada por el vicepresidente de la Junta Juan B. Bellido Tirado por motivos de salud, con el argumento de que este órgano debía renovarse en junio próximo y que ese era el momento para dejar la junta de gobierno del Colegio.

La Junta de Gobierno en sesión de enero de 1931 acordó el traslado del domicilio social del Colegio a una nueva sede en la calle Zaragoza 8, principal.[99] El traslado se hizo de inmediato y su siguiente reunión en el mes de marzo ya tuvo lugar allí. La sesión de 7 de mayo acordó adherirse al nuevo régimen político imperante en España desde el 14 de abril en que se proclamó la República; se conoció la aprobación gubernativa definitiva del reglamento colegial y se cesó como vocal de la Junta al inspector de Sanidad, en virtud de la orden ministerial de 24 de abril, que prohibía pertenecer a las directivas de los colegios a quienes desempeñaran cargos oficiales. Llama la atención el que un acontecimiento de importantísima trascendencia histórica como fue la proclamación de la II República española, no mereció otra reflexión ni reflejo en las actas de las sesiones de la Junta de Gobierno ni en el *Boletín* que la ya consignada, aunque esta adhesión fue entusiasta, según se desprende la transcripción del acta de esa fecha, en el párrafo que se refiere a esto:

Acto seguido la presidencia manifiesta que, como saben todos los presentes, acaba de operarse en España un cambio radical en la gobernación del Estado, a motivo de la implantación del régimen republicano, por cuyo hecho histórico entiende que todos los españoles están de enhorabuena, en particular la clase médica, siempre olvidada o desatendida por los gobiernos de la Monarquía, ya que en la nueva fase política seguramente ha de encontrar adecuada solución a cuantos problemas tiene de antiguo planteados. Añade

---

[99] *LACOMCAS.* Sesión de 10 de enero de 1931.

que el Colegio, por su carácter oficial y por la ideología de la mayoría de sus miembros, estaba en el caso de prestar su más leal adhesión a la naciente República española…

Durante todo el año 1931 no hay acontecimientos reflejados en estas dos fuentes documentales que merezcan ser reseñados aquí. La Junta General de veinte de abril de 1932 fue muy agitada. Asistieron 117 colegiados que declararon «mal compañero» al médico Julio Bueso, que se había establecido en Castellnovo habiendo ya médico allí y en contra del criterio de la junta de distrito. La Junta de Gobierno había aceptado la colegiación de este médico, lo que no gustó a la junta de distrito de Segorbe ni a muchos otros colegiados, a pesar de que era una obligación legal admitirle y así se le comunicó a la directiva colegial desde el Gobierno Civil. Se generó un conflicto en el que la Junta de Gobierno aceptó los argumentos de la del distrito de Segorbe respecto a la conducta profesional insolidaria de Bueso, pero no pudo admitir su pretensión de que no se admitiera su colegiación. El conflicto desembocó en la dimisión irrevocable de toda la Junta de Gobierno colegial, ello a pesar de que en la Junta General ordinaria a celebrar en junio debía renovarse parcialmente. Ante esa situación se nombró una comisión gestora compuesta por: presidente, Juan B. Palomo Martí; vicepresidente, Julián Garí Martinavarro; tesorero, José V. García Mingarro; contador, Miguel Peña Masip; secretario, Rafael Ribes Gómez. Estos tomaron inmediatamente posesión de sus cargos y en esa misma sesión se impuso a Julio Bueso Sanz la sanción del apartado 3.º artículo 31 del reglamento del Colegio: amonestación ante la Junta, anotación en el acta e imposición de una multa entre veinticinco y cien pesetas al arbitrio de la comisión gestora recién nombrada (al final se impusieron cincuenta pesetas).

La Junta General ordinaria de doce de junio siguiente acordó contratar permanentemente una asesoría jurídica y se votó una propuesta en la que se defendía la actuación de la comisión gestora de los ataques de las fuerzas «conservadoras», obteniendo el apoyo general de la colegiación. Además se eligió una nueva Junta de Gobierno completa: presidente, Juan B. Palomo Martí; vicepresidente, Julián Garí Martinavarro; tesorero, José V. García Mingarro; contador, Miguel Peña Masip; secretario, Rafael Ribes Gómez; vocal por Albocàsser, José Gil Navarro; por Castelló, José Gil Masip; por Lucena, Jesús Vidal Chinibrea; por Morella, Plácido Milián Loscos; por Nules, Juan B. Domingo Forner; por San Mateo, José T. García Tirado; por Segorbe, Julio López Esperón; por Vinaròs, Enrique Esteller Esteller; por Viver, Federico Carbonell Devís.

La nueva Junta conoció un caso de inmoralidad profesional en Nules sobre el que se acordó seguir haciendo

Juan Bautista Palomo Martí.
(Fuente: Colegio Oficial de Médicos de Castelló).

averiguaciones y acordó ampliar la plantilla del Colegio, que hasta ese momento estaba compuesta por un solo oficial de secretaría y el conserje. También se acordó el primer contrato de asesoría jurídica del Colegio, en la persona del letrado D. Ricardo de la Torre Carbonell, por una cantidad de quinientas pesetas anuales fijas. El primer caso que entendió este letrado fue la redacción de un informe acerca de la convocatoria para cubrir tres plazas de médico de la beneficencia municipal, en la que no se recogían funciones ni remuneración y cuyo tribunal estaba compuesto por personas ajenas a la Medicina. El Ayuntamiento se comprometió a que en el futuro tendría en cuenta las observaciones del Colegio.

El once de diciembre de 1932 se celebró en el salón de actos del Ayuntamiento una Junta General extraordinaria. Se celebró en el Ayuntamiento dada la gran cantidad de colegiados asistentes, que el acta cifra en ciento doce. Se nombró Presidente Honorario del Colegio a José Pérez Mateos, recientemente fallecido y que había sido el primer presidente del CGCOM y gran impulsor de este organismo. Una semana después hubo otra Junta General extraordinaria en la que se aprobó la reglamentación de la sección de médicos de iguala y se conoció el Proyecto de bases para la reglamentación de la iguala médica, que había sido propuesto por el CGCOM. Entre los meses de octubre de 1932 y abril de 1933 el *Boletín* publica por entregas un proyecto de Código de Deontología, elaborado por Antonio Rodríguez Rouco, médico de La Coruña. Este proyecto fue discutido en la IX Asamblea de Juntas de Gobierno Colegiales, celebrada en La Coruña entre el 22 y el 28 de junio anterior. Aunque no fue aprobado y adoptado por la clase médica como norma, constituye un documento de indudable valor deontológico; es un conjunto de normas y reglas para orientar la conducta profesional, que se puede considerar la base de los futuros códigos de Deontología con los que se dotó la clase médica española.

La Junta de Gobierno de 10 de enero de 1933 sancionó a Enrique Boldó, a la sazón médico de Zorita, por haber percibido el importe de las igualas de un mes, a pesar de que el que realmente había hecho el trabajo fue otro médico. El Colegio le exigió la devolución de las cantidades cobradas por ese concepto. También se acordó el cambio en la sede del Colegio. Se pasó al bajo de la calle González Cherná 132, que había sido hasta hacía bien poco la Casa de Correos. Se estipuló un alquiler anual de tres mil pesetas y se firmó un contrato de diez años con derecho a subarriendo si había un nuevo traslado. El traslado se efectuó en marzo.

En la Junta de Gobierno de seis de mayo de 1933 se acordó que un retrato de José Clará Piñol figurase siempre en el salón de actos del Colegio, para perpetuar el agradecimiento de sus compañeros y de la Institución a su labor profesional y corporativa. Ese acuerdo fue ratificado por unanimidad por la Junta General de cuatro de junio de 1933, a la que asistieron sesenta y tres colegiados. En esta Junta se levantó la sanción a Enrique Boldó, estimando sus alegaciones de que no hubo ánimo de lucro en su actuación y que su única falta había sido el no haber comunicado a la Junta de Gobierno el acuerdo particular que tenía con otro médico. Como curiosidad, decir que la primera vez que el Colegio compró lotería de Navidad para repartir entre los colegiados fue en este año de 1933.

La Junta General de diciembre de 1933, convocada para el diez de ese mes, hubo de ser suspendida ante la promulgación del decreto de Estado de Alarma que prohibía las reuniones. El decreto fue promulgado el mismo día diez por el gobierno de Martínez Barrio, ante los rumores de un levantamiento revolucionario dirigido por la CNT; una vez cesado el estado de alarma, se celebró la referida Junta General el día 31 de diciembre. Se conoció el proyecto de presupuesto para 1934, que ya importaba una cantidad de veinte mil cuatrocientas pesetas. Se designó una ponencia para elaborar un nuevo reglamento colegial y se toma, por primera vez, un acuerdo escrito en relación con la formación continuada de carácter científico. Según este, el Colegio organizaría un ciclo de conferencias científicas a cargo de destacadas personalidades de la Medicina y se dotó económicamente el proyecto con la cantidad resultante de una derrama voluntaria entre los colegiados. La Junta también discutió sobre el «Proyecto de Reglamento contra el paro forzoso», cuya redacción se había confiado a una ponencia en la Junta General anterior de junio y que estaba concebido como un proyecto de organización y funcionamiento de una caja o fondo de reserva para atender las necesidades de compañeros que por causas ajenas al ejercicio profesional fuesen víctimas de pasiones y manejos políticos y sociales. Se acordó imprimir el proyecto redactado y enviarlo a todos los colegiados y juntas de distrito para conocimiento y reflexión general y posterior votación en una junta general. También se aprobó en esta sesión el «Proyecto de normas a seguir en el ejercicio profesional», que eran un conjunto de normas que intentaban regular los aspectos estrictamente de mecánica profesional del ejercicio, sin tocar la Deontología. Este proyecto regulaba aspectos como las sustituciones entre colegiados, suplementos tarifarios, consultas públicas gratuitas, tarifas en el medio rural, combate del intrusismo y similares.

Las juntas de gobierno de 1934 tienen un componente fundamental de ordenación de la profesión, desarrollando las «Normas del ejercicio profesional que han de observarse en el territorio del Colegio de Médicos de Castellón», aprobadas en la última Junta General de enero de ese año y también de arbitraje en conflictos entre médicos, generalmente por interferencias de unos en los partidos o conjunto de igualas de otros. Importante en este aspecto fue la Junta General extraordinaria celebrada el veintiocho de enero, que aprobó el reglamento de la «Caja contra el paro forzoso», que era de inscripción voluntaria. Los inscritos debían contribuir con una porción de sus ingresos variable entre el uno y el dos por ciento, directamente proporcional al volumen de estos y en caso de paro recibirían no menos del sesenta y cinco por ciento de los emolumentos que habían dejado de percibir. En la Junta General ordinaria de junio se renovó la mitad del órgano: presidente, tesorero y los vocales de Castelló, Morella, Nules, San Mateo y Segorbe .

La sesión de la Junta de Gobierno de septiembre de este año 1934 se celebró en Morella aprovechando las fiestas del *Sexenni* y debido a que había que resolver varias cuestiones relacionadas con el servicio en los pueblos de aquel distrito. En la de noviembre se estudió el proyecto de presupuestos para 1935, con un déficit de 4120 pesetas y se acordó proponer a la Junta General una subida de cuotas, de las veinte pesetas que se cobraba hasta ese momento, a treinta y seis pesetas anuales, que la Junta General de diciembre aprobó, así como otras medidas tendentes a reducir gastos colegiales.

A pesar de todo, nada era fácil. El grado de interés y cumplimiento por los colegiados de sus prescripciones eran percibidos como muy bajos por los miembros de la Junta de Gobierno, que en sesión de enero de 1935 acordó su dimisión en bloque en la primera Junta General. Es ilustrador transcribir una parte del acta de esa sesión:

> Terminado el despacho ordinario, el señor Presidente expone a la Junta el disgusto que le viene produciendo la general conducta de la Clase, no secundando la ímproba labor de la representación del Colegio que desde que se posesionaron de sus cargos vienen realizando al frente del mismo. A estos sacrificios se responde con la mayor indolencia, demostrando

con ello que toda la actuación de la Presidencia, al faltarle la debida colaboración de los colegiados, resulte tiempo perdido. Cita como ejemplo de esta indiferencia, el hecho reciente de que convocada la Junta General a sesión extraordinaria para discutir el Proyecto de Reglamento de Mutual Médica Provincial, problema éste de vital importancia para la Clase, sólo concurrieron a la sesión 28 colegiados, y de estos, la mayoría cuando la reunión iba a darse por terminada.

La dimisión fue presentada en la Junta General extraordinaria de tres de febrero de 1935, pero no fue admitida por la asamblea (votaron sesenta colegiados) y la Junta de Gobierno siguió en su puesto.

El ocho de octubre de 1935 la Junta de Gobierno celebró sesión extraordinaria. Se trataba de pronunciarse acerca de un cuestionario que había elaborado el CGCOM y que intentaba recoger el parecer de los colegios sobre el Seguro Obligatorio de Enfermedad, del que ya había proyectos de implantación por la Administración del Estado. La Junta de Gobierno acordó «Pronunciarse en contra de la implantación del Seguro social de Enfermedad, cualquiera que sea el proyecto que se presente». Seguidamente, la Junta hacía varias recomendaciones para el caso de que al final se implantase, de las que merece la pena transcribir algunas:

- Deben incluirse en el seguro todos los trabajadores de España sin distinción, pero con carácter voluntario.
- El personal que ha de prestar servicio debe ser designado por el Colegio Médico provincial, en la forma que éste lo organice.
- El costo de los servicios del Seguro puede calcularse sobre un promedio de 10 pesetas mensuales para cada asegurado.

La Junta de Gobierno de noviembre de ese año fijó una cuota de ingreso en el Colegio de cien pesetas y rebajó la cuota anual de treinta y seis a treinta pesetas, ya que se había enjugado el déficit que motivó su aumento dos años antes.

Al inicio del *Boletín* de 1936 hay una advertencia según la cual esta publicación solo se editó en ese año los meses entre enero y julio, debido al estallido de nuestra Guerra Civil. El primer artículo de ese año es un escrito del presidente Palomo al CGCOM y al resto de colegios provinciales, quejándose de la competencia desleal que significaba para el ejercicio libre de la profesión la proliferación de dispensarios y centros de Higiene y benéficos, creados por el Estado y donde recibían asistencia médica de calidad y sin costo alguno, multitud de personas que no tenían derecho a ella. El quince de abril hay un número extraordinario en el que se publica una orden de la Junta de Gobierno firmada por presidente (Palomo) y secretario (Ribes) a las juntas de distrito, según la cual debían poner en marcha el reglamento de la mutualidad médica del Colegio Oficial de Médicos de Castelló, que había sido discutido a lo largo de 1934 y adoptado en la Junta General de colegiados de diciembre de ese año; al tiempo se publicó el reglamento en cuestión.

La última Junta General antes de la Guerra Civil fue el catorce de junio de 1936 y en ella había que renovar la mitad de la Junta de Gobierno. Se celebró en el instituto provincial por el hecho de que se había invitado al presidente del CGCOM, Dr. Pérez Mateos y asistieron ciento quince colegiados. La propuesta de que continuara la misma Junta, fue desestimada con el argumento de que «[...] por razones de eficacia moral, los miembros debían ser designados por votación». Se votarían durante una semana los cargos de vicepresidente, contador y secretario, toda vez que los vocales de los distritos ya habían sido elegidos por estos. Resultaron elegidos: vicepresidente, Julián Garí Martinavarro, contador, Miguel Peña Masip, secretario, Rafael Ribes. Todos ellos sufrieron algún tipo de represión tras la Guerra Civil. Habían sido designados vocales de distrito: por Lucena, Jesús Vidal; por Vinaròs, Mario del Pino; por Castelló, Sixto García; por Albocàsser, José Gil Navarro y por Viver, Federico Carbonell Devís. Todos fueron nombrados y tomaron posesión de sus cargos en la sesión de la Junta de Gobierno de cuatro de julio de 1936, que fue la última reunión corporativa antes del estallido de la Guerra Civil. En esa misma Junta se acordó retomar la costumbre de publicar en el *Boletín* los nombres de los médicos que hubieran sido designados «mal compañero», para general conocimiento. El último artículo del Boletín antes de la Guerra es una «*Crónica*» sobre un curso intensivo sobre Tuberculosis que se estaba celebrando en el Hospital Provincial, con la colaboración de la Diputación, el Instituto de Higiene, el Colegio, la Mancomunidad sanitaria y otras instituciones.

Es innegable la función de servicio que cumplió el *Boletín* del Colegio en esta primera época, aunque sus contenidos variaran de forma notable entre el primer y el segundo período.[100] Una función de servicio que podemos dividir en tres áreas:

- Opinión e información: el *Boletín* es el vehículo de expresión de las inquietudes y el sentir de los médicos de Castelló. Sus páginas están a disposición de todos los colegiados de la provincia para expresarse sobre cualquier asunto y de cualquier forma, siempre dentro del marco de un envidiable respeto mutuo y por las opiniones del otro. Son muy numerosas las colaboraciones de médicos que aparecen en sus páginas. También es un importante vehículo de trasmisión de información de todo tipo, en una sociedad en la que la comunicación era muchísimo más difícil y costosa de lo que es ahora. Hay un importante aspecto de información institucional a reseñar: en esta época aparecen en el *Boletín* la transcripción prácticamente íntegra de las actas de las juntas de gobierno y de las juntas generales de colegiados; cualquier colegiado sabía o podía saber perfectamente cuál era la línea de actuación y los acuerdos que tomaba la Junta rectora. Hay también una completa información del desarrollo normativo que se iba produciendo, que en esa época era muy rico, ya que en ella se pusieron las bases y se desarrolló la estructura legal de los colegios y se publicó numerosa normativa sanitaria de carácter nacional. Un aspecto destacable en esta área informativa es el de la información fiscal, ya que el Colegio fue durante muchos años el encargado de asignar la cuota impositiva que correspondía a cada médico y de vehicular esa recaudación.

- Formación científica: son muy numerosos en esta época los artículos científicos que aparecen en el *Boletín* y por supuesto, de la más variada temática. También hay reseñas de publicaciones científicas nacionales y extranjeras. En este aspecto también el *Boletín* cumplió una importante función, ya que en aquellos tiempos las publicaciones científicas tenían muy poca circulación y divulgación fuera de las grandes capitales.

- Función profesional: el *Boletín* fue cauce de expresión institucional y de los colegiados sobre prácticamente todos los aspectos del ejercicio profesional, en una época

---

[100] Podemos diferenciar claramente en esta época dos períodos: el primero comprendido entre el inicio de la publicación del *Boletín* en 1901 y su supresión en 1903, y el segundo desde la reedición y publicación en 1920 hasta su interrupción por el inicio de nuestra Guerra Civil.

donde todo se estaba empezando a hacer. Desde proyectos de códigos de Deontología, pasando por reglamentos de montepíos y mutuas de asistencia médica y hasta proyectos y desarrollos de asociaciones de médicos (titulares, forenses, de APD...), todo aparecía en el *Boletín* para que la clase médica estuviera plenamente informada de todo lo que le pudiera interesar.

Por mor de la Guerra Civil, este valioso cauce de expresión, formación e información se suprimió hasta 1951. Más adelante veremos como reapareció y accederemos a alguno de sus contenidos.

CAPÍTULO 5

EL PARÉNTESIS DE LA GUERRA CIVIL Y LA SITUACIÓN EN LA POSGUERRA

El estallido de nuestra Guerra Civil el 18 de julio de 1936, significó una completa alteración e importantes cambios en el ordenamiento y la actividad de las corporaciones colegiales. Después de iniciado el conflicto armado, la siguiente anotación en el libro de actas de la Junta General está fechada el catorce de mayo de 1946 y es una diligencia firmada por el secretario del Colegio en esa fecha. Dice esta diligencia que por orden ministerial del gobierno republicano de julio de 1936 (se refiere al decreto de 31 de julio, publicado el 1 de agosto), se suspendió el funcionamiento de los colegios, que quedaron a cargo de comisiones gestoras; que acabada la Guerra se dictaron normas de funcionamiento colegial que prohibían las juntas generales y que no fue hasta la promulgación de los nuevos Estatutos del CGCOM en 1945, en que se autorizaban de nuevo esas reuniones. La primera Junta General tras la Guerra es la de catorce de mayo de 1946.

Por su parte, el libro de actas de la Junta de Gobierno nos aclara algo más de la sucesión de los acontecimientos. Cronológicamente, tras el acta de la última Junta de antes de la Guerra, el cuatro de julio de 1936, hay varias hojas sueltas fechadas entre el cuatro de julio de 1936 y el diecisiete de junio de 1938: una es de cinco de agosto de 1936 y en ella con el fin de dar cumplimiento al decreto de treinta y uno de julio anterior, de suspensión de los colegios, presidente, tesorero y secretario del Colegio trasfieren los fondos de la corporación a Juan B. Bellido Tirado y Rafael Ribes Gómez, que habían sido nombrados por el gobernador civil presidente y secretario accidentales del Colegio, respectivamente.

Juan Bautista Bellido Tirado.
(Cortesía de su nieto el Dr. Juan Bellido Blasco).

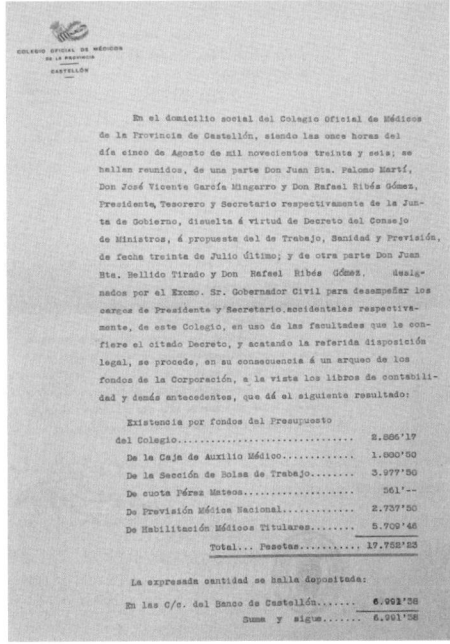
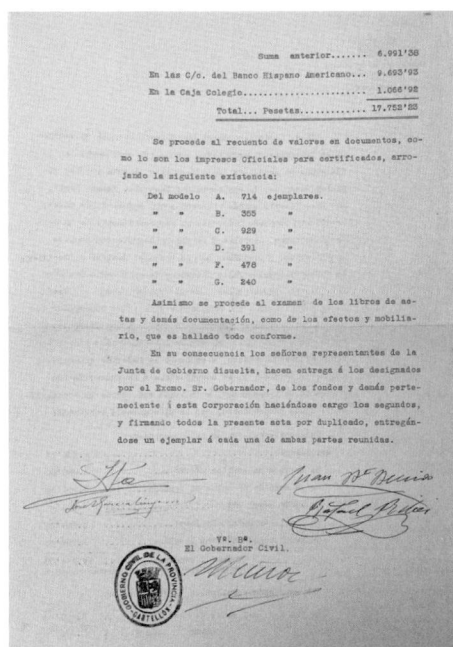

Acta de la transmisión de poderes a la gestora designada por el Gobierno Civil en cumplimiento del decreto de 31 de julio del Gobierno de la República. (Fuente: Libros de actas del Colegio Oficial de Médicos de Castelló).

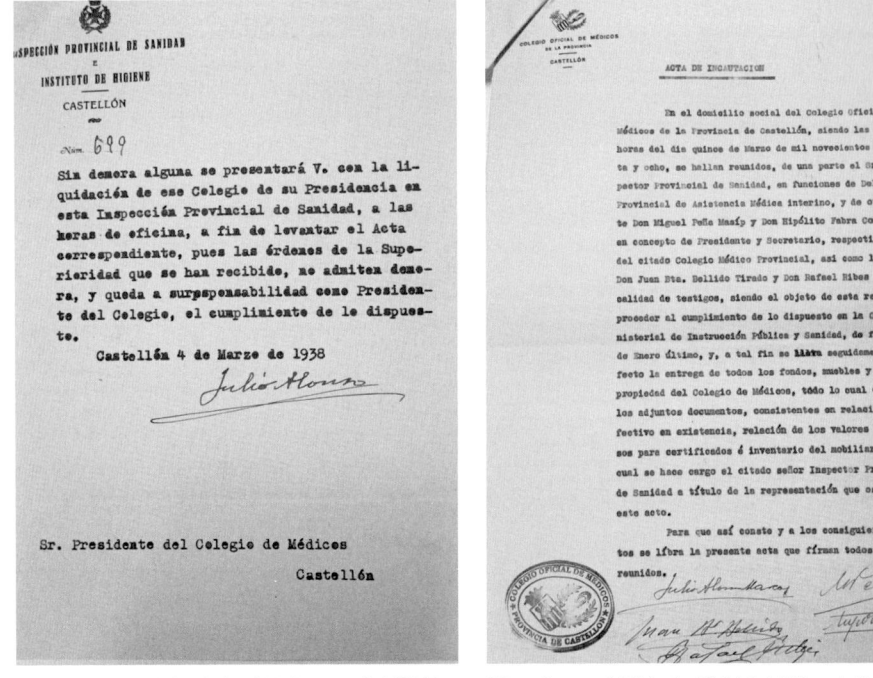

Acta de disolución del Colegio, el 15 de marzo de 1938 (Fuente: Libros de actas del Colegio Oficial de Médicos de Castelló).

Se transfirieron 17752 pesetas, además de numerosos impresos oficiales para certificados. La hoja de arqueo lleva el sello del gobierno civil. La siguiente hoja está fechada el cuatro de marzo de 1938 y en ella se cita al presidente del Colegio en la Inspección Provincial de Sanidad para la liquidación de la Institución. Esta hoja está pegada a otra rotulada como «ACTA DE INCAUTACIÓN» y fechada el quince de marzo de 1938. Se desarrolla en el domicilio social del Colegio y están presentes el inspector provincial de Sanidad por un lado, y, por otro, Miguel Peña Masip e Hipólito Fabra Compte como presidente y secretario del Colegio y Juan B. Bellido Tirado y Rafael Ribes como testigos.

Este cambio de presidente y secretario no se recoge en ningún otro documento y no se sabe tampoco cuándo se produjo. Una hipótesis plausible para explicarlo es que por decreto de treinta y uno de octubre de 1937 de la Presidencia del Gobierno de la República, se creó una Inspección General de Asistencia médica, una de cuyas funciones era: «Reorganizar el funcionamiento de las organizaciones profesionales médicas y sanitarias, proponiendo las reglas a que se ha de adaptar en lo sucesivo, así como la reestructuración de sus organizaciones de previsión, Colegio de Huérfanos, etcétera». Es posible que esa «reestructuración» incluyese en este caso el nombramiento de un nuevo presidente en la persona de Miguel Peña Masip, aunque no he encontrado otra constancia documental al efecto.

La reunión de cuatro de marzo de 1938 aludida tiene como fin el cumplir la orden ministerial de Instrucción Pública y Sanidad de la República, de quince de enero de 1938. Esa norma creaba una Delegación provincial de Asistencia Médica, en cada provincia de la España leal a la República, con las funciones que se le señala y las encomendadas hasta ese momento, entre las que estaba que se procediera al nombramiento de una comisión liquidadora del Colegio, en la forma que se determina en la orden, para la rendición de cuentas. Esas delegaciones provinciales se incautaron de todas las pertenencias de los colegios profesionales. La presencia de Bellido Tirado y Ribes Gómez como testigos pudo deberse a su permanente relación anterior con las actividades de la Junta de Gobierno de la Corporación y a sus cargos anteriores de presidente y secretario provisionales de la misma. Está pegada una hoja con la valoración de activo y pasivo de todas las cuentas a nombre del Colegio, con un

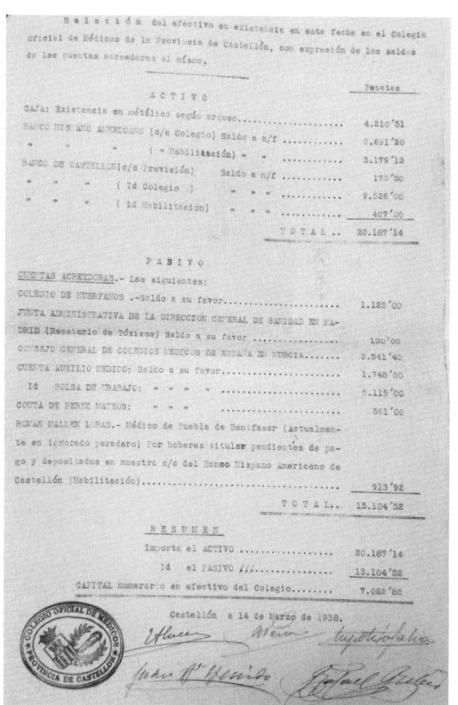

Arqueo final de los bienes del Colegio el quince de marzo de 1938. ((Fuente: Libros de actas del Colegio Oficial de Médicos de Castelló).

efectivo numerario de 7082 pesetas. Así pues, se puede decir que entre el quince de marzo y el diecisiete de junio de 1938, el COMCAS dejó de existir física y jurídicamente como institución.

Tras la redacción del acta de la última Junta de antes de la Guerra, el cuatro de julio de 1936, la siguiente anotación en este libro de actas es un folio pegado inmediatamente a continuación de las firmas de presidente y secretario en el acta anterior. El folio en cuestión está fechado el diecisiete de junio de 1938, tres días después de la ocupación de la capital castellonense por el ejército franquista. En este oficio, un oficial del Cuerpo Jurídico Militar, en representación del general jefe del Cuerpo de Ejército de Galicia, da posesión de sus cargos en el «Consejo Provincial del Colegio de Médicos» con carácter provisional a las siguientes personas: presidente, Rafael Sales Sanz; vocal, Francisco Llopis Albiol, vocal: Manuel Agut Arenós.

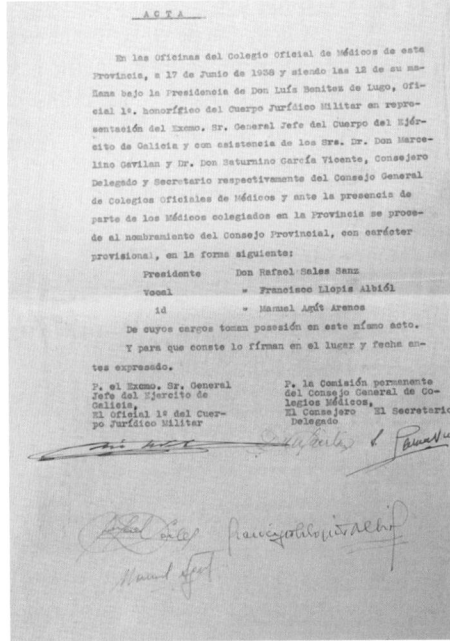

Acta de reconstitución del COMCAS por las nuevas autoridades franquistas, el 17 de junio de 1938. (Fuente: Libros de actas del Colegio Oficial de Médicos de Castelló).

Rafael Sales Sanz, primer presidente del COMCAS tras la Guerra Civil. (Fuente: Colegio Oficial de Médicos de Castelló).

Solo tres días después de la entrada de las tropas franquistas en la capital, las nuevas autoridades «refundaron» el Colegio e hicieron tres nombramientos con carácter provisional para su gobierno.[101] Esta Junta de Gobierno tuvo su primera reunión el veinte de junio de 1938, bajo la denominación de Consejo Provincial del Colegio de Médicos de Castellón. Lo primero valorado fue el estado económico. Este Consejo constata la existencia de unos fondos colegiales que ascendían a 688,58 pesetas. Este estado de cuentas fue aprobado por el CGCOM, que giró ese mismo día una visita de inspección al Colegio. A pesar de ello se recibió la advertencia que no se podría disponer de un solo

---

[101] Hay que recordar que las autoridades franquistas ya habían regulado provisionalmente la vida de las corporaciones colegiales en los territorios bajo su dominio con la promulgación de la orden de dieciocho de enero de 1938, reorganizando los Colegios Oficiales de Médicos en la España Nacional.

céntimo, ya que la moneda de la zona republicana fue anulada por las nuevas autoridades. Para manejar esa situación en lo posible se fijó una cuota de cincuenta pesetas para ese año a cada colegiado. También hay una nota de protesta en esta misma sesión por los «viles asesinatos» de médicos cometidos durante la «dominación marxista» y se cita a cinco fallecidos por esta causa: Domingo Adán Pérez, Santiago Añó Doménech, Antonio Cucala Almela, José Fabregat Martí y Jesús Vilar Torres. En el epígrafe correspondiente documentaremos el fallecimiento de todos ellos y alguno más, hasta diez médicos víctimas de la violencia indiscriminada, extrajudicial y de origen ideológico que se dio en torno a nuestra Guerra Civil.

La siguiente sesión de la nueva Junta de Gobierno es fundamentalmente de reorganización económica: se suspende el funcionamiento de la caja de auxilio médico y las dos pensiones que generaba en ese momento, y también el de la bolsa de trabajo; también se suprimió el cargo de contable y la asignación para limpieza del local, que sería realizada por el conserje. El consejo de septiembre de 1938 acordó la entrega del papel moneda republicano que tenía en su caja y que eran las 7070 pesetas de fondos propios del Colegio, más 1435 pesetas del sindicato médico UGT. Por último, la Junta de treinta y uno de diciembre de este año 1938, acordó poner en el salón de actos del Colegio una placa en honor de los médicos muertos durante el periodo en que Castelló permaneció leal a la República,[102] así como conceder plenos poderes al presidente y que la Junta se reuniera solo para lo indispensable, dado el carácter provisional del órgano. Tan «provisional» y tan «sólo lo indispensable» que el siguiente acta es justo de un año después, el treinta y uno de diciembre de 1939.

En esta reunión la Junta validó la labor del presidente a lo largo del año y aprobó las cuentas de ese año, el presupuesto de 1940 y el reparto de la contribución a Hacienda. También se acordó posponer las actuaciones del Colegio para cumplir la orden sobre depuración profesional, hasta que la justicia militar y ordinaria hubieran hecho su labor previa, así como que la Jefatura Provincial de Sanidad acabara con los procesos de depuración que involucraban a todos los médicos que trabajaban para la Administración. Llegados a este punto hay que abrir un nuevo apartado. La Guerra no solo significó pérdida de vidas en los frentes. También hubo actuaciones de los poderes públicos sobre muchos médicos por sus ideas o por el solo hecho de haber prestado servicios profesionales en uno de los dos ejércitos en lucha. Las siguientes líneas se dedican precisamente a dar una idea, somera, de cómo este tipo de violencia afectó a los médicos de Castelló.

1. Violencia de origen ideológico sobre los médicos

Toda guerra es una tragedia por el menosprecio del valor de la vida que supone y por el clima de muerte y violencia impunes que genera. Pero una guerra civil es una tragedia mayor, porque los contendientes viven mezclados y hay intensos vínculos previos entre ellos, incluso familiares, y el objetivo es la aniquilación del otro. En la Guerra Civil española (1936-1939), tanto un bando como el otro justificaron el uso de la violencia y atacaron e intentaron sojuzgar a sus contrarios en los territorios que

---

[102] La placa todavía se conserva; llegada la democracia la Junta de Gobierno acordó que esa placa recordara a todos los médicos que hubieran sufrido algún tipo de represión o violencia de causa política y en el dorso de la que contenía el texto con el homenaje a los médicos muertos hasta junio de 1938, se hizo la inscripción de la que figuró en el salón de actos de la antigua sede nuestro Colegio, hasta el reciente cambio de sede de junio de 2021.

controlaban, con el fin de asegurarse el control de sus respectivas retaguardias. Castelló sufrió este fenómeno por partida doble. Como es sabido, durante buena parte de la Guerra permaneció leal al gobierno legítimo de la República y los afectos a los rebeldes sublevados, sufrieron en sus carnes esa represión de retaguardia. Tras la ocupación de Castelló y su provincia por las tropas franquistas la represión cambió de signo, cebándose en quienes habían permanecido leales a la República, continuando tras finalizar la Guerra en el contexto de represión organizada y generalizada que siguió en toda España. Vamos a ver de qué forma afectó esa represión, una y otra, a algunos de los médicos de nuestra provincia y ciudad.[103]

La represión en el Castelló republicano

El fracaso de la sublevación militar del dieciocho de julio de 1936 en muchas zonas del país produjo una quiebra y desmembramiento del poder del Estado en muchos de esos territorios leales a la República. Ese vacío de poder enseguida fue ocupado por comités revolucionarios o ejecutivos populares, la mayoría de ámbito local, sobre todo en núcleos de población pequeños, que suplantaron al poder institucional y asumieron el poder real en la retaguardia. Se hicieron con el poder local y se atribuyeron funciones ejecutivas, legislativas e incluso judiciales con la creación de «tribunales de justicia popular». Este estado de cosas derivó en el ejercicio de una fuerte e indiscriminada represión sobre elementos de la retaguardia potencialmente enemigos de la República. Indiscriminada en el sentido que afectó, tanto a personas que no eran de ideología republicana, pero que eran moderados y sin implicación alguna con la sublevación en marcha, como a elementos enemigos conocidos de la República, ya fueran patronos o antiguos patronos, campesinos opuestos a la colectivización, sacerdotes, funcionarios o de cualquier otra condición social. Y fuerte en el sentido que esa «justicia popular» era impartida de forma radical y en gran parte de las ocasiones sin apenas simulacro de un juicio previo.

Esa situación de total anarquía en muchos sitios, fue siendo progresivamente controlada por el gobierno central republicano y a principios de 1937 la situación ya se podía considerar como de normalidad institucional, pero los desmanes y tropelías acaecidos hasta entonces habían sido numerosos y trágicos en muchas ocasiones. También desde el gobierno de la República se emitieron desde el primer momento de la sublevación, como era lógico, leyes y decretos destinados a reprimirla, a ella y a sus elementos afectos. No obstante, el legítimo derecho del Estado a defenderse no justifica plenamente la

---

[103] Nota del autor: Debo hacer constar que hay casos que faltan por reflejar en el texto; he identificado más de cien médicos de Castelló y provincia que sufrieron algún tipo de violencia originada por su ideología política de uno u otro signo y no están todos reflejados aquí. Todos los datos y entrecomillados que aparecen en el texto proceden de fuentes fiables, de documentos oficiales custodiados en archivos públicos. La gran mayoría de los documentos que apoyan el texto que sigue se pueden encontrar en el Archivo Histórico Provincial de Castelló (AHP), donde se encuentran los fondos históricos del Gobierno Civil con todos los expedientes de responsabilidades políticas que se conservan y en el archivo de la Diputación Provincial (AHDP), donde se encuentran muchos de los expedientes de depuración de funcionarios, principalmente del Hospital Provincial y de la Casa de Socorro. También me ha sido de gran ayuda el archivo telemático de *Grup per la Recerca de la Memòria Històrica de Castelló,* cuya localización web se incluye en el texto y en el índice bibliográfico y que dispone de un extenso fondo documental digitalizado de los expedientes de consejos de guerra implementados por las autoridades franquistas, radicado en la biblioteca de la Universitat Jaume I. Otras importantes fuentes de documentación han sido el Archivo Histórico General de Defensa de Madrid y el Centro de Documentación de la Memoria Histórica de Salamanca. En cualquier caso, para consultar un análisis exhaustivo sobre esta cuestión remito al lector a mi obra monográfica sobre el tema, recientemente editada de forma conjunta por la Universitat Jaume I y el Ayuntamiento de Castelló: *Médicos de Castelló. Ideología política y violencia (1936-1950),* que figura en el índice bibliográfico de esta obra.

arbitrariedad y discrecionalidad de muchas de estas normas. A título de ejemplo: el decreto de 21 de julio de 1936 dispone que: «Artículo 1.° El Gobierno, por Decreto acordado en Consejo de Ministros, dispondrá la cesantía de todos los empleados que hubieran tenido participación en el movimiento subversivo o fueran notoriamente enemigos del Régimen, cualquiera que sea el Cuerpo a que pertenezcan, la forma de su ingreso y la función que desempeñen, ya se trate de funcionarios del Estado o de empleados de Organismos o Empresas administradoras de Monopolios o Servicios públicos».

Un mes después se promulgó otro decreto específico para los funcionarios del Ministerio de Justicia disponiendo que «[…] mientras duren las actuaciones circunstancias el Gobierno podrá separar preventivamente del servicio activo a todos los funcionarios dependientes de este Ministerio que sin hallarse notoriamente comprendidos en el Decreto de 21 de Julio del año actual, hayan observado una conducta que, sin acreditarles claramente como enemigos del régimen republicano y participantes en el actual movimiento sedicioso, exija una justificación a juicio del Consejo de Ministros» (Decreto de veintiuno de agosto de 1936). Se sanciona antes de juzgar, se sanciona por ideología, y además se endosa la carga de la prueba al acusado.

Este estado de cosas, con las peculiaridades propias de cada sitio, se reprodujo prácticamente en todo el territorio que permaneció leal a la República, por lo que no es de extrañar que en Castelló se produjeran también tropelías, infortunios y desdichas, mientras esta tierra permaneció leal al legítimo régimen republicano, desdichas que, como es lógico, también afectaron a los médicos que aquí ejercían. Lo que sigue es una muy somera exposición de algunos casos.

He contabilizado nueve médicos muertos en Castelló y su provincia por violencia política y extrajudicial entre el dieciocho de julio de 1936 y el catorce de junio de 1938, fecha de entrada de las tropas franquistas en la capital (Gabarda Cebellán, 1996).[104] Son los siguientes, junto a toda la información sobre ellos que he podido recopilar:[105]

Domingo Adán Pérez: 55 años, casado, médico en Villafamés donde era inspector municipal de Sanidad. Asesinado en Borriol el doce de agosto de 1936. Según el Registro Civil de esta localidad la causa de la muerte fue «heridas por arma de fuego» (Gabarda, 1996: 213).

Santiago Añó Doménech: 52 años, casado. Médico en Benicarló, de ideología carlista/tradicionalista, había sido alcalde de Benicarló durante la Dictadura de Primo de Rivera. En la noche del seis de octubre de 1936 fue sacado de su casa con el pretexto de asistir a un parto. Llevado a las afueras de Sagunto junto a otras personas de Benicarló, entre ellas un hermano suyo y fusilado esa misma noche. (Gabarda, 1996: 186).

---

[104] Vicente Gabarda Cebellán es profesor de Historia Contemporánea en la Universidad de Valencia y autor del que probablemente sea el estudio más exhaustivo acerca de la represión en la zona republicana durante la Guerra Civil: *La represión en la retaguardia republicana. País Valenciano, 1936-39*. Así mismo es autor de otro extenso estudio sobre la represión del régimen franquista tras la Guerra: *Els Afusellaments al País Valencià, 1938-1956*. Ambos títulos figuran en el índice bibliográfico general de esta obra

[105] La primera Junta de Gobierno del Colegio tras la ocupación de Castelló por las tropas franquistas se celebró el veinte de junio de 1938. En ella se acordó emitir una nota de protesta por «los viles asesinatos de médicos cometidos durante el dominio marxista». Ya hemos visto como cita a cinco asesinados: Domingo Adán Pérez, Santiago Añó Doménech, José Fabregat Martí, Jesús Vilar Torres y Antonio Cucala Almela (LACOMCAS. Sesión de 20 de junio de 1938).

Enrique Boldó Gil: médico titular de Catí. En la Causa General, en la pieza de Catí, aparece en el estadío n.º 1, como de filiación derechista y asesinado en Catí el diez de abril de 1938. Parece ser que el doctor Boldó había estado huido del pueblo y fue detenido pocos días antes de que las fuerzas franquistas ocuparan Catí. Su casa había sido registrada y saqueada tres días antes de su muerte. En la Causa General se da cuenta así del hecho: «Fue secuestrado por fuerzas rojas, conducido al Ayuntamiento y más tarde desaparecido. Se ignora la participación de los dirigentes rojos de este pueblo en el hecho». Su cadáver estuvo desaparecido y fue localizado en junio de 1939 al lado de una tapia del cementerio de la localidad. Era natural de Cinctorres y tenía treinta y cuatro años cuando murió. Dejó viuda y un pequeño de cinco años que luego sería un referente en la Cirugía de Castelló: Enrique Boldó García.

Manuel Colom Colom: 30 años, casado. Médico en La Torre d'En Besora. Sin militancia política conocida. Fue asesinado en Albocàsser el ocho de diciembre de 1936, al parecer por haber dado cobijo en su casa a José Balado Renau, un sacerdote amigo suyo. (Gabarda, 1996: 192).

Antonio Cucala Almela: 48 años, casado, médico de Alcalà de Xivert. Militante de Derecha Regionalista Valenciana. Fue fusilado por un grupo de milicianos junto a las tapias del cementerio de Alcalà el trece de septiembre de 1936. (Gabarda, 1996: 194).

José Fabregat Martí: 51 años, casado. Médico forense en Castelló, fue asesinado en L'Alcora el tres de noviembre de 1936. (Gabarda, 1996: 212). Es uno de los cinco médicos que menciona la primera junta de gobierno del Colegio tras la ocupación de Castelló por las tropas franquistas como asesinados por «la horda marxista» mientras Castelló permaneció leal a la República. En el Centro Documental de la Memoria Histórica de Salamanca hay una petición del doctor Fabregat fechada el 15 de octubre de 1936 y dirigida al «Camarada Presidente del Comité Ejecutivo Antifascista», en la que solicita «[…] informe o certificación, en que se haga constar que en su actuación como médico forense […] cargo que desempeña desde 1901, ha demostrado su lealtad al Régimen». (CDMH.ES.37247.CDMH/8.7.9.14//DNSD.SECRETARIA.FICHERO,18,F0001943)

Juan F. Nebot Franch: 52 años, casado. Ejercía como ginecólogo. Muerto en Castelló en la noche del trece al catorce de junio de 1938 en la confusión generada por la toma de la ciudad por las tropas franquistas (Gabarda, 1996: 358).[106]

José Rosales Gutiérrez: 48 años. Médico militar, en 1931 era capitán médico destinado en Granada, de donde era originario y había estudiado. El dieciocho de julio de 1936 estaba destinado en la clínica militar de Castelló de la que era el jefe con grado de comandante.

---

[106] En el volumen de referencia, junto a este nombre figura una nota al pie que literalmente transcrita dice: «Según CG PP Ramo "E", Cj. 1938, las víctimas del 14-6-38 fueron el resultado de la impaciencia de los vecinos de Castelló por la inminente entrada de las tropas nacionales. Ante una falsa retirada de las tropas republicanas, salieron a la calle blandiendo enseñas "nacionales", viéndose inmersos en los combates callejeros que costarían la caída de la ciudad ese mismo 14 de junio. Otras fuentes (Registro Civil) nos indican que, al parecer, la mayor parte de las víctimas lo fueron al negarse a ser evacuadas por los soldados del Ejército Republicano, especialmente las del día 13 y aquellas otras asesinadas en su camino hacia Valencia». Porcar lo incluye entre las víctimas de la represión franquista y da como fecha de su muerte el día 14 (Porcar Orihuela, 2013).

La autoridad militar de quien dependía le abrió procedimiento previo n.º 329 el día uno de noviembre de ese año, por faltar al servicio desde el diez de septiembre anterior. En una diligencia de este procedimiento, el comisario de Castelló informa que se le vio saliendo de la ciudad sobre el diecinueve de septiembre, en compañía de tres o cuatro individuos y en dirección a Valencia. El veintitrés de abril de 1937 el procedimiento previo pasó a ser la causa 112 por un delito de abandono del servicio. Se publicaron requisitorias en la *Gaceta de Madrid* y en el BOP de Valencia y Castelló sin resultado, por lo que fue declarado rebelde el cuatro de agosto, archivándose provisionalmente la causa el treinta y uno de agosto. (CDMH.ES.37274.CDMH/8.7.9.14//DNSD-SECRETARIA,FICHERO,57,R0148637).

El doctor comandante Rosales había sido llevado a prisión a Valencia y fue asesinado en Paterna el veintitrés de septiembre de 1936 (Gabarda Cebellán. 1996). En su ficha personal del libro de registro de colegiados se puede leer: «Dado de baja en Castellón por ignorado paradero. Con posterioridad y por noticias recibidas de su familia residente en Granada, se ha sabido que el Dr. Rosales fue asesinado por los rojos en septiembre de 1936». En los registros militares figuró como disponible forzoso hasta abril de 1937 y posteriormente en paradero desconocido.

Jesús Villar Torres: 43 años. Médico, domiciliado en Castelló. Notorio militante de la Derecha Regionalista Valenciana. Acudió a la checa que funcionaba en el palacio del obispo al saber que estaba siendo buscado y. tras una corta estancia en el Hospital, cinco días después fue asesinado en L'Alcora, el treinta de agosto de 1936. (Gabarda, 1996: 211).

También se dieron en territorio republicano otras formas de represión, principalmente depuración y ceses de funcionarios. Algunos ejemplos son:

Manuel Agut Arenós (AHDP, Caja 63): Natural de Almassora. Médico de guardia del Hospital Provincial por oposición desde 1931. El veintinueve de agosto de 1936 fue cesado en su puesto por negarse a ir la frente como cirujano en la columna Casas Sala. Al ver peligrar su vida se ofreció voluntario y marchó al frente de Teruel, donde permaneció entre septiembre de 1936 y enero de 1937. Fue readmitido en su puesto por acuerdo de dieciséis de septiembre y lo retomó a su regreso. Posteriormente al acabar la Guerra sufrió expediente de depuración por las autoridades franquistas, sin que conste sanción. En ese expediente se queja de que fue obligado por las autoridades republicanas a ingresar diez mil pesetas en la cuenta del Consejo Agrícola de Almassora antes de marchar al frente, para contribuir al esfuerzo de la guerra.

Francisco Badenes Champel (AHDP, Caja 64): fue cesado en su puesto de médico de guardia del Hospital Provincial en agosto de 1936 por «desafección a la República». No he encontrado su rehabilitación si la hubo, ni más datos sobre él.

También sabemos por el *Boletín Oficial de la Provincia de Castelló* que hubo varios médicos rurales de Asistencia Pública Domiciliaria cesados en su puesto de trabajo en aplicación del decreto de 2 de agosto del gobierno republicano, que facultaba a los gobernadores civiles a cesar cualquier trabajador público por la simple «desafección» a la República. Nombres como Francisco Baixarás Serradell, de Rossell, Ramón Penichet

Delgado, de Castelló ciudad, Amadeo Pitarch Vaquer de La Serra d'en Galcerán, Juan Bautista Torlá Pallares, de Cabanes y otros más sufrieron represión por esta vía.

Asimismo, en este período hubo varios médicos encarcelados por sus ideas. Antonio Cucala Almela pasó 10 días en la prisión de Castelló antes de su asesinato y los hermanos Manuel y Joaquín Coret Llop, así como Eduardo Wieden Viñarta, todos ejercientes en Vila-real, fueron detenidos en octubre de 1937 y acusados de espionaje, permaneciendo en prisión hasta el fin de la Guerra (Archivo del Reino de Valencia, Fase III, Prisiones).

La represión en Castelló tras la ocupación franquista

En palabras de Dionisio Ridruejo, la represión franquista fue «[...] una represión aplastante cualitativa y cuantitativamente, planificada y certera, dirigida contra toda posible oposición de conducta o ideológica» (Ridruejo, 1962: 95).[107] Pocos comentarios

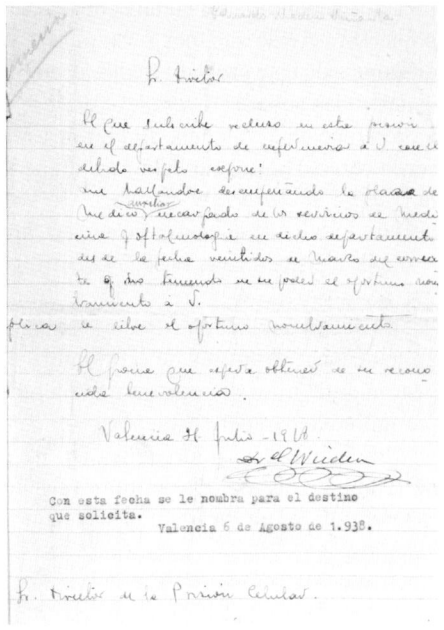

Adjudicación del destino de médico auxiliar de la prisión al Dr. Wieden Viñarta
(Fuente: Archivo del Reino de Valencia)

más merecen estas palabras; se puede decir de forma más extensa, pero difícilmente de forma más gráfica y contundente. Vamos a ver de qué forma afectó a los médicos en Castelló y provincia.

El veintisiete de abril de 1940, el gobernador civil de Castelló, Martín Sada Moneo, se dirigía al presidente del Tribunal Nacional de Responsabilidades Políticas quejándose de que hasta ese momento «[...] se había procesado a pobres hombres sin ningún relieve social y económico [...]», recomendando que se había de dar preferencia a «[...] personas de mayor relieve social y económico, cuyas sanciones resultarán de mayor ejemplaridad y cortarán comentarios maliciosos [...]».[108]

---

[107] Dionisio Ridruejo conoció bien la planificación y puesta en marcha del aparato represivo franquista tras la Guerra. Falangista de los de la primera hornada y compañero de José Antonio Primo de Rivera en la fundación de Falange, fue director general de Propaganda de los gobiernos de Franco entre 1938 y 1941. Fue voluntario a la División Azul. Progresivamente se fue despegando de las posiciones del régimen y deslizándose hacia la socialdemocracia, hasta ser considerado desafecto y peligroso. Fue encarcelado en varias ocasiones y tuvo que exiliarse. Llegó a participar en el llamado por las autoridades franquistas «Contubernio de Múnich» en 1962.

[108] La carta se puede encontrar en el Archivo Histórico Provincial. Fondos del Gobierno Civil, caja 11278. De resultas de esta comunicación y tras un período de presiones, el presidente del Tribunal de Responsabilidades Políticas procesó a veintiséis destacadas personalidades de Castelló que eran notoriamente republicanos, entre ellos los médicos Juan B. Bellido Tirado, Julián y Enrique Garí Martinavarro, Miguel Peña Masip y Juan B. Flors Goterris. En un borrador previo de la lista estaba también el nombre de Vicente Gea Mariño, expresidente del Colegio de Médicos, pero no figuró en la relación definitiva. Además, en el mismo sentido que el gobernador civil se había pronunciado el veintitrés de febrero el jefe provincial de Falange, Lorenzo Vilallonga. En oficio dirigido al presidente del Tribunal Regional de Responsabilidades Políticas, se quejaba de la poca condena impuesta a Fernando Gasset Lacasaña, ilustre jurista castellonense que llegó a ser Presidente del Tribunal de Garantías Constitucionales durante la República y pedía para él el máximo castigo posible, quejándose de que las personas castigadas hasta ese momento eran todas «[...] de menor cuantía, mientras que los otros harto más culpables, permanecen impunes, motivando esto el que esta Provincia se manifieste tan fría y escéptica respecto al Movimiento y a la Justicia del nuevo Estado». (Expdte n.º 2177 de Responsabilidades Políticas de Fernando Gasset Lacasaña. Caja 10074. AHP).

A pesar de estas quejas hay que decir que la represión de las nuevas autoridades sobre los vencidos tras la Guerra Civil fue muy importante y la clase médica no fue ajena a ella. Antes al contrario, la clase médica sufrió esta represión en primera persona y probablemente de forma más intensa que cualquier otro colectivo profesional en aquellos momentos, quizás con la única excepción de eclesiásticos y maestros. La represión «organizada»[109] la podemos catalogar de tres tipos: los consejos de guerra de la jurisdicción militar, los expedientes de responsabilidades políticas de la jurisdicción político-penal y las depuraciones de la jurisdicción administrativa y colegial. A estos hay que añadir la represión especial implementada sobre la masonería y el comunismo, que no fue un asunto menor en el conjunto de los castigos y obligaciones impuestos por los vencedores a los vencidos tras la Contienda Civil.

Los consejos de guerra fueron muy importantes cualitativa y cuantitativamente en la represión de que hablamos. Todo el que se opuso con las armas, y también sin ellas, de forma notoria, al golpe de estado del 18 de julio de 1936, fue juzgado según el artículo 237 del Código de Justicia Militar que castigaba el delito de rebelión. Los que se habían sublevado contra el orden político legítimo establecido fueron los que aplicaron ese delito a quienes habían cumplido con el deber de defender ese orden, en una suerte de lo que se ha llamado «justicia al revés». Las acusaciones de delitos de rebelión o sus formas de auxilio, adhesión y excitación a la rebelión eran las más frecuentes en esos consejos de guerra, celebrados en la inmensa mayoría de las ocasiones sin las más mínimas garantías de defensa. Las penas de muerte (muchas de ellas conmutadas, afortunadamente) y de reclusión mayor o menor –lo que significaba períodos de encarcelamiento de entre doce y treinta años– son frecuentes en sus sentencias.

Los expedientes de responsabilidades políticas se abrían según la ley del mismo nombre, publicada el nueve de febrero de 1939, modificada en febrero de 1942 y que estuvo vigente hasta 1966.[110] La lista de circunstancias o situaciones que daban lugar a la existencia de responsabilidades políticas es extensísima y se detalla en su artículo cuarto de esa ley, pero para resumir se puede afirmar que comprendía cualquier actitud o situación en la que el apoyo de la persona en cuestión a la causa franquista no hubiera sido público y notorio. Las sanciones que el tribunal podía imponer eran de tres clases: restrictivas de la actividad (inhabilitación absoluta o especial), restrictivas de libertad de residencia (extrañamiento, confinamiento, destierro con relegación a las posesiones africanas) y económicas (pérdida total de bienes, pago de una cantidad fija o pérdida de unos bienes determinados). Las actuaciones eran paralelas a las de la justicia militar y sus penas se acumulaban[111] y la ley tenía lo que hoy se consideran aberraciones jurídicas, como ser retroactiva cuando su aplicación perjudica al encausado (enjuiciaba actos hasta octubre de 1934), que en caso de muerte o paradero desconocido del interesado, era su familia la que debía cargar con la pena

---

[109] Por llamarla de alguna manera y para referirnos a aquellos actos de la represión de los que queda constancia procedimental y escrita. Las vejaciones públicas, agresiones impunes, la discriminación laboral e imposibilidad para encontrar un trabajo y similares no entran aquí.

[110] En la reforma de febrero de 1942 las competencias pasaron a las audiencias provinciales, con lo que se aligeró bastante la burocracia y la aplicación de la ley fue menos cruel de lo que había sido hasta ese momento. Entre otras cosas se conmutaron las multas o lo que quedaba por pagar de ellas, a quienes no poseían bienes superiores a 25 000 pesetas.

[111] Según disponía el artículo 4.a de la ley quedaban incursos en responsabilidades políticas entre otras cosas por: «Haber sido o ser condenado por la jurisdicción militar por alguno de los delitos de rebelión, adhesión, auxilio, provocación, inducción o excitación a la misma, o por los de traición en virtud de causa criminal seguida con motivo del Glorioso Movimiento Nacional».

en caso de sanción económica y que por el mismo «delito» una persona podía ser enjuiciada y condenada varias veces en distintas jurisdicciones. Fueron frecuentes los casos de apertura de estos expedientes con el interesado muerto, y alguno de ellos veremos.

El tercer método represivo consistió en la depuración, dirigida principalmente a los trabajadores públicos. Su fundamento legal es la ley de diez de febrero de 1939, que fija normas para la depuración de los funcionarios públicos. Se investigaba la conducta seguida por estos trabajadores en relación con la rebelión militar franquista y los investigados debían presentar una declaración jurada exhaustiva de sus actividades, adhesión o rechazo, haberes percibidos durante la contienda, partidos a los que hubiere estado afiliado, servicios prestados al Movimiento, todo ello desde el dieciocho de julio de 1936. La autoridad que investigaba era el Ministerio respectivo, que nombraba un instructor que podía proponer el sobreseimiento o la apertura de expediente para imponer la sanción que procediese. El artículo noveno sobre la calificación de las conductas establece las causas de sanción:

> Con carácter enunciativo y no limitativo, podrán considerarse como causas suficientes para la imposición de sanciones, las siguientes: a) Todos los hechos que hubieren dado lugar a la imposición de penas por los Tribunales Militares o a la exigencia de responsabilidades políticas, con arreglo a la Ley de este nombre. b) La aceptación de ascensos que no fueren consecuencia del movimiento natural de las escalas y el desempeño de cargos y prestación de servicios ajenos a la categoría y funciones propias del Cuerpo a que se perteneciera. c) La pasividad evidente de quienes, pudiendo haber cooperado al triunfo del Movimiento Nacional no lo hubieren hecho, y d) Las acciones u omisiones que, sin estar comprendidas expresamente en los apartados anteriores, implicaren una significación antipatriótica y contraria al Movimiento Nacional.

Las sanciones eran: traslado forzoso con prohibición de solicitar cargos vacantes por un período entre uno y cinco años; postergación desde uno a cinco años; inhabilitación para el desempeño de puestos de mando y de confianza, y separación definitiva del servicio.

Por último, el franquismo tipificó otros delitos con la promulgación de la ley de uno de marzo de 1940, de represión de la masonería y el comunismo, así como el decreto de treinta de marzo de ese año, que desarrolla la aplicación de esta ley. Se consideraba a la masonería y el comunismo como doctrinas que pretendían destruir la religión católica y por tanto a España y, en consecuencia, se equiparaban ambos con la traición. Como veremos, también hubo médicos castellonenses a los que afectó esta disposición.

Hay todavía otra «jurisdicción» inventada por el franquismo dirigida específicamente contra los médicos. Se trata de la depuración profesional en virtud de la orden de 6 de octubre de 1939 del Ministerio de la Gobernación, que daba normas para la depuración por los colegios de médicos de la conducta político-social de sus miembros. Los colegios de médicos se convirtieron así en un eficaz instrumento de información y represión al servicio del poder, represión que se ejerció contra los médicos colegiados y además contra odontólogos y matronas, en virtud de órdenes posteriores que así lo indicaban. Eran motivo de sanción el haber aceptado puestos representativos o remunerados «durante el dominio rojo», el desempeño de cargos profesionales en ese período obtenidos por la ideología política, el haber publicado escritos desfavorables al Movimiento Nacional o favorables al Frente Popular, otras varias cuestiones ideológicas y profesionales, y por último «las acciones u omisiones que sin estar expresamente comprendidas en los apartados anteriores, implicaren una evidente significación antipatriótica y contraria al Movimiento Nacional», o sea, la arbitrariedad más descarada y descarnada. Las sanciones eran exclusivamente atentatorias contra el derecho a ejercer la profesión u ostentar cargos representativos en las corporaciones. Las más extremas eran la inhabilitación perpetua para ejercer en una o varias provincias y la inhabilitación para ejercer en todo el territorio nacional durante diez años. El grueso de esta depuración profesional se llevó a cabo bajo la presidencia de Ángel Sánchez Gozalbo, entre 1940 y 1943 y, siguiendo los libros de actas de la Junta de Gobierno del Colegio, se detallan a continuación los médicos que sufrieron este proceso de depuración, así como el resultado y la fecha en que se tomó el acuerdo:

Vicente Beltrán Ripoll	Traslado forzoso de residencia dentro de la provincia (1 de septiembre de 1940).
Primitivo Gozalbo Pérez	Traslado forzoso de residencia dentro de la provincia (1 de septiembre de 1940).
Casto Sierra Fenollar	Traslado forzoso de residencia dentro de la provincia (1 de septiembre de 1940).
Alejandro Udheu Darder	Traslado forzoso de residencia dentro de la provincia (1 de septiembre de 1940).
Joaquín Arenós Cabedo	Traslado forzoso de residencia a otra provincia (Tarragona) (25 de febrero de 1941).
José Montoya Fenollosa	Inhabilitación perpetua para desempeñar puestos de mando y confianza en corporaciones sanitarias (6 de noviembre de 1941).
Julio López Esperón	Sin sanción (6 de noviembre de 1941).
Luis Senís Almela	Sin sanción (26 de febrero de 1942).
Juan José Tomás Arnau	Sin sanción (26 de febrero de 1942).
Carlos Marco Beltrán	Sin sanción (21 de octubre de 1942).
Octavio Sales Nicasio	Sin sanción (21 de octubre de 1942).
Gonzalo Alonso Viana	Inhabilitación perpetua para desempeñar puestos de mando y confianza en corporaciones sanitarias (21 de octubre de 1942).
Manuel Rozalén Sales	Igual que el anterior más prohibición de ejercicio durante seis meses donde vivía el 18 de julio de 1936, contados a partir de la fecha en que solicitó el reingreso en el Colegio. (21 de octubre de 1942).
Vicente Kuster Alfonso	Inhabilitación perpetua para desempeñar puestos de mando y confianza en corporaciones sanitarias, más prohibición de ejercicio en la provincia por diez años. (21 de octubre de 1942).
Juan B. Bellido Tirado	Inhabilitación perpetua para desempeñar puestos de mando y confianza en corporaciones sanitarias más prohibición de ejercicio durante un año donde vivía el 18 de julio de 1936, contado a partir de la fecha en que solicitó el reingreso en el Colegio (21 de octubre de 1942).

El andamiaje normativo en que se basó la represión franquista no soportaba el más mínimo análisis de corrección jurídica. Todas esas normas, en su redacción o aplicación, conculcaban principios básicos del Derecho como el de *non bis ídem* (no juzgar dos veces el mismo delito), la irretroactividad de las normas jurídicas, ya que se juzgaban conductas que eran anteriores a la entrada en vigor de esas leyes,[112] o el de la prescripción del delito con la muerte del que lo cometía ya que, por ejemplo, las multas impuestas en aplicación de la ley de responsabilidades políticas repercutían en los herederos si el «delincuente» estaba muerto y debían pagarlas ellos, a no ser que demostraran haber prestado servicios

---

[112] Por ejemplo, la ley de responsabilidades políticas consideraba delito a pertenencia a partidos políticos del Frente Popular desde octubre de 1934, cuando su publicación y entrada en vigor fue en febrero de 1939.

de importancia a la causa rebelde o renunciaran a la herencia, en cuyo caso esta pasaba al Estado. Toda esta normativa fue aplicada de forma concienzuda a los médicos de Castelló y a mostrar cómo y a quién dedicaremos las siguientes líneas.

Hay dos casos de médicos muertos inmediatamente a la entrada de las tropas franquistas en sus respectivas localidades:

Emilio Almela Rochera: médico dentista de Borriana, casado. Era presidente de Cruz Roja local. Reconocido republicano. Encausado nada más entrar las tropas franquistas en Borriana. Se le abrió el consejo de guerra sumarísimo, causa 873-C, el once de junio de 1938, a él y a su esposa. Detenido y encarcelado el treinta de julio y el uno de agosto su esposa. Según una providencia del juez militar Sr. Entrena Klett, Emilio Almela murió en la prisión de Borriana el cuatro de agosto de 1938 a consecuencia de los golpes y heridas causados por otro preso: Manuel Garí Boix. En la misma providencia se autoriza a su mujer a salir de la prisión, para asistir al entierro de su marido. La inscripción del fallecimiento en el Registro Civil es del ocho de agosto y la causa de la muerte «hemorragia intracraneana».

Pedro Lorás Lorás: médico titular de La Mata de Morella. Es citado como el principal dirigente político del pueblo desde que empezó la Guerra hasta su ocupación por los rebeldes en un legajo de la Causa General.[113] Según su expediente de responsabilidades políticas huyó del pueblo a la entrada de las tropas franquistas, pero hay fuentes que aseveran que fue fusilado nada más entrar estas en la localidad, el seis de abril de 1938[114] (Palomar Martínez, J. M., 2012), lo que concuerda con la información que figura en el «Procedimiento sumarísimo de urgencia n.º 8234-C en averiguación del autor o autores de la muerte de D. Pedro Lorás Lorás», iniciado el siete de marzo de 1940, por denuncia de su hermano Juan, farmacéutico con domicilio en calle Enmedio 152 de Castelló (AHGD). En el mismo sentido hay una anotación en su ficha personal del Libro de registro general de colegiados del Colegio de Médicos: «baja por fallecimiento según noticias indirectas en abril de 1938, al ocupar las tropas nacionales el pueblo de La Mata». También se le abrió un expediente de responsabilidades políticas a pesar de que era notorio que estaba muerto. El proceso se sustanció con una dura sanción: inhabilitación absoluta durante ocho años, destierro durante ese tiempo a doscientos cincuenta kilómetros de la provincia de Castelló y una multa de tres mil pesetas, que tuvo que pagar su hermano para poder disponer de los bienes que había dejado el procesado.

Otro médico muerto en relación con la represión franquista es José Gil Masip, soltero, de 38 años (Porcar, 2013: 289). Era médico titular de Vila-real y murió en Castelló el veinte de noviembre de 1939. Porcar afirma en su libro que Masip murió a causa de la paliza que

---

[113] Archivo Histórico Nacional-Causa General-Pieza primera o principal de la provincia de Castellón-Legajo 1402-Caja 1-Expte 7-Folio 18-Fecha de expediente 09-07-1942.

[114] Fuente: http://memoriahistorica.dival.es/recursos/bases-de-datos/victimas-de-la-represion-franquista-cv/page/25/?busca=L (acceso: 11 de octubre de 2022). Los datos que esta página web publica proceden de Gabarda Cebellán V. *Els afusellaments en el Pais Valencià (1938-56)*. Universidad de Valencia, 2011 y están divulgados en esa página web con autorización del autor. En la primera edición impresa de este libro de 1993 y en la segunda de 2007, que figuran en el índice general de referencias bibliográficas, sólo figuraba como médico fusilado Emilio Almela Rochera, de Borriana. Otras fuentes que dan a Pedro Lorás por muerto por las tropas franquistas a su entrada en la Mata de Morella son Palomar Martínez (2012) y Porcar Orihuela y Mezquita Broch (https://www.memoriacastello.cat/11050600.html) (acceso: 19 de marzo de 2019). Otro dato en favor de su muerte es que, en 1941, su hermano compareció en la Delegación de Hacienda de Valencia para pagar la multa que se le había impuesto en el expediente de responsabilidades políticas. En la diligencia de pago se puede leer que es su «… hermano y heredero…» quien lo hace.

le propinaron unos falangistas. El acta de defunción, consultada en el Registro Civil de Castelló, se levanta por orden del Juzgado de Instrucción de Castelló y en la diligencia de ordenación, extendida el 21 de noviembre, se lee que el doctor Masip «[…] falleció ayer en las primeras horas de la mañana en el kilómetro 64 de la carretera de Valencia a Barcelona a consecuencia de hemorragia y schock traumático». O sea, que podemos estar seguros de que esta muerte fue de carácter violento, pero no he encontrado otra documentación complementaria sobre las circunstancias en que se produjo.

En las siguientes líneas individualizaremos casos de represión que no condujeron a la muerte de sus protagonistas:[115]

Gonzalo Alonso Viana (AHP, Caja 10092): Fue condenado a tres años de prisión, menor más las accesorias de inhabilitación e interdicción civil, por auxilio a la rebelión, según sentencia de fecha dos de marzo de 1940, recaída en el sumario de urgencia n.º 5111 del consejo de guerra permanente de la plaza de Castelló. Era persona, según su expediente de responsabilidades políticas, «socialista, de mala conducta moral y religiosa» todos ellos graves delitos en aquellos años, y también se puede leer que «Su moral profesional es mala». A pesar de ello había sido tesorero del COMCAS y llegó a comandante médico del ejército de la República, dirigiendo el hospital de sangre instalado en el Instituto Provincial. Según su propia declaración en el expediente de responsabilidades políticas, en 1941 vivía en Castelló sin estar colegiado ni ejercer la Medicina. Estaba a cargo de una hija suya que cuidaba de él y vivía poco menos que de la caridad de sus compañeros de profesión. A pesar de estas circunstancias también fue condenado a una multa de cien pesetas. Figura como fallecido en la relación de inculpados en la Causa General de la provincia de Castelló (FC-CAUSA_GENERAL,1398, Exp.8. Imagen 9), lo que da idea del caos burocrático y administrativo que había en esos años.

Vicente Altava Alegre (AHDP, Caja 64): Afiliado a partidos de derechas y a UGT en su condición de funcionario. Voluntario «forzoso» en el frente de Teruel entre octubre de 1936 y febrero de 1937. Sometido a consejo de guerra sumarísimo de urgencia en Zaragoza, número 303-z, sobreseído el veintisiete de agosto de 1938. Depurado, no constan sanciones; llegó a ser presidente del COMCAS entre abril de 1943 y febrero de 1945.

Joaquín Arenós Cabedo (AHP, Caja 10066): el expediente de responsabilidades políticas se inicia el veinticinco de septiembre de 1939, como consecuencia de un testimonio de sentencia de consejo de guerra sumarísimo de urgencia seguido contra este médico y del que fue absuelto; se cierra el once de diciembre. Era médico titular de Almassora, afiliado a Izquierda Republicana y a la CNT, fue destituido del puesto de médico titular y de subdelegado de Medicina en Almassora por la autoridades republicanas, «por desafecto al Régimen» el doce de septiembre de 1936, a pesar de lo cual se afirma en su expediente

---

[115] Las fuentes documentales han sido diversas: el Archivo Histórico General de Defensa de Madrid (AHGD en el texto) me ha dado gran información sobre consejos de guerra y procedimientos de la justicia militar, aunque también hay algún expediente de depuración y procedimientos abiertos por la justicia militar de la República; del Archivo Histórico Municipal de Castelló (AHM), el Histórico Provincial (AHP) de Castelló y el Histórico de la Diputació de Castelló (AHDP) he obtenido los datos de los expedientes de responsabilidades políticas y de depuración de funcionarios; el Centro Documental de la Memoria Histórica de Salamanca (CDMH), me ha dado datos de los procesos de represión de la masonería y el comunismo y otros sueltos de la Causa General en la provincia de Castelló.

de responsabilidades políticas que «[…] hacía propaganda a favor de los marxistas e insultaba constantemente a los generales del glorioso Ejército Nacional […]». Fue detenido y encarcelado unos meses en la cárcel de Castelló tras la entrada en el pueblo de las tropas franquistas. Tratábase «de persona peligrosísima para nuestra causa y desafecta en todo a la misma, considerándola responsable colectiva de lo ocurrido en esta población», según informe del jefe local de Falange. Hay una solicitud de disposición de bienes por el inculpado de quinientas pesetas mensuales, para atender las necesidades familiares que fue aprobada y posteriormente retirada, por un informe bancario que decía que lo que se pretendía era agotar las cuentas más que atender las necesidades básicas familiares. Entre los testimonios que el inculpado presenta a su favor, destaca el de cuatro médicos compañeros de ejercicio en la localidad, que lo tienen por buen médico y desechan que haya favorecido o perjudicado a pacientes influido por sus convicciones políticas. Por sentencia de fecha dieciséis de febrero de 1940, fue considerado incurso en responsabilidades políticas y condenado al pago de una multa de quince mil pesetas que el condenado solicitó pagar a plazos, siéndole concedido ese beneficio según el siguiente reparto: un primer plazo de cuatro mil quinientas pesetas dentro de los tres primeros meses desde la sentencia y tres plazos más de tres mil quinientas pesetas cada uno a pagar el primero de marzo de cada uno de los tres años siguientes. Para ello tuvo que poner como garantía de pago una casa, procedente de la herencia de su madre y valorada en cincuenta mil pesetas. El Colegio le abrió un expediente de depuración profesional de resultas del cual, en sesión de veinticinco de febrero de 1941, le impuso la sanción de traslado forzoso de domicilio, yéndose a establecer a Tortosa y fue dado de baja como colegiado en la sesión de veinticinco de marzo. El veintiocho de octubre de 1944 fue readmitido ya que había ganado por concurso la plaza de Almassora, donde se estableció. El dos de abril de 1943, una vez satisfechos todos los plazos de su sanción económica, el doctor Arenós Cabedo pudo recobrar la libre disposición de sus bienes.

Rafael Arnau Catalá (AHP, Caja 10164): Colegiado en Castelló desde octubre de 1922, con primer ejercicio en La Vilavella. Enseguida pasó a Borriana. Fue el primer alcalde de Borriana al proclamarse la República. Miembro del Partido Radical y presidente del Comité Revolucionario local, así como destacado dirigente del sindicato provincial de médicos al constituirse éste obligatoriamente tras la disolución de los colegios profesionales por las autoridades republicanas. Marchó voluntario al frente como médico y llegó a obtener el grado de comandante. De probada y confesa masonería, en el expediente de responsabilidades políticas se le considera «[…] peligroso y desafecto al actual régimen salvador», así como «gran enemigo de la Religión Católica» y también «individuo de bajos instintos». Consta en el expediente, como en casi todos los de responsabilidades políticas, una extensa, prolija y validada por peritos, declaración de bienes propios y familiares, que presenta su esposa por estar el inculpado en paradero desconocido.[116] También hay varios escritos a favor del inculpado. Uno del prior de un convento de la localidad de Borriana que pretendía quemar una turba y que el Dr. Arnau defendió desde su posición de alcalde, así como que dio cobijo a varios curas de ese convento; otro de un colega del frente que se

---

[116] En otro legajo del expediente se puede leer que está huido en Francia. Lo cierto es que él no se personó nunca en las actuaciones, siempre lo hizo su mujer. Se da la circunstancia que su esposa era Antonia Fenollosa Pérez, primera mujer médica colegiada en Castelló. En otro lugar nos extenderemos algo más sobre su figura.

pasó a las filas franquistas y era teniente del ejército de los sublevados, en el que alababa su honradez y su profesionalidad y algunos más de vecinos de Borriana. A pesar de ello la sentencia, de fecha veintiocho de septiembre de 1940, fue durísima: inhabilitación absoluta para todos los cargos del artículo once de la ley de responsabilidades políticas de 9 de febrero de 1939[117] durante diez años, destierro a doscientos cincuenta kilómetros de la provincia de Castelló durante el mismo tiempo, multa de diez mil pesetas y quedaba pendiente el castigo por el cargo de masón «[…] hasta tanto se dicten las disposiciones transitorias para la aplicación de la ley de represión de la masonería y el comunismo».[118] Su esposa obtuvo el beneficio del pago aplazado a razón de mil pesetas a los tres meses de la sentencia y cuatro pagos anuales de dos mil doscientas cincuenta pesetas, pagaderos cada treinta y uno de octubre. El último documento que figura en este expediente es una comunicación hecha a su esposa el veintiuno de octubre de 1960 en la que se indulta al inculpado de las posibles cantidades que le quedaran por pagar. El doctor Arnau había marchado al exilio, primero a Francia y luego a México. En México desempeñó el cargo de vicecónsul honorario de la República Española en la localidad de Matamoros, en el estado de Tamaulipas. A pesar de estar fuera de España, el Tribunal especial de represión de la masonería y el comunismo le abrió el sumario 648/49 el doce de junio, para archivarlo en diciembre del año siguiente (Sampedro Ramo: 1098). El COMCAS lo había dado de baja en la sesión de junta de gobierno de marzo de 1940 «[…] por hallarse en el extranjero a motivo de su actuación contraria al Glorioso Movimiento Nacional». Rafael Arnau volvió de visita a España en la primavera de 1973, con todos sus posibles «delitos» prescritos y ya fallecida su esposa. Vino con una hija suya nacida en México, de una relación que tuvo allí. Estuvo en Borriana y en Moncofa, donde todavía vivían unas hermanas suyas. Posiblemente vino a despedirse de sus familiares, ya que en 1974 falleció en México por un cáncer de garganta.[119]

Francisco Artola Tomás (AHDP, Caja 64): fue médico civil en los hospitales de sangre que funcionaron en Castelló y alcanzó el grado de capitán médico; estuvo afiliado a Izquierda Republicana y UGT.[120] Se negó a irse con los republicanos al ocupar la ciudad los franquistas. Detenido al entrar estos en Castelló, fue sometido a consejo de guerra sumarísimo número 510-C, con sobreseimiento de la causa el diecisiete de septiembre de 1938. Sometido posteriormente a expediente de depuración, no constan sanciones.

---

[117] El artículo once de la LRP transcrito literalmente dice: «La sanción de inhabilitación absoluta producirá los efectos siguientes. Primero: La privación de todos los cargos o empleos que el inculpado tuviere del Estado, Provincia o; Municipio, o de empresas de cualquier orden en que éstos tuviesen intervención o las subvencionasen, así como de toda clase de Asociaciones y Corporaciones oficiales y de establecimientos de crédito y entidades que exploten servicios públicos, y Segundo: La incapacidad para obtener dichos cargos o empleos durante el tiempo de la condena».

[118] La ley de 1 de marzo de 1940 sobre represión de la masonería y el comunismo solía castigar la masonería con penas de doce años y un día de reclusión menor y al doctor Arnau se le abrió la causa 648/1949 por el Tribunal especial para la represión de la masonería y el comunismo, que tuvo que ser archivada provisionalmente en diciembre de 1950, al permanecer el inculpado en paradero desconocido (Sampedro Ramo, 2011).

[119] Comunicación personal de María Dolores Agustí Soler, historiadora de Borriana y que de niña fue paciente de Antonia Fenollosa, esposa del doctor Arnau y primera médica colegiada en Castelló, que se hizo cargo de la consulta de su marido cuando este se exilió.

[120] Las autoridades de la República suspendieron los colegios de médicos y derogaron los estatutos del CGCOM, según decreto de 30 de julio de 1936. En su lugar se creó el sindicato sanitario de UGT, que era de afiliación obligatoria si se quería ejercer en el sector público.

Vicente Ballester Colomer: Era médico titular de Vall d'Alba. Se le acusa en la Causa General de haber colaborado directamente en la muerte de una persona fusilada en Albocàsser el trece de septiembre de 1936 que no había muerto y que había sido llevada al cementerio de Vall d'Alba.[121] Incorporado a Ejército de la República como soldado médico perteneciente al segundo centro de instrucción y reserva de Sanidad Militar, por orden del ministro de Defensa de catorce de mayo de 1938, es destinado a la clínica militar de Gandía (Diario Oficial del Ministerio de Defensa Nacional de 14 de mayo de 1938). Al finalizar la Guerra se le abrió el sumario 7556/1940; fue internado en un campo de prisioneros en Medinaceli, de donde salió a poco por influencia de un familiar carlista. En el archivo provincial de Soria no se conserva expediente alguno de esa estancia. El consejo de guerra no determinó responsabilidad del doctor Ballester. Fue dado de baja en el Colegio el veintinueve de enero de 1940 «por ignorado paradero», aunque residió en Castelló hasta noviembre de 1944 en que marchó a Valencia (Mezquita Broch, 2007). En el BOE de veintiuno de junio de 1945 se le declara libre de responsabilidades políticas y recobra la libre disposición de sus bienes.

Juan Bautista Bellido Tirado (AHM, Caja 11303): Conocido republicano. Médico de sala del Hospital Provincial y decano de este centro desde abril de 1930 hasta junio de 1938, al entrar en Castelló las tropas franquistas. Al inicio de la Guerra fue designado presidente de la Junta de Sanidad Provincial y presidente provisional del COMCAS, al decretar las autoridades republicanas la suspensión en el funcionamiento de los colegios. Es encarcelado a las cuarenta y ocho horas de la entrada de las tropas franquistas en Castelló e inmediatamente se abre un expediente de depuración por el que es cesado en su puesto del Hospital el dieciocho de noviembre y finalmente expulsado de la Corporación, según acuerdo de la comisión gestora de la Diputación Provincial de veintinueve de diciembre de ese mismo año. Sometido a consejo de guerra sumarísimo de urgencia (causa 219-C). La sentencia es de nueve de julio de 1938, condenatoria por un delito de adhesión a la rebelión a reclusión perpetua –en la práctica significaba una pena de treinta años de reclusión mayor– más las penas accesorias de inhabilitación, interdicción civil y pago de responsabilidades civiles. La pena le es conmutada por diez años de prisión mayor más las accesorias el veintidós de junio de 1940 y es liberado el veintinueve de septiembre de 1940, con sesenta y dos años. En marzo de 1946 es indultado del delito de rebelión, pero sin que el indulto afecte a las penas accesorias. El expediente de responsabilidades políticas abierto resultó en una multa de doscientas cincuenta mil pesetas de la época, que finalmente fueron reducidas a ciento veinticinco mil mediando recurso, lo cual era una auténtica fortuna que mantuvo hipotecado de por vida al Dr. Bellido. Fue dado de baja en el Colegio en marzo de 1940, por estar cumpliendo condena. Readmitido, ejerció primero en Almassora a su salida de la prisión y en Castelló a partir de enero de 1943. En sesión de veintiuno de octubre de 1942 el Colegio le impone una sanción de un año de inhabilitación para cargos y prohibición del ejercicio. Todavía en junio de 1947 no se accede al indulto sobre el resto de sanción económica que quedaba por pagar a pesar de que el comisario jefe de Policía informó que el doctor Bellido «… ha observado intachable conducta y sus actividades han sido únicamente las de su profesión…» desde su salida de prisión en 1940 (AHP, Caja 11303, legajo 17 expediente 83). En junio de 1948 desde la Diputación

---

[121] Causa General. Legajo 1404, caja 1, expediente 22, folios 20-22, 25 y 27-29.

Provincial se pidió la revisión de su expediente de depuración, que fue denegada por el gobernador civil en septiembre. Juan B. Bellido nunca fue readmitido en el Hospital Provincial, a pesar de lo cual a su muerte, en 1952, le fue concedida una pensión a su viuda (AHD, Caja 132, expedientes personales).[122]

Jose Berenguer Ferrer (AHP, Caja 11337): médico titular de APD de Almenara, se le abrió expediente de responsabilidades políticas tras una denuncia de la guardia civil en la que se afirmaba que estuvo afilado al Partido Comunista, que fue teniente médico en el ejército republicano y que había colaborado con las autoridades municipales republicanas. El interesado desmintió todos los cargos con el argumento de que ya había sido investigado por la jurisdicción militar y que el auditor de guerra del ejército de ocupación había cerrado las diligencias previas n.º 6633-6, abiertas por los mismos cargos que ahora se le imputaban, sin responsabilidad. Además, aportó numerosas declaraciones de vecinos y conocidos acerca de su ayuda a personas del pueblo adictas a los rebeldes franquistas durante la contienda. Según informaba el delegado local de Falange «… como buen médico goza de alguna simpatía profesional y algunas personas se han atrevido a avalarle…». Fue exonerado de culpa en marzo de 1942, tras tener que demostrar el inculpado su inocencia[123] y no poder disponer de sus bienes durante los más de dos años que duró la investigación.

José Candela Ortells (AHP, Caja 11191): Afiliado al Partido Comunista, también fue voluntario al frente, en este caso como jefe médico de la columna Casas Sala que salió de Castelló. Fue condenado, en la misma causa que Luis Senís Almela (sumario 524 de 1937), por adhesión a la rebelión, a treinta años de reclusión mayor más las accesorias de inhabilitación e interdicción civil. En su caso la pena fue conmutada por la de seis años de prisión más las accesorias ya que, aunque su inclusión en la columna parece ser que fue poco menos que impuesta, su grado de colaboración con las autoridades republicanas, al parecer, fue mayor que en el caso de Luis Senís, al que la pena le fue conmutada por tres años de prisión. Depurado y expulsado de su puesto en el Hospital Provincial al igual que su compañero Senís, en diciembre de 1938 (AHDP, Caja 65). Fue también condenado a

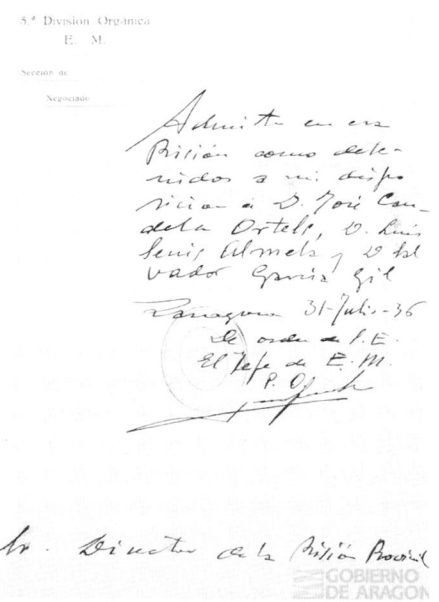

Mandamiento de prisión de José Candela Ortells y Luis Senís Almela (Fuente: Tribunal Militar Togado nº 32, Zaragoza).

---

[122] Juan B. Bellido Blasco hace un sentido y documentado recordatorio de la vida de su abuelo, que se puede encontrar en: https://memoriacastello.cat/remembranza-juan-bautista-bellido-tirado-medico-y-decano-del-hospital-provincial-de-castellon/ (acceso el 11 de octubre de 2022).

[123] En estos procesos siempre el inculpado debía demostrar su inocencia, más que la acusación demostrar la culpa del acusado. Este es un expediente muy bien documentado, con profusión de declaraciones y muy fácil de consultar en el Archivo Histórico Provincial, ya que recientemente se ha digitalizado.

pagar una multa de doscientas pesetas en el expediente de responsabilidades políticas que se abrió. Al acabar su condena se va a Valencia, siendo su familia quien tiene que ayudarle para empezar de nuevo su ejercicio libre; además debe complementar sus ingresos admitiendo huéspedes en su casa ya que fue obligado a reintegrar todo el sueldo percibido durante su servicio en el ejército republicano, en total 6812,50 pesetas (Palomar Martínez, 2012). No consta expediente de rehabilitación ni readmisión en su puesto de trabajo.

José María Chirivella Soria (AHP, Caja 10091): Médico en Benlloch, afiliado a Izquierda Republicana. Según su expediente de responsabilidades políticas era anticatólico y negaba la existencia de Dios en público, activista del Frente Popular y de conducta moderada durante la guerra, según un informe de la Alcaldía. Según consta por testimonios del expediente, intervino en la liberación de un derechista del pueblo arrestado al inicio de la guerra y en otro informe del jefe local de Falange de Vilanova d´Alcolea, se dice que su comportamiento fue bueno con los derechistas de esa localidad, mientras prestó servicio allí accidentalmente al principio de la Guerra. A pesar de ello fue condenado a tres años de inhabilitación para ocupar puestos de mando y una multa de cien pesetas. Tras la Guerra se fue a Fuenterrobles (Valencia) y posteriormente a Massanassa, donde vivía sin ejercer en marzo de 1941.

Joaquín Coret Moreno (AHP, Caja 11357): Ejercía como médico de Asistencia Pública Domiciliaria en Vila-real. Hay una propuesta de instrucción de expediente de depuración del jefe provincial de Sanidad al gobernador civil de fecha once de diciembre de 1939. No he encontrado el expediente, pero en el archivo del Ayuntamiento de Vila-real se conserva el oficio de la Dirección General de Sanidad fechado el seis de julio de 1940, según el cual fue sancionado con la inhabilitación para puestos de mando y confianza durante tres años (Arxiu Municipal de Vila-Real. Signatura 82/1940). Falleció en junio de 1953 a los sesenta y dos años de edad.

Teófilo Díaz-Caballero Laguardia (AGHD, Sumario 12637, Caja 18888, n.º 1): Era médico titular de Moncofa el dieciocho de julio de 1936. Perteneció a Solidaridad Internacional Antifascista y a UGT. Hasta julio de 1938, según informes de la Alcaldía y la Guardia Civil de Nules fechados el diecisiete de septiembre de 1939, era «apolítico y queridísimo de la población» y «persona de intachable conducta moral, pública y privada». En julio de 1938 es obligado a evacuar a Valencia donde trabajó en un hospital controlado por la CNT. Según un informe de la delegación de Falange de Valencia fue encarcelado allí varias semanas por el SIM de la República, por desafecto. Al final de la Guerra fue encarcelado por los franquistas. Se le abre procedimiento sumarísimo de urgencia por el delito de auxilio a la rebelión. Recibió la libertad condicional el veintiocho de septiembre de 1939 con resolución de prisión atenuada en su domicilio. Absuelto por sentencia de diecisiete de enero de 1940. En el mismo procedimiento fue condenada una amiga suya, Úrsula Martínez García a una pena de doce años y un día de reclusión menor por el mismo delito.

Ángel Esquembre Carreras (AHP, Caja 10096): Era natural de Villena, pero ejercía en Almassora. Fue fundador de Izquierda Republicana en esa localidad y concejal del Ayuntamiento. Miembro del Comité Local Antifascista durante la Guerra. Se dice en el expediente de responsabilidades políticas que requisó veinte mil pesetas a personas significadas de derechas, que utilizó para montar un hospital para atender heridos de guerra. Llegó a comandante del Ejército republicano; unos días antes de la entrada de las tropas franquistas en la localidad evacuó el hospital y huyó. Un informe de la Guardia Civil de 1940 lo sitúa en Argel tras la Guerra y a su esposa viviendo en Vila-real. Carecía de bienes en Almassora. Se empezó a instruir el expediente, pero al constatar que no había bienes a su nombre y no encontrar a su mujer (la Guardia Civil de Vila-real informa en 1942 que no tiene constancia de su estancia en esa localidad, ni de que el inculpado tuviera familiares allí), por lo que no habría de dónde cobrar la posible sanción, se acuerda sobreseer el expediente el treinta de junio de 1944. Una anotación en su ficha personal del Colegio dice que falleció en Orán (Argelia) el veintitrés de diciembre de 1947.

Juan Bautista Flors Goterris (AHP, Caja 10102): Destacado izquierdista desde antes de la sublevación militar, «… muy propagandista del funesto Frente Popular, aplaudiendo el asesinato de Calvo Sotelo». Fue secretario del sindicato de médicos de UGT (de afiliación obligatoria si se quería ejercer en alguna entidad pública), director del hospital de campaña que se montó en el Camino del Mar de Castelló. Se incorporó al Ejército republicano donde alcanzó el grado de teniente médico y estaba con él en Lleida, cuando fue tomada por las tropas franquistas. «Considerado peligroso y desafecto para el nuevo Estado español». Tras la Guerra salió de España y un informe de la Comisaría de Policía de Castelló de agosto de 1940 lo sitúa en Centroamérica, en la isla de Santo Domingo. Varios informes del expediente coinciden en que no hay bienes a su nombre, «pero sí a nombre de su padre». La sentencia del tribunal de responsabilidades políticas es de siete de abril de 1941: ocho años de inhabilitación para los cargos comprendidos en el artículo once (ver nota al pie número 57) y multa de cinco mil pesetas. Por resolución de cuatro de octubre y en aplicación de la ley de 19 de febrero de 1942, que estipulaba la prescripción de las sanciones y el archivo del expediente correspondiente en todos los casos en que la fortuna del inculpado condenado no excediera las veinticinco mil pesetas, el tribunal acuerda su sobreseimiento y la liberación de todos los bienes del inculpado. Depurado, fue desposeído de todos sus puestos profesionales.

Gonzalo Freixes Blasco (AHP, Caja 10072): Se inició el expediente el seis de noviembre de 1939 y acabó el quince de diciembre. El primer documento es un testimonio de sentencia de diecisiete de agosto del consejo de guerra sumarísimo de urgencia número 3998-C, seguido contra el doctor Freixes, natural de Valencia, vecino y médico titular de Benicarló, por un delito de adhesión a la rebelión, por el que fue condenado a reclusión perpetua más «… las accesorias legales y las responsabilidades civiles que posteriormente se determinen». En ese testimonio se considera probado que era notorio izquierdista y de «depravada conducta moral», de haber intervenido en saqueos y expoliaciones y de anticlerical. Nombrado director del hospital de sangre de la localidad por sus convicciones políticas. Se le acusa de inspirador del asesinato de otro médico de la localidad, el doctor Santiago Añó, que fue detenido y asesinado por milicianos en octubre de 1936. El tribunal regional de responsabilidades políticas de Valencia, en sentencia número 235 de treinta de diciembre de 1939, reconoce que no dispone de bienes, pero le condena a una multa de siete mil quinientas pesetas. Al carecer de bienes el inculpado, el mismo tribunal, el día seis de mayo de 1940 acuerda archivar provisionalmente el expediente «[…] hasta que conste al Tribunal que el encartado

Instancia del Dr. Freixes, solicitando el destino de médico auxiliar en la prisión de S. Miguel de los Reyes, en Valencia. (Fuente: Archivo del Reino de Valencia)

ha mejorado de fortuna». Gonzalo Freixes salió de prisión en libertad condicional el veintiocho de enero de 1942, tras haber pasado más de tres años encarcelado y haber redimido por su trabajo como médico auxiliar en la prisión un total de 413 días.

El veintiséis de noviembre de 1946 se sobresee definitivamente el expediente de responsabilidades políticas, en aplicación del artículo 8 de la ley de 19 de febrero de 1942, que condonaba todas las multas impuestas a personas cuyos bienes no superaran las veinticinco mil pesetas.

Manuel Garcerán Bordón (AHP, Caja 10088): Expediente iniciado en octubre de 1940, previa denuncia de la Alcaldía de Segorbe. Médico titular en Segorbe desde principios de siglo. Secretario de la Junta Municipal de Sanidad desde 1913. En 1919 la corporación municipal acordó expresarle su agradecimiento por su trabajo durante la epidemia de gripe recién pasada. Afiliado a Unión Republicana, propagandista del Frente Popular y de la laicidad del Estado. El ocho de febrero de 1940, previo informe del Colegio de Médicos, fue nombrado presidente de la sección comarcal de Segorbe del Colegio por el gobernador civil. Sufrió depuración y fue apartado de su puesto de médico titular, por lo que tuvo que dimitir de su puesto en la corporación colegial. Se le abrió expediente de responsabilidades políticas y el inculpado presentó una declaración jurada de bienes por valor total de ciento cinco mil pesetas. Constan numerosos informes de vecinos e instituciones de Segorbe en su defensa y en varios de ellos se dice que fue detenido en junio de 1938 por agentes del SIM republicano y llevado a la cárcel de Llíria, sin precisar el tiempo que pasó allí. Por sentencia de veintiséis de abril de 1941 fue condenado a inhabilitación para puestos de mando durante tres años y multa de cinco mil pesetas.

Tomás García Vilar (AHDP, Caja 64): Afiliado al partido Radical y a UGT en su condición de funcionario. Sufrió un expediente de depuración, pero no constan sanciones sobre él.

Enrique Garí Martinavarro (AHP, Caja 10086). Médico de Almassora, fue teniente alcalde de su ayuntamiento antes del dieciocho de julio. Afiliado al Partido Radical y uno de los fundadores de Unión Republicana en Almassora. Voluntario en el frente de Teruel entre agosto de 1936 y febrero de 1937. Fue nombrado director de los hospitales Uno y Dos del frente en Mora de Rubielos y posteriormente médico de la base aérea del Castelló republicano. Alcanzó el grado de capitán médico en el ejército republicano. Era persona «… netamente izquierdista y muy peligrosa para el Estado español», según el informe policial que figura en su expediente. Fue apresado en Cataluña, donde ejercía como médico en un hospital de guerra republicano y encarcelado. Condenado en consejo de guerra ordinario de la rama de Aviación número 661/1940 a doce años y un día de reclusión menor más la accesoria de inhabilitación absoluta durante ese tiempo por auxilio a la rebelión. En su expediente de responsabilidades políticas figura una detallada relación de sus bienes, que sirvieron para condenarle a una multa de dos mil pesetas el cuatro de abril de 1944.

Julián Garí Martinavarro (AHP, Caja 10086): Natural de Almassora, residente y con ejercicio en Castelló. El expediente se inicia por una denuncia de la Comisaría de Policía de Castelló. El inculpado: «Comentaba favorable y apasionadamente las actuaciones del funesto Azaña, del que era ferviente admirador» y, aunque de ideología izquierdista, «ha observado buena conducta y no se le conoce ningún hecho delictivo», según informe de la Alcaldía de Castelló. Era un notable propietario de tierras de labor y naranjos en Almassora, Borriana y Castelló por valor aproximado de ciento treinta mil pesetas, así como de títulos de deuda pública por valor de cuarenta y cinco mil pesetas. Constan en el expediente de responsabilidades políticas varios informes a su favor acerca de su profesionalidad y falta de ideales y actuaciones políticas, tanto de vecinos de Castelló como de un párroco y un militar. Por sentencia de veintidós de abril de 1941 fue condenado a inhabilitación para cargos de confianza durante tres años y multa de cien pesetas. Bastaba un comentario hecho años antes incluso de comenzar la Guerra, para ser condenado por las autoridades franquistas.

Ramiro Herrero Silvestre (AHD, Caja 64): Médico oftalmólogo por oposición en el Hospital Provincial desde 1925. Depurado en agosto de 1938 y ratificado en su cargo sin sanción.

Primitivo Gozalbo Pérez (AHP, Caja19637): Titular de APD de Tírig. El expediente está incompleto y solo se conserva un informe del alcalde de la localidad fechado el veinte de junio de 1940. Está dirigido al juez de responsabilidades políticas de Castelló «por si tiene a bien ordenar la instrucción del oportuno expediente» e informa sobre los antecedentes políticos del Dr. Gozalbo. También dice como el Dr. Gozalbo abandonó el pueblo ante el avance de las tropas franquistas y no volvió hasta meses después de acabada la Guerra. Por el tenor del informe en el que se le acusa de connivencia con las autoridades republicanas, lo lógico es suponer que se instruyó el expediente, pero no se conserva. Fue depurado por la Dirección General de Sanidad y por el Colegio, con sanción en ambos casos de traslado forzoso de residencia dentro de la provincia.

Antonio Jornet Noguera (AHP, Caja 11357): Era médico titular de Cinctorres, donde había llegado procedente de la provincia de Alicante, represaliado allí por los vencedores. Ejerció allí hasta su jubilación por edad, a principios de 1945. El julio de 1945 recibió orden del Gobierno Civil de abandonar el pueblo.

Vicente Kuster Alfonso (AGHD, Sumario 14508, caja 19739, n.º 3). Era natural de La Habana (Cuba). Fue médico titular de Castillo de Villamalefa entre 1932 y abril de 1935 y de Xilxes hasta diciembre de 1936. Perteneció a la Federación Universitaria de Estudiantes, una muy destacada organización izquierdista en los años previos a la Guerra y en febrero de 1937 se afilió al Partido Comunista. Fundó el Sindicato Provincial de médicos de Castelló en septiembre de 1936, que fue la organización que se incautó y gestionó el Colegio de Médicos de la provincia. Lo presidió hasta julio de 1937 en que fue trasladado a los servicios centrales del ejército republicano, primero en Valencia y luego en Madrid. Consta en el sumario que se incautó del coche particular del doctor Llopis Albiol (que luego sería vocal de la primera Junta de Gobierno del Colegio designada por las autoridades franquistas tras la ocupación de la ciudad) para las actividades del Sindicato. Consta también en el sumario un documento en su defensa del médico Francisco Antolín Cebrián, a quien al parecer había protegido de la persecución a la que era sometido por miembros del Frente Popular. También consta que denunció como un «peligroso fascista» a un abogado de Castelló, Enrique Royo Cabrera, que luego testificó contra él en el juicio del consejo de guerra. Encarcelado en Valencia al acabar la guerra, se le incoó procedimiento sumarísimo de urgencia n.º 14508-V-39 por el delito de auxilio a la rebelión y fue condenado a doce años y un día de reclusión menor más la accesoria de inhabilitación absoluta durante el tiempo de la condena, según sentencia de veintiuno de noviembre de 1941. En la sentencia el mismo tribunal propone la conmutación de la pena impuesta por la de seis años y un día de prisión mayor, al amparo de las normas anexas a la orden de 23 de noviembre de 1941. Se le concedió el beneficio de la prisión atenuada en domicilio, con la obligación de presentarse en el juzgado cada quince días. Extinguió condena y recibió la libertad definitiva el veintiséis de agosto de 1945, fijando su residencia en Valencia. Antes, el COMCAS en sesión de marzo de 1942, le había depurado y condenado a suspensión del ejercicio en la provincia durante diez años.

Pedro Lorás Lorás (AHP, Caja 10074): Médico titular de La Mata de Morella. Según su expediente de responsabilidades políticas huyó del pueblo a la entrada de las tropas franquistas, pero ya hemos visto como hay fuentes que aseveran que fue fusilado nada más entrar estas en la localidad, el seis de abril de 1938[124] (Palomar Martínez, 2012). La «justicia» franquista perseguía hasta a los muertos. Su expediente de responsabilidades políticas se inicia en diciembre de 1939, con un minucioso inventario de los utensilios y enseres (muchos de ellos libros e instrumentos de Medicina) que había en su casa, deshabitada desde su asesinato. Consta en él como afiliado a Izquierda Republicana y gran activista político. Se dice que favorecía a los votantes de izquierda cobrándoles menos por sus consultas. Se le acusa de pendenciero y de provocar serios altercados con personas de derechas; se dice en el expediente que agredió al cura de la localidad, celebrando su detención y posterior asesinato. El expediente se resolvió el dieciocho de marzo de 1940 y la sentencia fue de inhabilitación absoluta durante ocho años, destierro durante ese tiempo a doscientos cincuenta kilómetros de la provincia de Castelló y una multa de tres mil pesetas. El veintisiete de junio de 1941, su «hermano y heredero» Juan Lorás Lorás

---

[124] Fuente: http://memoriahistorica.dival.es/recursos/bases-de-datos/victimas-de-la-represion-franquista-cv/page/25/?busca=L . Los datos que esta página web publica, proceden de *Els afusellaments en el Pais Valencià (1938-56)*. Gabarda Cebellán V. Universidad de Valencia, 2011 y están divulgados en esa página web con autorización del autor. En la primera edición impresa de este libro de 1993 y en la segunda de 2007, que figuran en el índice general de referencias bibliográficas, sólo figuraba como médico fusilado Emilio Almela Rochera, de Burriana. Otras fuentes que dan a Pedro Lorás por muerto por las tropas franquistas a su entrada en La Mata de Morella son Palomar Martínez (2012) y Porcar Orihuela y Mezquita Broch (https://www.memoriacastello.cat/11050600.html).

comparece en la Intervención de Hacienda de Valencia para satisfacer la multa, única forma posible que había para poder disponer de los bienes de su hermano asesinado. Esa libre disposición fue publicada en el BOE de 16 de septiembre de 1941.

Julio Mas Pastor (AHP, Caja 10164): Médico titular de Ribesalbes. El expediente se abrió el once de marzo de 1940. Era un hombre de convicciones de izquierdas que daba mítines criticando a las dictaduras y alabando al marxismo. En la campaña electoral de febrero de 1936 dio un mitin desde el balcón del Ayuntamiento y se afirma en el expediente que presionaba a los vecinos acerca del sentido de su voto y que perdonaba la iguala a quien votaba a partidos de izquierda, lo que él negó siempre. Colaboró con Federica Montseny cuando esta fue ministra de Sanidad. Prestó servicio en el hospital de guerra de L'Alcora y alcanzó el grado de teniente en el Ejército republicano. A la entrada de las tropas franquistas en Ribesalbes fue inmediatamente detenido y encarcelado en Lucena; liberado tempranamente,[125] pasó a ejercer en esa localidad. En el expediente hay una certificación de un notario de Valencia, según la cual fue sometido a un expediente de depuración del que fue absuelto y también a un consejo de guerra sumarísino de urgencia (número 1235), que se sobreseyó el veintidós de marzo de 1938 (posible causa de su temprana liberación de la cárcel de Lucena). El ocho de abril de 1940 el secretario del Colegio de Médicos, Agustín Rallo Segarra, expide certificación con el visto bueno del presidente, según la cual Julio Mas fue siempre hombre defensor de los valores tradicionales e intereses de la clase médica y había desempeñado a plena satisfacción cargos representativos en nuestra institución. El inculpado declara poseer bienes por valor de cincuenta y ocho mil quinientas pesetas. Condenado finalmente por responsabilidades políticas a una multa de veinte mil pesetas, obtuvo el beneficio del pago a plazos y constan dos pagos de cinco mil pesetas, aunque no consta la satisfacción completa de la multa. El veintiocho de enero de 1960 su hija recibió la notificación del indulto de las cantidades que pudieran quedar por pagar y la liberación completa de sus bienes; él había fallecido unos años antes.

José Montoya Fenollosa (AHP, Caja 10068): Expediente de responsabilidades políticas abierto en virtud de sentencia de consejo de guerra previo del tribunal permanente número 4 de Castelló, sumarísimo de urgencia número 1995, que en sentencia de once de julio de 1939 le condenó por un delito de auxilio a la rebelión a la pena de doce años y un día de reclusión menor, con la accesoria de inhabilitación absoluta durante ese tiempo. Era médico en Borriana, y según el testimonio de sentencia referido era notorio izquierdista, pretendió asaltar el cuartel de la Guardia Civil de Borriana al frente de un grupo armado en septiembre de 1936 y se incorporó voluntario al Ejército de la República con el grado de capitán. Según consta en el expediente, era heredero de la tercera parte de la fortuna de sus padres, valorada en trescientas mil pesetas entre bienes rústicos, urbanos y mobiliarios. Por sentencia de fecha dieciséis de enero de 1940 fue condenado a pagar treinta y tres mil quinientas pesetas de multa. Esta sanción debía pagar a plazos: diez mil pesetas a los tres meses de la sentencia y tres plazos anuales de

---

[125] En el expediente figura el preceptivo informe que el alcalde de la localidad de residencia del inculpado debía elevar al tribunal de responsabilidades políticas, con los antecedentes y actividades políticas de éste. En este informe se lee: «Hasta el momento no se ha podido averiguar por qué motivo fue puesto en libertad».

ocho mil, ocho mil y siete mil quinientas pesetas pagaderos en los primeros cinco días de mayo, aunque para esa concesión sus dos hermanas, ambas farmacéuticas residentes en Madrid, tuvieron que constituirse en fiadoras ante el tribunal. También fue sancionado por el Colegio de Médicos con inhabilitación para ocupar cargos de confianza en la corporación o en organizaciones de índole sanitaria (acta de la Junta de Gobierno del COMCAS de seis de noviembre de 1941). Encarcelado primero en Castelló, fue trasladado a la prisión habilitada en Sigüenza, donde prestó servicios como médico, redimiendo penas por trabajo hasta su puesta en libertad condicional en junio de 1941. En el BOE de 10 de febrero de 1955 se le adjudica una plaza de tocólogo del Seguro Obligatorio de Enfermedad en Sigüenza (Guadalajara).

Manuel Palomo Pallarés (AHP, Caja 11031): Solo figura el testimonio de sentencia del consejo de guerra a que fue sometido, que como ya hemos dicho era condicionante para sufrir un expediente de responsabilidades políticas. Según la documentación a que he podido tener acceso en este caso, Manuel Palomo era médico titular de Villafranca del Cid y fue sometido a consejo de guerra sumarísimo ordinario número 22-C por presunto delito de rebelión. Se le acusa de un delito tan grave por el simple hecho de no presentarse a declarar como testigo habiendo sido citado para ello por el tribunal de otro consejo de guerra, el número 3859-C. Se demostró que había justificado previamente por escrito su ausencia, basándose en que era el único médico en Villafranca y encargado de la asistencia de los pueblos limítrofes y fue absuelto.

Juan Peña Arnau (AHP, Caja 11031): Afiliado al Partido Socialista y a UGT. Médico de guardia del Hospital Provincial por oposición desde 1920. Fue voluntario como médico en el Ejército republicano al frente de Teruel. A su regreso a Castelló fue vicepresidente de la sección de médicos de la UGT. Sometido a consejo de guerra sumarísimo de urgencia (causa 347-C) y condenado por un delito de auxilio a la rebelión a doce años y un día de reclusión mayor con las accesorias de inhabilitación, interdicción y pago de responsabilidad civil, el treinta de agosto de 1938. La pena le fue conmutada por dos años de prisión en enero de 1940 y salió de prisión en julio de ese año, estableciéndose en Alcalá de Xivert, ya que había sido separado del servicio en el Hospital por el expediente de depuración abierto. Su expediente de responsabilidades políticas está incompleto, solo existe el testimonio de sentencia del consejo de guerra a que fue sometido. En septiembre de 1948 el gobernador civil deniega la revisión de su expediente de depuración al mismo tiempo que los de los Dres. Bellido Tirado y Senís Almela. Fue readmitido en diciembre de 1952, pero sin derecho a los salarios dejados de percibir (AHDP, Actas de la Diputación).

Miguel Peña Masip: Médico, escritor e intelectual republicano y valencianista. Fue detenido y sufrió cárcel en la década de los años veinte por conspirar contra la Dictadura de Primo de Rivera. Constituirá la agrupación Acción Republicana en febrero de 1931 y se integra en Esquerra del País Valencià. Fue uno de los redactores de *Les Normes del 32*, que fijaron el uso del idioma valenciano. Perteneció al Ateneo Racionalista y al sindicato de médicos de UGT. Nombrado durante la Guerra médico municipal interino y designado para habilitar en Benicàssim un hospital donde acoger heridos de las Brigadas Internacionales. Después fue a Barcelona al hospital de Vallcarca y de allí a Francia y México. Mientras está en el exilio, el tribunal de responsabilidades políticas, el diecinueve de marzo de 1940, le inhabilita por ocho años y condena al pago de una multa de veinte mil pesetas. Vuelve a Castelló en 1973 donde morirá el veinticinco de febrero de 1975 por una insuficiencia cardiaca (Palomar Martínez, 2012).

Rafael Ribes Gómez (AHDP, Cajas 64 y 65): Afiliado a la CNT y a Unión Republicana. En plantilla en el Hospital Provincial desde 1913. Fue separado de su puesto de médico de electroterapia en el Hospital por no ser afecto al régimen, aunque fue readmitido en junio de 1940. No obstante, al haber sido suprimido ese puesto de trabajo «por dificultades presupuestarias» fue obligado a coger una excedencia forzosa, percibiendo las dos terceras partes del sueldo que cobraba.

Julio A. Roca Chillida (AHDP, Caja 64): Afiliado a UGT y al Partido Radical. Médico de sala del Hospital Provincial por oposición desde 1925. Depurado, no constan sanciones.

Manuel Rozalén Sales: en la Causa General instruida por el franquismo, en las declaraciones de testigos de la pieza principal de la provincia de Castelló figura como miembro destacado de Izquierda Republicana y un importante propagandista del Frente Popular; se dice de él: «mangoneador y se cree que era masón».[126] Sometido a consejo de guerra sumario 2552 de 1939 (AHGD, caja 13879, n.º 9) con resultado de una condena de doce años y un día de reclusión menor. Fue dado de baja en el Colegio en sesión de dieciséis de marzo de 1940 por acuerdo del Consejo Directivo, «…por hallarse cumpliendo condena impuesta por los tribunales de justicia por su actuación contraria al Alzamiento Nacional de 1936». Por haberse concedido la libertad provisional y proponiéndose reanudar el ejercicio profesional, solicita su reingreso en el Colegio, concediéndosele en sesión de seis de noviembre de 1941, para ejercer como sustituto en Ludiente. Depurado en sesión de veintiuno de octubre de 1942, se le impuso la sanción de inhabilitación para puestos de mando y confianza, mas prohibición del ejercicio de la profesión en el lugar de residencia que tenía el dieciocho de julio de 1936 durante seis meses. El *Boletín Oficial del Estado* n.º 127, de 7 de mayo de 1954 (pag. 3065), le adjudica plaza en el Seguro Obligatorio de Enfermedad como pediatra.[127]

Luis Senís Almela (AHDP, Caja 64): Natural de Valencia y vecino de Castelló desde 1926. Colegiado en Castelló desde septiembre de 1924, ejerció primero en Chóvar dos años y luego en la capital. Perteneció a Unión Patriótica, partido fundado por el general Primo de Rivera. Médico cirujano del Hospital Provincial y de la Casa de Socorro por oposición desde 1929, pidió excedencia en la Casa de Socorro en mayo de 1930. Según algunas informaciones se afilió al Partido Socialista. Fue al frente voluntario como médico de la columna Matteotti y apresado por las tropas franquistas junto al Dr. Candela Ortells. Sufrió consejo de guerra celebrado en Zaragoza y fue penado en la causa 524/37 por adhesión a la rebelión a treinta años de reclusión mayor más las accesorias de inhabilitación

---

[126] Legajo 1398, caja 1, expediente 6, folio 91.

[127] En la misma disposición administrativa se adjudican plazas en el Seguro Obligatorio de Enfermedad a muchos otros destacados médicos castellonenses, que sufrieron la represión de las autoridades franquistas tras la Guerra, caso de Juan B. Palomo, Luis Senís, Manuel Agut, Julio Roca, Vicente Simón o Julio Alcón.

e interdicción civil.[128] Cesado en su puesto del Hospital Provincial en noviembre de 1938. La pena le fue conmutada por la de tres años de prisión en 1940 más las accesorias de la primera condena, ya que se demostró que su inclusión en la columna Matteotti había sido poco menos que impuesta por las autoridades republicanas y que aportó capital para la Iglesia y reconstrucción del templo de Santa María. El expediente de responsabilidades políticas se sustanció el catorce de mayo de 1941 con una multa de mil pesetas (AHP, Caja 10092). Fue depurado y expulsado de su puesto de trabajo en el Hospital. La junta de gobierno del COMCAS no consideró procedente sanción alguna según acuerdo de veintiséis de febrero de 1942. Tras cancelar definitivamente sus antecedentes penales en septiembre de 1946, fue rehabilitado en el escalafón de médicos de Asistencia Pública Domiciliaria por acuerdo de Consejo de Ministros de dieciocho de agosto de 1947, aunque «… con pérdida de los ascensos que hubieran podido corresponderle y sin derecho a emolumentos durante el tiempo de inhabilitación». A pesar de esto el Gobierno Civil, el catorce de septiembre de 1948, deniega la revisión de su expediente de depuración, al tiempo que los de Juan B. Bellido Tirado y Juan Peña Arnau (AHP, Caja 11191). Fue rehabilitado en su cargo de médico de la Beneficencia Provincial mediante acuerdo del Pleno de la Diputación de veinticinco de agosto de 1950 (AHDP, Caja 64). Luís Senís Almela fue nombrado colegiado honorífico por la Junta de Gobierno del Colegio en su sesión de doce de marzo de 1970.

Vicente Simón Sabater (AHGD, Sumario 355-M-39, legajo 6496): Fue admitido como colegiado en la sesión de Junta de Gobierno de quince de mayo de 1923 como médico titular de Tales, ingresando en esa misma junta en el Cuerpo de Médicos Titulares. Permaneció en Tales tres años y marchó a París a estudiar oftalmología, donde estuvo otros tres años. A su vuelta a Castelló abrió consulta privada de oftalmología en su domicilio de la calle Gasset 4. Casado con Elvira Peña Masip, hermana de Miguel, tuvo una hija, Elvira. Según el sumario, durante la Guerra Civil trabajó en el Hospital y por orden del Ministerio de Defensa de la República, de veintiocho de agosto de 1937, es asimilado al empleo de capitán médico, a las órdenes del director del hospital base con sede en Castelló. La víspera de la ocupación de Castelló por las tropas franquistas fue evacuado hacia Lorca. Allí trabajó unos meses en el hospital militar y solicitó la desasimilación que se le concedió. Estando en Lorca fue investigado por el SIM republicano por unas supuestas manifestaciones derrotistas para con el Gobierno de Negrín. En febrero de 1939 fue destinado al Hospital Militar de Albacete, al ser movilizada su quinta por el Gobierno de la República. En ese empleo le sorprendió la entrada de los franquistas en aquella ciudad y fue detenido de inmediato e ingresado en la cárcel de allí. Hay varios testimonios en el sumario de que «era persona de acrisolada honradez e intachable conducta, incapaz de inmoralidad ni acción delictuosa de ninguna especie» (testimonio firmado por dieciocho médicos), así como de favorecer a gente de derechas, declarándoles incapaces para el servicio militar en el tiempo en que Castelló permaneció leal a la República (testimonio de un sacerdote), así como de proteger a otro sacerdote (testimonio de otro sacerdote que era capellán de la Armada). Por el contrario, el delegado provincial de Falange de Castelló, en informe fechado el veintiocho de noviembre de 1939, lo tacha de «izquierdista y propagador de ideas facciosas». En julio de 1939

---

[128] En el testimonio de sentencia que figura al inicio de su expediente de responsabilidades políticas, es la misma causa, pero la sentencia que aparece es reclusión perpetua, con una propuesta del tribunal sentenciador de conmutársela por la de seis años de prisión menor.

fue trasladado al entonces reformatorio de adultos de Ocaña. Trabajó como médico en la enfermería del penal y fue puesto en libertad el veinte de diciembre de ese año.

A su regreso a Castelló reabrió su consulta tras comprar todo el material preciso de segunda mano, ya que su consulta privada había sido requisada y había desaparecido todo el material que allí había y trabajó en ejercicio libre. El dieciséis de marzo de 1940 la junta de gobierno del COMCAS dictamina que no procede acordar el reingreso de Vicente Simón Sabater en la Corporación, ya que nunca se fue de ella; solo tuvo que presentar la preceptiva declaración jurada de actividades para su depuración. Con fecha seis de marzo de 1943, la justicia militar franquista decreta el sobreseimiento provisional de su causa en aplicación del artículo 538 del Código de Justicia Militar, al no resultar debidamente justificada la comisión del delito imputado. El sobreseimiento definitivo fue el veintinueve de marzo de 1947. En el BOE n.º 127, de 7 de mayo de 1954, figura su acceso definitivo a una plaza de oftalmólogo del SOE en el sector de Castelló. Murió en 1973.

Carta de Vicente Simón a su hija Elvira desde la prisión de Ocaña, fechada el veinticinco de octubre de 1939. (Cortesía del Dr. Victorino Aparici Simón, nieto del Dr. Simón Sabater).

El doctor Simón Sabater sufrió varios meses de presidio sin sentencia condenatoria y por cortesía de su nieto, el doctor Victorino Aparici Simón, podemos acceder a alguna de las cartas que escribió desde la cárcel a su esposa e hija, en aquel momento una niña de siete u ocho años. Vemos en ellas una enorme sensibilidad y cariño hacia los seres queridos, así como a un auténtico artista que entretenía a su hija con preciosos dibujos y textos. Eso sí, siempre con el saludo a Franco y España como encabezamiento, ya fuera una carta puramente infantil o más seria; y siempre hablando de asuntos familiares, sin mencionar condiciones de vida en el penal (si no era para bien), ni hacer la menor crítica de las autoridades.

Otra carta de Vicente Simón a su hija. (Cortesía del Dr. Victorino Aparici Simón, nieto del Dr. Simón Sabater).

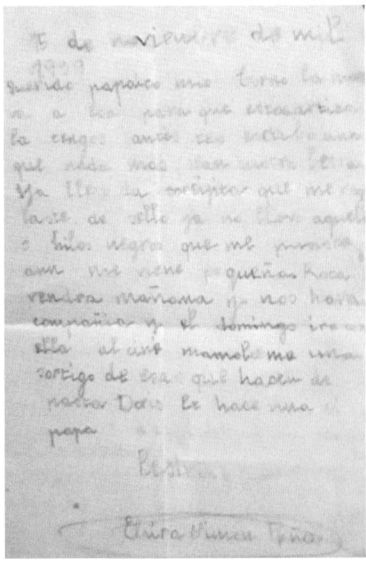

Una contestación de la niña a su padre. (Cortesía del Dr. Victorino Aparici Simón, nieto del Dr. Simón Sabater)

Ocaña, 12 de agosto del Año de la Victoria
Queridísima Elvira y Elvirín mías:
En este momento acabo de recibir el paquete postal con el tabaco, el turrón y lo más importante, los dos retratos de mis moninitas. Está guapísima. Es una verdadera hermosura. En estas sí que está bien, pues es ella tal como debe estar ahora. Se lo he enseñado a todos los amigos. Estoy que reviento de alegría. Yo no sé como hacerlo, pero sólo me faltaba esto después de la carta de Gari. Monina mía: estás hecha una mujercita muy mayor y extraordinariamente guapa. Ya sabía yo que sería así y me ha gustado también mucho la dedicatoria. Ayer recibí también tu postal, Elvira. Así da gusto, siempre, continuamente cosas vuestras. Sin embargo no me fío nada de como te encuentras y porqué vas tantas veces a Castellón, cuando lo que a ti te conviene es descansar. Dime porqué y si te encuentras mejor o no. A Marino ya le escribí ayer al Seminario de Valencia, pues no sé su domicilio. Ya veremos qué me dice, pero de todas formas los amigos de por aquí están todos muy optimistas y me hacen estarlo a mí también. Pero de momento yo estoy contentísimo, pues no sé deciros lo que me han gustado estos retratitos. Después de catorce meses sin verla es donde me ha dado más la urgencia de verla y tenerla delante ¡Pero qué mayor está! Hija mía querida: parece mentira. Enfin, estoy contentísimo y estoy bien, como siempre; y no me falta el apetito y también duermo bien, de manera que a ver si vosotros todos os animáis mucho también. Y tu Elvira, por lo que más quieras, cuídate mucho y dime lo que te pase. Y de Elvirín, que no

me cuentas lo que hace por las tardes, acuérdate de contármelo. Y como van los baños de sol de la tía Rosa. Tampoco yo he tenido carta y ya hace quince días lo menos que la escribí. (Ilegible en el original) recibiría la madre y Carmelo mi carta agradeciéndoles su felicitación, sé que son muchas las cosas (ilegible en el original). Dales más recuerdos míos. Y para ti Elvira, cuanto quieras mío. Y otro tanto para mi nena. Vuestro Vicente.

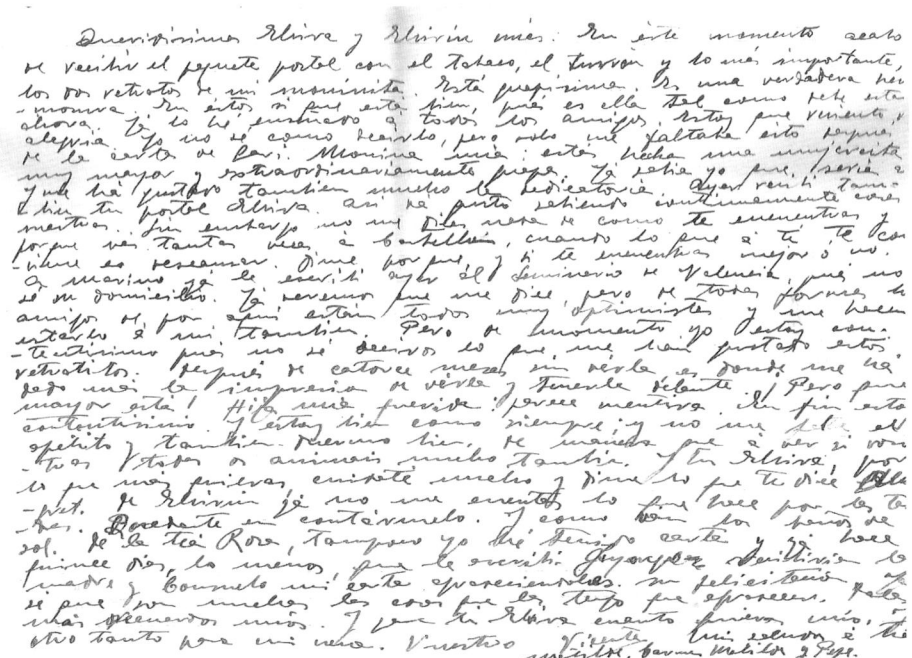

Esta carta la escribe Vicente Simón a su esposa. Nótese el cambio de letra. Cuando escribe a su hija se esfuerza por ser legible, mientras que cuando se dirige a su esposa utiliza su letra habitual. La transcripción se puede leer arriba. (Cortesía del Dr. Victorino Aparici Simón, nieto del Dr. Simón Sabater).

Siguiendo con nuestra historia de represión, en Castelló había una larga tradición de médicos masones y también la represión actuó sobre ellos por este delito, por más que ya hubieran sido juzgados y condenados en otras instancias. Estos fueron los médicos de Castelló sobre los que actuó el Tribunal Especial de Represión de la Masonería y el Comunismo (TERMC):[129]

Vicente Gea Mariño había sido presidente del Colegio de Médicos en dos períodos y desempeñado importantes cargos políticos, incluso llegó a ser presidente de la Diputación durante los dos primeros días de la República. Estuvo a punto de ser juzgado por responsabilidades políticas (ver nota al pie número 108). En su juventud había sido un notorio masón y el TERMC le incoó el sumario 1373 de 1944. El seis de octubre de 1945 se dictó sentencia condenatoria a doce años y un día de reclusión menor, que cumplió en prisión atenuada en su domicilio hasta que el dieciocho de febrero de 1948 el Consejo

---

[129] Estos datos se han obtenido de las tesis doctorales de Concepción Calvo Mas y Vicent Sampedro Ramos, que figuran en el índice general de bibliografía.

Portada del sumario que el TERMC abrió a Vicente Gea Mariño.
(Fuente: Centro Documental de la
Memoria Histórica, Salamanca)

de Ministros conmutó su pena, por la de separación e inhabilitación para cargos políticos y sindicales.

Rafael Arnau Catalá: ya hemos visto como se le abrió expediente de responsabilidades políticas y fue condenado en él. Pertenecía a la logia masónica de Nules y se le incoó sumario por ello, el 648 de 1949 el doce de junio. El Dr. Arnau se exilió a México al acabar la Guerra, por lo que se produjo el archivo definitivo de las actuaciones sin condena expresa el once de diciembre de 1950.

José Gil Valero. Nacido el 5 de octubre de 1861, murió en diciembre de 1929. Fue titular de APD de Vila-real. El hecho de figurar aquí es para significar la arbitrariedad de esta particular jurisdicción creada por el franquismo. A pesar de llevar muerto más de diez años, fue investigado por masón por el TERMC previa denuncia de Manuel Usó Jarque en su declaración de retractación de veintidós de mayo de 1940 (CDMH.TERMC. legajo 318. expte. 33). Se le incoó expediente número 167 de 1942. Perteneció a la logia Sol Naciente de Vila-real con el nombre simbólico de Leonardo da Vinci en la que se inició en marzo de 1926 (CDMH.TERMC. S.E. expte. 1667, Leg. 34). No hay otra documentación en el expediente, por lo que es probable que no se continuaran las actuaciones. La justicia franquista investigaba hasta a los muertos.

Miguel Peña Masip. También exiliado como se ha visto. El TERMC le abrió diligencias previas 89 de 1951. Solo se pudo documentar la solicitud de ingreso en la masonería, pero no su iniciación efectiva. El veinticinco de abril de 1952 se archivaron definitivamente las actuaciones.

2. El Colegio de Médicos de Castelló hasta los nuevos Estatutos del Consejo General de Colegios Oficiales de Médicos

Dejábamos a la Junta de Gobierno del COMCAS en la primera sesión tras acabar la Guerra, el treinta y uno de diciembre de 1939. La siguiente anotación en el libro de actas del Consejo es de fecha tres de enero de 1940. En esa reunión la Junta traspasó poderes a una nueva, que había sido designada por «la Superioridad». Fue designado presidente Ángel Sánchez Gozalbo y él, a propuesta del CGCOM, nombró los componentes de la nueva Junta de Gobierno, cuya composición se recoge en el anexo correspondiente. Del arqueo que se hizo en el traspaso de poderes resultó una cantidad de 8534,85 pesetas en los fondos del Colegio.

La primera medida adoptada por la nueva Junta fue dirigirse a todos los colegiados, recordándoles la obligación de cumplimentar la declaración jurada reglamentaria, a los efectos de dar cumplimiento a la orden ministerial sobre depuración de colegiados de seis de octubre de 1939; la segunda fue trasladarse en pleno, una vez acabada la sesión, al domicilio del gobernador civil a «testimoniarle el respeto y adhesión del Consejo a su persona y a la doctrina del Caudillo» y la tercera «realizar un solemne funeral en sufragio de las almas de los compañeros caídos, víctimas de la barbarie roja». También se acordó reunirse cuando fuera necesario a criterio del presidente y otros asuntos de trámite. [130] La sesión de uno de febrero de 1940 aprobó la propuesta de médicos para formar parte de los consejos comarcales.

Ángel Sánchez Gozalbo, presidente del Colegio entre 1940 y 1943. (Fuente: Colegio Oficial de Médicos de Castelló)

El período en que fue presidente Ángel Sánchez Gozalbo se inicia con importantes acuerdos de la Junta de Gobierno en lo que respecta a las depuraciones de los colegiados y es donde se concentra el grueso de la represión que el propio Colegio ejerció sobre los colegiados. La Junta aprueba considerar como bajas en el Colegio a todos aquellos colegiados que hubieran sido condenados por los tribunales por su actuación político-social o juzgados en rebeldía. También acordó hacer suyas las resoluciones de depuración de los médicos que habían trabajado para organismos públicos y actuar en este campo solamente referente a los médicos de ejercicio libre. El Colegio en aquellos momentos tenía la potestad de admitir o no la colegiación de cualquier médico y así, por ejemplo, acordó que no era necesario que Vicente Simón Sabater se colegiara de nuevo ya que nunca estuvo sin colegiar, ello a pesar de que, como hemos visto, pasó varios meses encarcelado. Solo le exigió presentar la preceptiva declaración jurada para la depuración. [131] Así mismo, suspendió temporalmente el reingreso de Juan B. Bellido Tirado hasta que el juez de depuraciones lo autorizase; [132] se estudian las primeras peticiónes de reingreso de Luis Senís Almela y Gonzalo Alonso Viana, que no se hacen efectivas hasta bastante más tarde, junto a la de Juan José Tomás Arnau; [133] y así varios otros colegas. Hay que recordar que la no colegiación implicaba la imposibilidad de ejercer la Medicina. En este período fue cuando se llevó a cabo más intensamente la depuración colegial como ya se ha expuesto más arriba, por lo que no me extenderé más sobre ello.

---

[130] *LACOMCAS*. Sesión de 3 de enero de 1940. Durante estos años de la inmediata posguerra, las juntas de gobierno del Colegio eran poco menos que inoperantes. Las dos primeras nombradas acordaron reunirse «a criterio del Presidente» y como se ve en el texto eso sucedía de forma muy espaciada en el tiempo y para discutir asuntos poco menos que de trámite o procesos sancionadores en el contexto de la depuración profesional de los médicos. Las directrices de funcionamiento venían rígidamente marcadas por el CGCOM y la autonomía de los colegios era casi inexistente. La falta de iniciativas de la Junta de Gobierno era tal que en la sesión de veintidós de septiembre de 1942, la Junta se felicita por las sesiones de actualización médica que se iban a celebrar el uno y dos de octubre siguientes «… por disposición del CGCOM».

[131] *LACOMCAS*. Sesión de 16 de marzo de 1940.

[132] *LACOMCAS*. Sesión de 8 de noviembre de 1940.

[133] *LACOMCAS*.. Sesión de 26 de febrero de 1942.

En este aspecto de su gestión, la Junta conoció la orden de la Dirección General de Sanidad de que fueran los colegios provinciales de médicos los encargados de depurar a las matronas, por lo que designó a Vicente Altava Alegre como juez instructor encargado de esas depuraciones.[134] La única referencia a esta actividad que he encontrado es que el Consejo estudió los expedientes de depuración de diez matronas de Castelló y acordó no sancionar a ninguna de ellas, es de suponer que siguiendo el criterio del instructor Dr. Altava, ya que los expedientes no se conservan en el Colegio.[135]

Pero la Junta de Gobierno colegial también acometió en esta época muchas otras tareas propias y necesarias en una organización que, como toda España en esa época, salía de una cruenta y destructora Guerra Civil y con un gobierno radicalmente diferente al anterior al 18 de julio de 1936, que propició un completo cambio legislativo que obligaba a un funcionamiento diferente al que había habido hasta ese momento.

En el aspecto organizativo y profesional se dio potestad al presidente para convocar reuniones de la Junta a su discreción y se aprobó la propuesta al Gobierno Civil de médicos para formar parte de los consejos comarcales,[136] sancionó con una multa de quinientas pesetas al médico de San Mateo, por haber visitado pacientes en Morella sin consulta previa con el titular de allí, ni permiso de éste para hacerlo[137] y hubo también de ver cambios en su composición. Dimitió el tesorero, doctor De Francia Pascual por traslado, ya que fue nombrado encargado de los servicios médicos en el Protectorado de Marruecos. Se propuso al CGCOM para sustituirle a la terna siguiente: Vicente Altava Alegre, Pedro Muñiz Izquierdo y Rafael Sales Sanz, un expresidente y dos futuros presidentes del Colegio.[138] Fue nombrado Vicente Altava en la sesión de veintisiete de junio del año siguiente. Dimitió Plácido Milián de su puesto en la Junta y aprovechando esa circunstancia todos sus miembros pusieron sus cargos a disposición del CGCOM «… por si considerara oportuno proceder a su total renovación». El CGCOM ratificó su confianza en ellos y siguieron en sus puestos.[139]

De igual forma, el área económica también fue objeto de algunas actuaciones en este período desde su comienzo; así, al principio del mandato de Sánchez Gozalbo, se fijó un tipo mínimo de las igualas en cuarenta pesetas en la capital y veinticinco en la provincia y se acordó considerar como baja en el Colegio a todo el que no pagara las cuotas y ampliar el horario de atención al público por la tarde, de tres a cinco, todos los días laborables.[140] Poco más tarde se fijó una cuota anual de veinticinco pesetas por colegiado.[141] Además, se fijó la cuota de ingreso colegial en doscientas pesetas[142] y poco más tarde se actualizaron los tipos mínimos de iguala, fijándolos en cincuenta pesetas anuales en la capital y cuarenta en el resto de la provincia; asimismo, se fijó la cuota colegial anual en cuarenta pesetas.[143]

En la sesión de veintiocho de abril de 1943 la Junta de Gobierno conoce el nombramiento por el CGCOM de Vicente Altava Alegre como su presidente, en vista de

---

[134] *LACOMCAS*. Sesión de 8 de noviembre de 1940.

[135] *LACOMCAS*. Sesión de 17 de mayo de 1941.

[136] *LACOMCAS*.. Sesión de 1 de febrero de 1940.

[137] *LACOMCAS*. Sesión de 8 de noviembre de 1940.

[138] *LACOMCAS*. Sesión de 19 de diciembre de 1940.

[139] *LACOMCAS*.. Sesión de 26 de febrero de 1942.

[140] *LACOMCAS*.. Sesión de1de febrero de 1940.

[141] *LACOMCAS*. Sesión de 16 de marzo de 1940.

[142] *LACOMCAS*. Sesión de 27 de junio de 1942.

[143] *LACOMCAS*. Sesión de 21 de octubre de 1942.

Vicente Altava Alegre, presidente del Colegio entre 1943 y principios de 1946.
(Fuente: Colegio Oficial de Médicos de Castelló).

la dimisión reiteradamente presentada por Ángel Sánchez Gozalbo (no se aportan razones para esta dimisión en las actas). En esta sesión se leyó el acuerdo de nombramiento y se produjo el traspaso de poderes. Asimismo, Rafael Sales Sanz tomó posesión del cargo de vocal nato de la Junta de Gobierno del Colegio, por su condición de delegado provincial de Sanidad de la FET-JONS, ello en virtud de una orden del Ministerio de la Gobernación de veintiséis de enero, que así lo disponía. El carácter dinámico y de hombre de ciencia del nuevo presidente se puso enseguida de manifiesto con la toma de varias iniciativas en este sentido que se recogen en el apartado correspondiente. En sustitución de Vicente Altava fue designado tesorero José Sanahuja Gil.[144]

Los nuevos Estatutos del CGCOM y de los colegios provinciales estaban en fase de elaboración y ya estaban estudiándolos para aportar sugerencias. El nuestro visó e informó el anteproyecto en sesión de mayo de 1944. Ya se ha comentado con anterioridad que el grueso de la actividad represiva colegial se llevó a cabo en la presidencia de Sánchez Gozalbo; en este campo, la única actividad del Consejo consignada en los libros de actas es el estudio y dictamen del expediente de depuración profesional que tenía abierto Fermín Bonilla Bayona, que resultó sin sanción y se comunicó al colegio de Teruel, que es donde ejercía el Dr. Bonilla en aquellos momentos.[145] A partir de octubre de 1944 se conoce la disposición según la cual los médicos en libertad vigilada de resultas de una condena penal, podían optar por hacer la presentación periódica preceptiva en el Colegio, en vez de en la comisaría de policía, como hacían hasta ese momento. También en este año de 1944, se acordó que el Colegio pagara las cuotas del seguro de enfermedad de sus empleados.[146] En octubre de 1944 reingresó en el Colegio Joaquín Arenós Cabedo,[147] que había sido encarcelado y procesado por los tribunales militares franquistas.

El veinticinco de noviembre de 1944 se publica la ley de bases de sanidad nacional, que fue muy importante en el funcionamiento diario de los profesionales y que lo pudo ser mucho más si se hubieran cumplido todas sus previsiones. La base trigésimo cuarta disponía que los profesionales sanitarios estarían representados por los colegios, que agruparían oficial y obligatoriamente en su seno a cuantos ejercieran una profesión sanitaria. Dice también que en cada provincia habría un Colegio y un Consejo General

---

[144] *LACOMCAS.* Sesión de 23 de septiembre de 1943.
[145] *LACOMCAS.* Sesión de 4 de enero de 1945.
[146] *LACOMCAS.* Sesión de 21 de septiembre de 1944.
[147] *LACOMCAS..* Sesión de 16 de octubre de 1944.

central. Aunque en esta norma hay una disposición que preveía acabar con los colegios de médicos: «Los profesionales sanitarios quedarán integrados en las citadas entidades colegiales hasta que sean incorporados a la organización sindical». Afortunadamente esta previsión nunca se llevó a efecto. En lugar de esto el régimen prefirió utilizar a los colegios de médicos haciéndolos oficiales, obligatorios, centralizados y dependientes del Ministerio de la Gobernación. Se utilizó al CGCOM para los fines de control y dominio de la profesión médica, mediante el nombramiento a dedo de sus dirigentes.

Un trascendental hito legislativo en la vida de los colegios fue la publicación, el catorce de septiembre de 1945, de los nuevos Estatutos del CGCOM. Esta norma sustituye y deroga los Estatutos de 1930 y las órdenes de dieciocho de enero de 1938 y treinta de octubre de 1940. Todavía en estos Estatutos hay cierta provisionalidad y persiste la intención de la Administración de incorporar los colegios a la organización sindical del régimen; el artículo primero dispone que la organización profesional médica se basará en los colegios provinciales y el Consejo General «... hasta que entre en vigor la base 34 de la ley de sanidad...». A pesar de esta manifiesta intención, en este decreto se plasma una minuciosa organización de la clase médica con intención de durar, como así fue efectivamente, ya que estuvo vigente hasta 1969 y que se detalla en el apartado correspondiente.

CAPÍTULO 6

LA VIDA COLEGIAL HASTA LA LEY DE COLEGIOS PROFESIONALES (1946-1974)

Los Estatutos de 1945 regularon la vida de los colegios de médicos hasta 1963, en que por orden de veinticuatro de enero se aprobó el nuevo Reglamento de la Organización Médica Colegial y el CGCOM. Una diferencia con la época que acaba de finalizar es que ya no hay Consejo Directivo provincial; a partir de ahora el órgano rector del Colegio se llama Junta Directiva.[148] Así en la sesión siguiente a la aprobación de los Estatutos se aprobaron las listas de colegiados elegibles para cargos en la nueva Junta. También se ratificó como vocal nato a Rafael Sales y en la Junta de noviembre se nombró a Antonio Giménez García vocal representante de Sanidad Nacional en el órgano de gobierno. El siete de diciembre de 1945 hubo elecciones para cargos de la Junta, de acuerdo con la nueva normativa colegial. Se eligieron vocales de médicos de APD, de asistencia colectiva y de ejercicio libre, así como los miembros de las juntas comarcales

Luis Batalla González,
presidente del Colegio entre 1946 y 1949.

del Colegio. En aplicación de la nueva normativa, la Junta de Gobierno acordó asignar al secretario general del Colegio una retribución anual de tres mil pesetas (artículos 34 y 96 Estatutos CGCOM) y en esta misma sesión cambió el presidente, tomando posesión del cargo el doctor Luis Batalla González, que había sido designado para ello por el CGCOM.[149] No se dan explicaciones para este cambio de presidente del Colegio, solo se dice que el Dr. Batalla «[…] ha sido designado por la Superioridad, con motivo de la renovación parcial de las Juntas de los Colegios[…]».

En la sesión de siete de marzo de 1946 se conoció la designación de vicepresidente y secretario del Colegio, que tomaron posesión en dicho acto, y en abril pasó lo mismo con los cargos de vicesecretario y tesorero, quedando completada la renovación de la Junta de Gobierno. También acordó convocar la que sería primera Junta General de colegiados tras la Guerra y desde que se celebrara la última, días antes de estallar el conflicto.

---

[148] Aunque en el texto seguiremos llamándola Junta de Gobierno para una mejor sistematización.
[149] *LACOMCAS.* Sesión de 25 de febrero de 1946.

Esa primera Junta General tras la Guerra Civil tenía el siguiente Orden del Día:[150]

1. Plan a seguir para la construcción de un edificio propio con destino a Casa Social o Casa Provincial del Médico.
2. Elevación del tipo de iguala mínima en toda la provincia.
3. Elección de la Junta Gremial encargada del reparto de la contribución médica para el año 1947.
4. Ruegos y preguntas.

Nueve años después de haberlo hecho por última vez, los médicos de la provincia podían volver a reunirse para tratar de sus problemas.[151] La Junta General de colegiados era (y sigue siendo) el órgano en el que debían tomarse las decisiones sobre cualquier asunto de especial trascendencia para toda la clase médica de la provincia. Asistieron a esta Junta General treinta y cuatro colegiados. El largo proceso de adquisición de una sede propia del Colegio se inicia en este punto y se estudia en un apartado específico. Las igualas pasaron a ser de setenta y cinco pesetas en la capital y sesenta en la provincia. Por sorteo se eligió la siguiente junta gremial: Rafael Ribes Gómez por Castelló; José Aparici González por Borriana; Julio López Esperón de Sot de Ferrer; Elviro Adám Pérez de Segorbe; Desiderio Olcina Ribes de Zucaina y José Juan Gil Gil de Borriol.

En diciembre de 1946 cesó en su cargo el vicesecretario Vicente García Mingarro. Se abrió un expediente por el CGCOM a instancias de la Junta de Gobierno y fue nombrado juez instructor Sixto García Luis. Ello fue debido a unas manifestaciones del doctor García Mingarro ante otros miembros de la Junta, en las que reconocía prácticas de dicotomía profesional. Al final se acordó una sanción de cinco años de inhabilitación para ejercer cargos en la Corporación Colegial a Vicente García Mingarro, asumiendo el fallo del juez instructor del expediente. Esta sanción fue ratificada por el CGCOM posteriormente.[152] Otro ejemplo de ejercicio de facultades disciplinarias por parte de la junta directiva es la sanción impuesta a un médico de Vinaròs. En sesión de veintidós de agosto de 1947 se le destituyó de su cargo en la junta comarcal y se le impuso una multa de cien pesetas por «negligencia y falta de criterio en el desempeño del referido cargo». La sesión anual de la Junta General se celebró el veintiséis de febrero de 1947 con asistencia de cincuenta y tres colegiados, se eligió una nueva junta gremial y se trataron asuntos de trámite.

Fiel reflejo de las carencias que había en España en aquellos años es que la Junta de Gobierno tuviera que estudiar las solicitudes de automóviles por parte de los médicos, para informar posteriormente al CGCOM para su definitiva autorización por sorteo. Se estudiaron e informaron sesenta y cuatro peticiones, para los cuatro vehículos autorizados en aquel año.[153] Hay varias anotaciones en los libros de actas sobre el mismo asunto, hasta los primeros años de comercialización del Seat 600, más allá de 1960.

La Junta de Gobierno extraordinaria de cinco de diciembre de 1947 reorganizó la dotación de personal del Colegio que quedó así:

---

[150] *Libro de Actas de la Junta General de Colegiados*. Sesión de 14 de mayo de 1946.
[151] Hay que recordar que la última Junta General celebrada había sido en junio de 1936.
[152] *LACOMCAS*. Sesión de 30 de abril de 1947.
[153] *LACOMCAS*. Sesión del de julio de 1947.

Oficial de Secretaría	con sueldo de 8000 ptas/año
Oficial de Contaduría y Habilitación	con sueldo de 7500 ptas/año
Auxiliar	con sueldo de 5000 ptas/año
Ordenanza	con sueldo de 3000 ptas/año

Se fijó un horario de trabajo uniforme para todos de 9.30 a 14 horas. También se fijó un nuevo mínimo de las igualas: ciento veinticinco pesetas en la capital y cien en la provincia.

En la sesión extraordinaria de la permanente de la Junta de Gobierno de veintiocho de marzo de 1948, se conoció la disposición que obligaba a que en cada colegio se constituyera una comisión asesora del seguro de enfermedad y que su presidente pasaba a ser vocal de la Junta. Una vez constituida esta comisión resultó elegido presidente Pedro Botella Puig, representante de los especialistas del seguro obligatorio de enfermedad. Tomó posesión de su cargo en la Junta el catorce de mayo de 1948.

En la Junta General de febrero de 1948 se analizaron las cuentas del año anterior que presentaban un ligero déficit; a pesar de ello la situación financiera del Colegio había mejorado, ya que se había enjugado gran parte de déficit que había años antes. Los presupuestos para ese año rozaban las cien mil pesetas; las autoridades no permitían déficit en las cuentas, por lo que se estudió la forma de enjugarlo y se decidió la imposición de una cuota extraordinaria a fijar proporcionalmente a la cuantía de dicho déficit. Las optimistas previsiones no se cumplieron y en sesión extraordinaria de diciembre de ese año, se analizó el déficit habido hasta septiembre, que ascendía a ocho mil pesetas y la previsión de que a final de año fuera de once mil pesetas. Se debatieron posibles soluciones y al final se adoptaron dos: fijar una cuota para el Colegio de los honorarios de los médicos por todo lo referente a las corridas de vaquillas en los pueblos y gravar con una cantidad para el Colegio todos los impresos oficiales que rellenara un médico. También se aprobó un reglamento de cobro de igualas por intermedio de los recaudadores de contribuciones en toda la provincia. Figura en el acta de esa reunión que la Junta de Gobierno en pleno puso sus cargos a disposición del CGCOM, por si este estimara conveniente su renovación. No se dice más en el acta al respecto, ni de los motivos de esta medida ni de su resultado final.

Hubo una nueva sesión extraordinaria de Junta General el veintidós de diciembre de ese año 1948, con el fin de hablar sobre los problemas que planteaba el seguro de enfermedad a los médicos, ello en relación a un cuestionario que había enviado el CGCOM a los colegios sobre las aspiraciones de la clase médica con el seguro. El Colegio decidió adherirse a un comunicado emitido por el Colegio de Barcelona sobre este asunto y en los apartados que ese Colegio no se había pronunciado se decidió que:

a) Era preferible que los honorarios se calcularan sobre una cantidad porcentual sobre las primas que satisfacían los asegurados en vez de a tanto fijo por cartilla.
b) Percibir los honorarios por la Caja Nacional.
c) Se asignaran los cupos a los especialistas tras oír su opinión.
d) Ningún médico del Seguro se jubilara hasta que no tuviera asegurados sus derechos pasivos.

Hay que tener en cuenta que estaba cambiando el modo de ejercer la Medicina. De un modo esencialmente libre, en el que el médico era un agente autónomo y en el que solamente había un contrato de servicios entre médico y paciente (o cliente) ya fuera por acto médico o a través de las igualas, se estaba pasando aceleradamente a otro sistema distinto, con la presencia de un tercer agente en esta relación: la Administración, que se estaba convirtiendo rápidamente en el primer empleador médico y en el gestor de la asistencia médica a la generalidad de la población. En la sesión de Junta de Gobierno de veintinueve de julio de 1948 tomó posesión de su cargo como vocal de APD Enrique Casans Díaz, para el que había resultado elegido poco antes. Este cambio se debió a la dimisión por motivos de salud del anterior titular Ricardo Gil.

El pleno del órgano de gobierno colegial de veintiséis de octubre de 1948 reestructuró de forma importante los servicios administrativos del Colegio que quedaron como sigue: el secretario general del Colegio asumía las funciones de jefe de personal. Se crearon dos jefaturas de negociado: una a cargo del trámite burocrático de la secretaría general y otra a cargo de contabilidad y habilitación con sueldos de mil sesenta y mil cuarenta pesetas al mes respectivamente, más dos pagas extras de dos mil ciento veinte y dos mil ochenta (el sueldo base era el mismo, la diferencia de cantidades se explica porque los complementos se calculaban mediante porcentaje sobre la antigüedad); un oficial de segunda con sueldo de 531,25 pesetas al mes más dos pagas de mil sesenta y dos pesetas; un auxiliar de primera con sueldo de 412,50 más dos pagas de ochocientas veinticinco y un ordenanza-cobrador con sueldo de cuatrocientas cincuenta pesetas más dos pagas de novecientas. Esta reestructuración trajo de cabeza a la Junta de Gobierno colegial, ya que el CGCOM no la aceptó en un principio y fueron necesarios varios informes y un viaje a Madrid del tesorero-contador para que al final fuera realidad.

Pedro Muñiz Izquierdo, protagonista de la presidencia más larga habida en el COMCAS (1949-1970). (Fuente: Colegio Oficial de Médicos de Castelló).

El veintidós de noviembre de 1948 la Junta conoció que el CGCOM había admitido la dimisión del presidente, Luis Batalla y la petición que se le hacía de enviar propuestas de candidatos para ese puesto, asumiendo la presidencia de forma interina el vicepresidente, Eugenio Torres, y en la sesión siguiente toda la Junta acuerda poner sus cargos a disposición del CGCOM para facilitar el relevo.

En la sesión de tres de enero de 1949 se acuerda un nuevo horario de oficinas: de 9 a 13.30 y de 16 a 19 horas y en la sesión de diecisiete de enero de 1949 toma posesión del cargo de presidente del Colegio Pedro Muñiz Izquierdo, que había sido designado para ello por el director general de Sanidad a propuesta del CGCOM. Es notable el que no se haga constar en acta la terna propuesta por la Junta del Colegio al CGCOM para este cargo. En el acta solo se recoge el nombramiento.

Pedro Muñiz estuvo al frente de los destinos del Colegio veintiún años, un dilatado mandato en el que sucedieron muchas cosas, por lo que antes de entrar en la actividad del Colegio bajo su mandato, vamos a hacer un aparte sobre la incorporación de la mujer a vida colegial y a la profesión médica en nuestra provincia.

1. Las primeras médicas colegiadas

Si ya durante todo el primer tercio del siglo XX la condición social y laboral de la mujer era completamente distinta a la del hombre, esas diferencias se acentuaron con el nuevo régimen. Era muy escasa la presencia de la mujer en el mundo laboral y todavía más el número de mujeres con estudios universitarios. La Universidad era un mundo masculino casi por completo; baste decir que entre 1872 y 1910 solamente cincuenta y tres mujeres pudieron conseguir un título universitario en España y que hasta el ocho de marzo de 1910 no se publicó una real orden que firmaba el conde de Romanones como ministro de Instrucción Pública, que permitía a la mujer ingresar en la Universidad sin traba alguna (Mezquita Broch, 2007). La mujer era algo raro en el mundo laboral y más todavía en el mundo universitario.

Por lo que hace a la Medicina, la primera mujer que se matriculó en una facultad de Medicina fue María Elena Maseras Ribera, en la Universidad de Barcelona en el curso 1872-73, y ello tras solicitar un permiso especial la rey Amadeo I de Saboya. Diez años más tarde, en enero de 1882, el Consejo de Instrucción Pública autoriza a expedirle el correspondiente título « […] (como a cualquiera otras que se hallaren en su caso) y se les autorice para el ejercicio de la profesión» (Flecha, 1996: 83).[154]

No obstante, las autoridades del nuevo régimen franquista consideraban que la mujer debía permanecer en su casa, con la exclusiva finalidad de traer hijos al mundo y atender sus necesidades y las de su marido; todo lo que no fuera así se consideraba poco menos que una agresión al sistema. La primera mujer médica colegiada en Castelló no se registrará hasta 1937.[155] Se trataba de Antonia Fenollosa Pérez. Nacida en Valencia en 1897 donde ejercía su padre también médico y que se trasladó a Borriana en 1897, estudió bachillerato en el Instituto Ribalta de Castelló y la licenciatura en Medicina en Valencia, entre los años 1915 y 1922. Se casó en 1924 con Rafael Arnau Catalá, de Borriana y compañero de carrera, con el que tuvo dos hijos. No ejerció la Medicina hasta 1937, año en que su marido salió de Borriana y posteriormente al exilio fuera de España por sus ideas políticas, y la siguió ejerciendo al finalizar la Guerra a pesar de todas las dificultades hasta la fecha de su jubilación.[156] Antonia Fenollosa fue la punta de lanza, pero su ejemplo tardó en cundir en la España franquista y las primeras colegiaciones femeninas fueron muy espaciadas en el tiempo. Se tuvo que esperar más de trece años para ver la segunda mujer médica colegiada en Castelló.

Se relacionan a continuación las diez primeras médicas que se inscribieron en nuestro Colegio, con la información que he podido recopilar sobre ellas.

Antonia Fenollosa Pérez. Nació en Valencia, en junio de 1897. Hija de médico, José Fenollosa Pérez, que ejerció en Borriana y que también estuvo colegiado en Castelló con

---

[154] Hay que decir que este reconocimiento fue personal y en base a hechos consumados. Meses después una Real Orden de 16 de marzo de 1882 reconocía los derechos adquiridos de las mujeres ya matriculadas en Segunda Enseñanza y en la Universidad, pero suspendía «en lo sucesivo» la admisión de mujeres a cursar estos estudios hasta que se regularan formalmente, lo que como queda dicho en el texto, no sucedió hasta 1910.

[155] La mayor parte de los datos que se aportan sobre la figura de esta mujer los he obtenido de la publicación de Francisco Mezquita Broch, de la revista *Ribalta* del año 2007, que figura en el índice bibliográfico.

[156] Mezquita habla de otra médica de Castelló: la doctora M.ª Dolores Villar Gallego, licenciada en Valencia en 1924. Esta doctora no ejerció nunca en Castelló, al parecer lo hizo en Valencia, de pediatra.

el número cuarenta y nueve. Estudió el Bachillerato en Castelló y empezó sus estudios de Medicina en 1915 en Valencia, licenciándose el ocho de octubre de 1923. Colegiada el quince de abril de 1937 con el número trescientos noventa. Fue la quinta mujer en licenciarse en Medicina en la Universidad de Valencia.[157] Casada con otro médico, Rafael Arnau Catalá, que se tuvo que exiliar tras la Guerra Civil. Siempre estuvo con su marido en la consulta, pero no se colegió hasta 1937 para poder ejercer una vez que su marido marchó al exilio y sacar a sus dos hijos adelante. Murió en agosto de 1965 (Mezquita Broch, 2007: 15).

Cabecera del expediente académico universitario de Antonia Fenollosa
(Fuente: Archivo de la Universidad de Valencia).

Antonia Fenollosa en su madurez
(Cortesía del profesor Francisco
Mezquita Broch).

CONCEPCIÓN MORA HURTADO.[158] Nacida en Alboraya (Valencia), en enero de 1908. También era hija de médico. Licenciada en Valencia en 1946. Fue alumna interna por oposición en la cátedra de Fisiología (1935-40) y médico interno, también por oposición, en Fisiología (1947). Colegiada en Castelló el 28 de diciembre de 1950 con el número 615. En su ficha colegial se puede leer: «Pertenece al Consejo Superior de Investigaciones Científicas. Sección de Bioquímica de Valencia». Ejerció como médico de APD en Pina de Montalgrao (*Boletín Oficial del Estado* de 23 de octubre de 1950), aunque todavía en 1953 figura como profesora interina en la Universidad de Valencia, en la

Expediente universitario de Concepción Mora. (Fuente: Archivo de la Universidad de Valencia)

[157] Archivo de la Universidad de Valencia. Libros registro de Títulos Licenciados. Facultad de Medicina. 1914-1954. Sig. 3069 y Libro registro de Títulos Licenciados. Facultad de Medicina. 1924-1965. Sig. 3062.

[158] Archivo de la Universidad de Valencia. Expedientes académicos, caja n.º 501/6 y Archivo de la Universidad de Valencia. Expedientes académicos, caja n.º 1366/25.

cátedra de Fisiología (Flecha García, 2010). Como curiosidad, en febrero de 1958 se dirige al secretario del Colegio, José A. Aragonés, agradeciéndole las gestiones hechas para que le fuera asignado un coche, cosa que era harto difícil en aquella España, como se ha reseñado en el texto. Falleció en enero de 1975, en que seguía siendo la titular de Pina.

CONSUELO MERCÉ NAVARRO.[159] Nacida en Castelló en diciembre de 1926. Hizo el bachiller en el Instituto Ribalta y marchó a Valencia en el curso 1946-47. Fue alumna interna por oposición entre 1950 y 1952 y se licenció en 1953. Colegiada en Castelló el diecisiete de julio de 1953 con el número seiscientos cincuenta y seis. En 1985 le convalidaron el título de especialista en Psiquiatría.

CARMEN DE BLAS MANTECÓN.[160] Natural de Madrid, donde nació en febrero de 1920. Colegiada de Castelló el once de septiembre de 1958 con el número setecientos ochenta y dos. Se dedicó toda su vida a la Oftalmología y en julio de 1972 solicitó y obtuvo el título de oftalmóloga, en virtud de orden ministerial de 15 de noviembre de 1962.

MARÍA PILAR DEL REY MARTÍNEZ.[161] Nació en Ceuta en octubre de 1931, estudió bachiller en Murcia, de donde era originaria su familia, y la licenciatura en Medicina en Valencia, entre los cursos 1950-51 y 1955-56. Colegiada el veinticuatro de julio de 1959 con el número ochocientos. Se dedicó a los análisis clínicos, obteniendo el título de esta especialidad en enero de 1964.

ISABEL BAUTISTA FORNS.[162] Nacida en Favareta (Valencia) en 1931. Estudió el bachillerato en Requena y se licenció en 1956, era también diplomada en Sanidad. Colegida en Castelló el doce de marzo de 1960 con el número ochocientos doce, aunque mantuvo la doble colegiación, también en Valencia. Trabajó como titular interina unos pocos meses en Chóvar y volvió enseguida a Valencia.

VICENTA BARTUAL BARREDA.[163] Nacida en Valencia en 1931, estudió el bachiller en el instituto de Xàtiva y se licenció en Valencia en agosto de 1959, aunque antes había obtenido los títulos de practicante en 1953 y matrona en 1958. Colegiada en Castelló el trece de abril de 1960 con el número ochocientos quince. Ejerció como interina en Almedíjar primero y luego en Alcudia de Veo y Xilxes; ejercía como pediatra. Estando de titular en Zorita del Maestrazgo, solicitó su baja en el Colegio para trasladarse a Valencia en septiembre de 1973. Antes, en 1964, había obtenido el título de pediatra. Con posterioridad a marchar de Castelló ingresó en el Cuerpo de Médicos Titulares, ejerciendo como titular

[159] Archivo de la Universidad de Valencia. Expedientes académicos, caja n.º 1364/48. Archivo de la Universidad de Valencia. Expedientes académicos, caja n.º 1111/11.

[160] Archivo de la Universidad de Valencia. Expedientes académicos, caja n.º 1419/4.

[161] Archivo de la Universidad de Valencia. Expedientes académicos, caja n.º 1372/45.

[162] Archivo de la Universidad de Valencia. Expedientes académicos, caja n.º 1131/1. Archivo de la Universidad de Valencia. Expedientes académicos, caja n.º 1342/39.

[163] Archivo de la Universidad de Valencia. Expedientes académicos, caja n.º 1143/ 49. (Bachiller)
Archivo de la Universidad de Valencia.. Expedientes académicos, caja n.º 1342/25 (MEDICINA Y ESPECIALIDADES). Archivo de la Universidad de Valencia.. Expedientes académicos, caja n.º 1389/122 (MATRONA). Archivo de la Universidad de Valencia. Expedientes académicos, caja n.º 1443/61(PRACTICANTE).

de Benimuslen (Valencia). Además, se le convalidó el título de especialista en Medicina Familiar y Comunitaria en 1981.

Cabecera del expediente académico de Vicenta Bartual (Fuente: Archivo de la Universidad de Valencia).

ANA MARÍA BUADES SALA.[164] Nacida en 1929 en San Juan (Alacant). Se licenció en Valencia en julio de 1961. Colegiada el doce de junio de 1963 con el número ochocientos noventa y siete. Procedía del Colegio de Valencia. En 1964 se le convalidó el título de especialista en obstetricia y ginecología. Estuvo poco en Castelló; en noviembre de ese mismo año 1963 solicitó su baja como colegiada para trasladarse otra vez a Valencia.

ALEJANDRA ACEÑA BAUTISTA. Nacida en Madrid en 1925 y licenciada allí en 1951. Era pediatra y pertenecía al escalafón de médicos puericultores del Estado. Colegiada en Castelló el nueve de septiembre de 1963 con el número novecientos dos, procedente del Colegio de Teruel, donde tenía destino como puericultora. En 1967 se trasladó a Madrid. Esta mujer tuvo una fecunda carrera profesional y figura como autora o coautora de tres libros: *Geografía médica de Ciempozuelos* (1953); *Estudio sanitario del bocio en la provincia de Teruel* (1963) y *Tecnología sanitaria. Rama sanitaria 1. Curso FP* (1984).

MARÍA ÁNGELES PLAZA RIVAS. Colegiada el catorce de febrero de 1964 con el número novecientos seis. No se conserva su ficha personal en el COMCAS y no estudió en la Universidad de Valencia.

2. La presidencia de Pedro Muñiz

Pedro Muñiz Izquierdo fue el titular de la presidencia más larga que ha habido en el Colegio. Su mandato duró veintiún años (de enero de 1949 a marzo de 1970) y solo esto justifica que se dedique un apartado singularizado a este período de la existencia colegial. Había nacido en Segorbe en 1902. Se licenció en Valencia en junio de 1928 e inmediatamente se colegió en Castelló (en julio de 1928), empezando a ejercer de pediatra. Nombrado colegiado de honor y presidente de honor del colegio en marzo de 1970. Durante su mandato se adquirió la sede del Colegio de la avenida Capuchinos que ha sido el hogar del COMCAS hasta el reciente traslado hecho en abril de 2021, proceso que tuvo una larga y azarosa tramitación y culminación, como se verá.

Como curiosidad y para somero conocimiento de las dificultades económicas y de todo tipo que reinaban en nuestro país en aquellos años, dejar constancia que en la reunión de

---

[164] Archivo de la Universidad de Valencia. Expedientes académicos, caja n.º 1506/9.

dos de febrero de 1949 se acordó que el presidente acudiera a Madrid en su automóvil particular a una asamblea del CGCOM y para ello tuvo que pedir un cupo extraordinario de gasolina que le hubo de conceder el gobernador civil. En ese viaje se aprovechó para invitar a Gregorio Marañón a desplazarse a Castelló para dar dos conferencias, invitación que aceptó, aunque en la documentación que he podido consultar no hay constancia de que esas conferencias al fin se celebraran. Así mismo, en esta sesión se reanudó el servicio de asesoría jurídica del Colegio, interrumpido a raíz de la Guerra Civil. Fue designado para ello el abogado de la capital Carlos Fabra Andrés, con una retribución de mil pesetas anuales.[165]

Otro dato es que el Colegio informaba preceptivamente sobre las peticiones de médicos que querían adquirir un automóvil, ya que había cupos determinados para todo y para todos y de esto ya se ha visto un ejemplo. En marzo de 1949 se crea el cargo de vocal representante de la «Obra sindical 18 de julio» en la Junta de Gobierno, para el que fue designado y tomo posesión Ramón Sánchez Eced, las disposiciones oficiales hacían a este cargo miembro también de la permanente de la Junta. Las instituciones del régimen impregnaban y controlaban cualquier aspecto de la vida del país. También en esta misma sesión se eligió candidato representante del Colegio para la elección de procurador en Cortes por la OMC a Enrique Casans Díaz. En la Junta de dos de junio de 1949 se instauró la jornada intensiva de verano para el personal del Colegio: de ocho a catorce horas, entre el quince de julio y el treinta de septiembre. En julio de 1949 se instaura el carnet de colegiado.

En octubre de 1949 hubo un serio enfrentamiento entre el Colegio y el delegado provincial de Sindicatos, a propósito de un artículo publicado por este personaje en *Mediterráneo* el día veintiuno de ese mes, en el que se reprochaba la actitud de algunos médicos con los pacientes «del Seguro» y las diferencias que se hacían con los pacientes libres a la hora de su atención. La Junta Directiva en pleno se entrevistó con el gobernador civil y con el inspector provincial de los Servicios Sanitarios del Seguro de Enfermedad para mostrar su disgusto por el artículo. También se envió una copia del artículo al CGCOM por si consideraba conveniente formular una queja «ante la Superioridad».

La Junta General de colegiados de octubre de ese año volvió a discutir sobre el cobro unificado de las igualas, que a pesar del acuerdo en ese sentido del año anterior no se hacía todavía, fundamentalmente por las reticencias a ello de muchos de los médicos de la capital. El tema parece que importaba mucho a nuestros colegas de aquellos años ya que asistieron setenta y nueve de ellos a la asamblea y hubo variadas y acaloradas intervenciones. Al final se acordó por amplia mayoría respetar el acuerdo de la Junta del año anterior e implantar en toda la provincia el cobro unificado de las igualas. De igual forma, en esa Junta se acordó crear una ponencia que elaborara un proyecto de normas de funcionamiento de una Caja de Auxilio Médico, cuyo funcionamiento en el Colegio se había suspendido por la Guerra Civil. También se aprobó el proyecto de publicación de un boletín informativo mensual de la comisión asesora del Seguro de Enfermedad, que era un organismo de la Junta de Gobierno. Además se habló de la implantación de un seguro libre de enfermedad y hubo opiniones muy contrarias a ello, ya que sería de «funestísimas consecuencias económicas para la clase médica, sobre todo para los especialistas», aunque no hay en el acta especificación alguna sobre las características de ese seguro. En ese

---

[165] *LACOMCAS.* Sesión de 18 de febrero de 1949.

momento ya se habían manifestado en contra cuarenta y nueve colegios de España (todos menos el de Vizcaya).[166]

Hubo sesión de Junta General extraordinaria el dos de diciembre de 1949, para hablar de seguro libre y de la caja de auxilio médico. Hay una intervención de Sixto García Luis en la que hace una ácida crítica de los compañeros, principalmente de la capital, «que no asisten a estas Juntas Generales en las que se tratan asuntos de vital importancia para la clase» dificultando así con ello la implantación de los acuerdos que se toman. No se llegó a acuerdo práctico alguno.[167]

A partir de enero de 1950 empezaron a asistir a las reuniones de Junta de Gobierno los presidentes de las juntas comarcales y se empezó a implantar el cobro unificado de las igualas. En enero de este año José Sanahuja asumió las funciones de secretario por fallecimiento del titular. Los otros miembros de la Junta continuaron en sus puestos. En esa misma Junta se conoció la circular del Colegio de Farmacéuticos, según la cual la penicilina solo sería dispensada con la receta oficial del CGCOM o con recetas particulares del médico prescriptor, visadas y selladas por el Colegio. También en esa Junta se conoció la aprobación definitiva de la reestructuración de la plantilla colegial por el CGCOM. En sesión extraordinaria de febrero, la Junta acordó solicitar al CGCOM ampliar la plantilla de personal y los sueldos, y solicitar un préstamo a esta misma institución para edificar la nueva sede. Las respuestas del órgano central fueron que no se podía solicitar nada relativo a los funcionarios del Colegio hasta que la marcha económica del año se supiese que iba a ser buena y respecto al empréstito, que no era posible, que lo que se podía hacer es que el colegio pusiera un 60-70 % del costo y solicitar el resto a Previsión Sanitaria Nacional.

En junio de 1950 hubo Junta General ordinaria en la que se trató un asunto recurrente, como era el cobro de honorarios por servicios en espectáculos taurinos. Pocos meses antes el gobernador civil había prometido al presidente del Colegio que no autorizaría espectáculo alguno que no llevara en su solicitud el comprobante de pago de estos servicios, pero eso no se había implementado. Se acordó insistir en ello y que el 10 % de lo cobrado por los médicos fuera para el Colegio, para sufragar los gastos de los viajes de los presidentes de las juntas comarcales a las reuniones de la de Gobierno en la capital. Este acuerdo tuvo repercusiones más adelante en forma de sanciones a varios colegiados que firmaban la autorización de los espectáculos a sabiendas de que los municipios no habían satisfecho los emolumentos correspondientes. También se acordó la implantación de una Caja de Auxilio inmediato a familiares de compañeros fallecidos, toda vez que el proyecto de Caja de Auxilio Médico no terminaba de cuajar. Se acordó una aportación de veinticinco pesetas por médico y por cada fallecimiento.[168]

En la sesión de noviembre de 1950 se acordó empezar a organizar el Día del Médico de forma anual. Se hizo el primero de estos eventos dos meses después, aprovechando la visita a Valencia de presidente y secretario del CGCOM, aunque posteriormente se acordó la fecha fija que todavía pervive: coincidiendo con la festividad de la Virgen del Perpetuo Socorro, a finales de junio.

---

[166] *Libro de Actas de la Junta General de Colegiados.* Sesión de 28 de octubre de 1949.

[167] *Libro de Actas de la Junta General de Colegiados.* Sesión de 2 de diciembre de 1949.

[168] Cincuenta años antes en enero de 1901, nuestros colegas ya habían acordado lo mismo, en esta ocasión con una cuantía de diez pesetas por médico y cada vez que ocurriera el fallecimiento de un compañero.

La Junta de Gobierno de marzo de 1951 acordó comunicar al expresidente del Colegio, Luis Batalla, el disgusto de la Corporación por un artículo firmado por él aparecido en prensa extraprofesional, en el que se lanzaban acusaciones generales contra la clase médica de prácticas dicotómicas; se exigió al Dr. Batalla que comunicara a la Junta el nombre de los médicos que hacían estas prácticas, lo que no consta que sucediera en la documentación que he podido consultar.

En la Junta General de marzo de 1951 se estudió la subida de los tipos mínimos de las igualas y se aprobó una subida del veinte por ciento en municipios con más de doscientos cincuenta vecinos y un cuarenta por ciento en los de menos habitantes[169] y se actualizaron las tarifas de actos médicos extraordinarios, cuya última actualización databa de 1935. Algunas quedaron como sigue:

Visita extraordinaria	100 ptas	Visita suplicada	50 ptas
Parto eutócico	400 ptas	Aplicación fórceps	750 ptas
Cesárea	3000 ptas	Punción lumbar	50 ptas

Desde que empezó la Guerra Civil, el Colegio de Médicos de Castelló no se comunicó más de forma institucional con los colegiados hasta diciembre de 1951, en que se empieza a editar la *Hoja Informativa del Colegio de Médicos de Castellón*. Las hojas de esta época que se conservan, están en dos carpetas archivadoras de presión y son hojas sueltas. Debían tener periodicidad mensual, pero hay muchas lagunas y faltas. Esta época abarca desde diciembre de 1951 hasta diciembre de 1970, con una suspensión en la publicación entre enero de 1963 y septiembre de 1966 que no se explica ni aclara, salvo una petición de disculpas a la colegiación por la interrupción. Solo se conservan setenta y cinco números de todos estos años, más un número especial editado en enero de 1965 y dedicado íntegramente a la inauguración de la nueva sede social del Colegio, que es la anterior a la actual, de la avenida Capuchinos.

En este período el contenido de la *Hoja* es bastante pobre y se limita casi totalmente a transcripción de normativa

Primera Hoja Informativa del Colegio, editada en 1951.
(Fuente: Colegio Oficial de Médicos de Castelló).

sanitaria y otras disposiciones de interés para el colectivo que se iban promulgando y crónica de actividades institucionales, la mayoría de carácter social y muy ocasionalmente

---

[169] Hay que recordar que la última actualización había sido en diciembre de 1947, fijándose una cuantía en esa ocasión de ciento veinticinco pesetas por iguala en la capital y cien en el resto de la provincia. Para hacernos una idea del valor del dinero en esa época baste decir que según la tabla actuarial del Banco de España, cincuenta pesetas de 1950 tenían el poder adquisitivo de unos cien euros de hoy.

algún acto científico. Son escasísimos los artículos de opinión y los que hay son para alabar decisiones administrativas, lo que es comprensible en una época en la que la única opinión válida y permitida era la que emanaba del *Boletín Oficial del Estado*. También hay reseñas del contenido de las deliberaciones de la Junta de Gobierno, aunque nada comparable a la transparencia que supone la transcripción prácticamente literal de las actas de esas reuniones, que figuraba en los boletines de la época anterior a la Guerra.

Continuando con el contenido de las actas de la Junta General y la de Gobierno y el análisis de sus actividades, decir que la General de abril de 1952 aprobó el Reglamento de Igualatorio Médico-Quirúrgico y de Especialidades del Colegio, un buenista proyecto de asistencia a familias de escasos recursos que no llegó a funcionar nunca de forma efectiva. También en la Junta de Gobierno de diciembre de 1952, se conoce el fallecimiento de Juan B. Bellido Tirado, que poco antes había sido nombrado Colegiado de Honor al haber cumplido cincuenta años de profesión. El acta de esa sesión, de 9 de diciembre de 1952, es un sentido homenaje de sus compañeros al fallecido, homenaje que resulta un poco extraño, dados los antecedentes de condenas en varias jurisdicciones tras la Guerra Civil (consejo de guerra, responsabilidades políticas, depuraciones con apartamiento de su puesto de trabajo) que tenía el homenajeado:[170]

> […] pérdida hondamente sentida en toda la clase por tratarse de una figura de verdadero prestigio en la Medicina, a la que consagró toda su vida con entusiasmo y valía singulares, que le llevaron a ocupar relevantes cargos profesionales, desde los que batalló con entusiasmo y acierto insuperables, entre ellos la Presidencia del Colegio, en la cual llevó a cabo una labor de la que guardan recuerdo imborrable todos sus compañeros de aquella época[…] Por ello su pérdida causó hondo pesar en todas las clases sociales, que tanta admiración y gratitud debían al Dr. Bellido, y su memoria perdurará en generaciones venideras, y al vivo dolor que ha causado su muerte, se asocia esta Corporación, con el acuerdo de que conste en acta la expresión más sentida y sincera de condolencia […].

La Junta también ejercía la disciplina cuando era necesario. Resaltar aquí la sanción impuesta al médico que ejercía en Cabanes y que al parecer pasaba consulta también en otros pueblos, a pesar de reiteradas advertencias y recomendaciones de la Junta de Gobierno, incluso contraviniendo órdenes verbales del gobernador civil. En el pleno de veinte de marzo se le sanciona con una multa de mil pesetas y suspensión de ejercicio profesional en la provincia por un plazo de seis meses. Tras los recursos habidos, el CGCOM ratificó la sanción en septiembre.

En septiembre de 1953 el CGCOM elevó la cuantía de la iguala médica a doscientas pesetas en todo el territorio nacional y la Junta del COMCAS, ante las dificultades que preveía de implantar tal acuerdo, consultó al CGCOM sobre qué atribuciones tenía para poder obligar a su cumplimiento. A la vista de los informes recibidos, la Junta acordó dejar a criterio de cada distrito la implantación de la citada subida, aunque dejando claro que el Colegio siempre apoyaría a los médicos que lo hicieran y recabaría el apoyo de la autoridad gubernativa si ello llegara a ser necesario.

En marzo de 1954 se prorroga otros cinco años el mandato del presidente Pedro Muñiz, según comunicación de la Dirección General de Sanidad, al haber pasado cinco años de su

---

[170] *LACOMCAS.* Sesión de 9 de diciembre de 1949.

nombramiento. Durante la segunda mitad de 1954 se hizo patente la necesidad de un nuevo auxiliar administrativo, dado que el personal en nómina del Colegio no era suficiente para sacar adelante todo el trabajo. Se contrató eventualmente a una secretaria y se le gratificó con mil pesetas. También en la Junta de diciembre se acordó elevar la retribución del asesor jurídico a tres mil pesetas. Desempeñaba esa labor en ese momento Carlos Fabra Andrés.

En marzo de 1955 toma posesión de su cargo en la Junta el representante de Sanidad Nacional, doctor Francisco Cantó Ibáñez. En junio toma posesión como secretario José Aragonés Lloret y se convocan elecciones para las vocalías de Asistencia Colectiva y tesorero-contador. En enero de 1956 la Dirección General de Sanidad permite subir las cuotas colegiales ordinarias, subida que debía hacerse según varias categorías elaboradas en función de pago de la contribución industrial que cada colegiado hacía. El aumento se hizo efectivo a partir de mayo de 1956.

La Junta General de noviembre de 1957 actualizó las aportaciones a la Caja de Auxilio inmediato a familiares de médicos fallecidos y las estableció en cincuenta pesetas por colegiado en cada defunción. También se habló mucho en esa reunión de la recientemente celebrada asamblea de colegios, en la que se habían tratado importantes cuestiones relacionadas con la que se preveía próxima ordenación estatal de la profesión, sobre todo de médicos titulares y de asistencia rural. También, la Junta General conoció la decisión del CGCOM de aumentar el tipo mínimo de las igualas a nivel nacional a doscientas cuarenta pesetas, y se lamentó de que todavía hubiera lugares en la provincia en los que no se había hecho efectivo el anterior aumento de unos años antes a doscientas. No hubo otra Junta General hasta junio de 1959.

El Colegio tenía un importante papel de colaborador con la Administración pública, en ordenación de la profesión, pero también en otros aspectos extra-profesionales, como la recaudación de Hacienda. El Colegio se encargaba de repartir el cupo de la contribución industrial que tenía asignado el colectivo, para lo cual se nombraba todos los años la llamada junta gremial, que normalmente era elegida por la Junta General a propuesta de la de Gobierno y que era la que asignaba a cada médico el montante que debía tributar. También colaboraba con Hacienda en la recaudación del impuesto de utilidades, que gravaba los rendimientos de capital. A partir de la reforma de Hacienda de 1957, habría de constituirse la junta de evaluación de ingresos profesionales con una serie de competencias que la ley de reforma de la Hacienda Pública encomendaba a las corporaciones profesionales. Esa junta se eligió el once de marzo recayendo en Antonio Villanueva Pelayo, Julio López Esperón y Enrique Casans Díaz. En marzo de 1959 se renueva el mandato del presidente, Pedro Muñiz y el CGCOM acuerda una nueva subida del tipo mínimo de iguala a trescientas sesenta pesetas/año

A finales de los años cincuenta algo se empezaba a mover en España. Si bien no había una oposición al régimen articulada y global, había sectores que, sin oponerse abiertamente a las decisiones administrativas, cosa que les hubiera acarreado serios inconvenientes e incluso penas de cárcel, planteaban propuestas alternativas a esas decisiones e incluso propuestas novedosas que todavía no estaban articuladas legalmente. Los médicos fueron punta de lanza en este movimiento. Se creó una llamada Comisión pro reforma profesional, que de una forma trasversal fue creciendo por toda España. Representantes castellonenses en esa Comisión se reunieron con la Junta de Gobierno colegial a principios de junio para exponer sus reivindicaciones y pedir que se discutieran en la Junta General de próxima celebración. Estas reivindicaciones, resumidas, eran:

- Que todos los cargos de las juntas directivas colegiales y del CGCOM fueran elegidos, en vez de designados muchos de ellos, como eran hasta la fecha.
- Creación de un Ministerio de Sanidad.
- Que solo cargos electos pudieran tomar decisiones que afectaran al conjunto de los médicos.
- Que estas reivindicaciones fueran discutidas en la Junta General y fueran elevadas a la superioridad, hasta el ministro de la Gobernación, de quién dependían las corporaciones colegiales.

La Junta de Gobierno del COMCAS adoptó como suyas la primera y segunda, y remitió a la General para su discusión las dos últimas. Ya fuera porque se iban a discutir estas reivindicaciones o por otras causas, el caso es que a esta Junta General de cuatro de junio de 1959, asistieron ciento diez colegiados, muchos más que el promedio de asistencia en los años inmediatamente anteriores. Se aprobó que el nuevo importe mínimo de las igualas que había fijado el CGCOM poco antes entrara en vigor al ir caducando los contratos actuales, para que no hubiera interrupciones en los contratos.

La Junta General también aprobó unánimemente los puntos primero y segundo de las reivindicaciones de la comisión pro reforma, aunque respecto al tercero y cuarto se planteó la discusión de la representatividad de la comisión pro reforma y se censuró el hecho de que hubiera actuado al margen de las juntas directivas colegiales, no aprobándose estos puntos.

En la Junta de Gobierno de junio de 1961 se conoció el proyecto de redacción de un nuevo reglamento de CGCOM/OMC y se acordó proceder a redactar propuestas propias.[171] A fecha treinta y uno de diciembre de este año 1961 el Colegio tenía cuatrocientos colegiados.

En junio de 1962 la Junta de Gobierno conoció y aprobó el anteproyecto de nuevo Reglamento y Estatutos del CGCOM que habían de sustituir a los promulgados en 1945 y cuya aprobación definitiva ocurrió por orden ministerial de veinticuatro de enero y se iniciaron los trámites para la renovación de la Junta Directiva según las nuevas normas. Aunque se estudiará esta norma en el apartado correspondiente, hay que decir que este nuevo Reglamento fue la primera norma mínimamente democrática tras el paréntesis de la Guerra Civil, ya que «[…] adoptando sistemas reglamentarios de elección por los propios colegiados, lo que se adapta mejor al carácter representativo de la Organización Médica Colegial […]», disponía que los cargos de presidente, vicepresidente, secretario, vicesecretario y tesorero-contador serían de elección directa por los colegiados de cada provincia y los cargos del CGCOM fueran elegidos por la asamblea de presidentes de los colegios provinciales, la duración del mandato era de seis años y los órganos debían renovarse por mitades cada tres. Otra importante novedad es que dotaba de personalidad jurídica propia a los órganos representativos de la clase médica. Se comisionó a los doctores Albiach Esteban, Casaus y Peris Pitarch por su carácter de vocales de la Junta elegidos y que no se debían renovar ahora, para pulsar entre la colegiación posibles propuestas de candidatos.

El nueve de septiembre de este año se convocan elecciones a cargos del órgano de gobierno para el quince de diciembre, debiendo renovarse y elegirse los siguientes cargos: presidente, vicepresidente, secretario, vicesecretario, tesorero-contador y un representante de los médicos de asistencia libre; las candidaturas debían presentarse antes del cinco de

---

[171] *LACOMCAS*. Sesión de 10 de junio de 1961.

octubre.[172] Se comunicó la convocatoria a todos los colegiados mediante circular y se puso en el orden del día de la próxima Junta General. En ella, celebrada el treinta de septiembre, se debatió sobre las próximas elecciones y se aprobó una tarifa mínima para los certificados médicos de setenta y cinco pesetas, de las que el Colegio se quedaba con treinta y cinco para repartir entre los siguientes conceptos:

- Patronato de Huérfanos: tres pesetas.
- Financiación del presupuesto del Colegio: siete pesetas.
- Financiación de la nueva sede y reintegro a los colegiados de las cantidades que hubieran aportado: quince pesetas y
- Para un fondo de subsidio de compañeros fallecidos de veinticinco mil pesetas: diez pesetas.

La siguiente Junta de Gobierno proclamó las candidaturas recibidas, que fueron aprobadas por la Dirección General de Sanidad y Jefatura Provincial de Sanidad y se fijó la fecha de diez de diciembre para la votación, entre las diez de la mañana y las cinco de la tarde. También se debatieron y fijaron aspectos de organización de la votación, como miembros de la mesa electoral, interventores, actas de votación y otros.[173]

Por fin, veintiocho años después que los médicos eligieran democráticamente a sus representantes por última vez –recordémoslo, el 14 de junio de 1936– lo iban a poder volver a hacer. La participación en la elección fue masiva: votó un 83,7 % del censo electoral, que estaba compuesto en aquel momento por cuatrocientos doce votantes, lo que da idea de la ilusión que despertó en toda la colegiación el poder elegir a los compañeros que les representaran. La nueva Junta quedó compuesta por los siguientes cargos electos: presidente: Pedro Muñiz Izquierdo; vicepresidente: Federico Michavila Paús, secretario: José A. Aragonés Lloret; vicesecretario: Vicente Mezquita Torres; tesorero-contador: Antonio Escartín Doñabeitia; vocal representante de médicos libres con más de veinte años de ejercicio: Francisco Monfort Ortí; vocal representante de médicos libres con menos de cinco años de ejercicio: Joaquín Farnós Gauchía. La Junta debía completarse con vocales designados por la Universidad y la Jefatura Provincial de Sanidad y además con el vocal de asistencia colectiva, Vicente Albiach Nácher, al que no tocaba renovar y Antonio Peris Pitarch como vocal representante de médicos libres por la misma causa.

Las primeras tareas de la nueva Junta fueron aumentar la retribución del letrado asesor del Colegio a seis mil pesetas/año y fijar una retribución al secretario general de doce mil pesetas/año.[174] La Junta General de abril de 1964 sirvió para que toda la colegiación conociera a la nueva Junta y para anunciar la próxima inauguración de la nueva sede colegial. El dieciséis de mayo se acordó elevar la tarifa mínima de las igualas a cuarenta pesetas mensuales y se constituyó la sección de médicos jubilados, al frente de la cual la Junta designó a Ismael Renau Segarra.

Ya en la nueva sede, a la que se había efectuado el traslado el cinco de diciembre de 1964, la Junta de Gobierno acordó a partir del siguiente día primero de enero, la imposición de una cuota única para todos los colegiados de cuarenta pesetas mensuales (hasta ese

---

[172] *LACOMCAS.* Sesión de 9 de septiembre de 1962.
[173] *LACOMCAS.* Sesión de 7 de octubre de 1962.
[174] *LACOMCAS.* Sesión de 16 de marzo de 1963.

momento las cuotas estaban en función de la asignación del médico a una u otra tarifa, lo que hacía la Junta de Gobierno en el momento de la colegiación de cada uno, dependiendo del trabajo a desarrollar). También se conoció una circular del CGCOM sobre control de estupefacientes, con sanciones por pérdida o extravío de talonarios de recetas específicos, ya que empezaba a ser un problema el consumo masivo de estos fármacos y se señaló el 3 de enero como fecha para la inauguración oficial de la nueva sede.[175]

En la Junta de abril se conoció y debatió el proyecto de nuevos Estatutos de la OMC y se elevaron las sugerencias que se estimaron pertinentes, fundamentalmente referentes a la doble colegiación y a la composición de la permanente del órgano de gobierno colegial.

La Junta General de julio de ese año abundó en las felicitaciones por la nueva sede y sobre todo por el hecho de que al final no fuera necesario el recurrir a préstamo alguno y hubiera sido financiada en su totalidad con fondos propios del Colegio. Se habló sobre la Caja de Auxilio inmediato a familiares de médicos fallecidos y se subió la aportación a cien pesetas por médico en cada fallecimiento; se instó a todos los médicos que no estaban apuntados en la Caja ya que la inscripción era voluntaria, a que lo hicieran. En noviembre se solicitó al CGCOM la ampliación de la plantilla del Colegio en dos plazas de auxiliar administrativo, que fue concedida en febrero de 1966.

A pesar de inauguraciones, plácemes y autocomplacencia, lo cierto es que en estos años se estaba desarrollando la normativa asistencial médica de la Seguridad Social y que ese desarrollo se estaba haciendo de espaldas a los médicos, lo que empezó a causar un alejamiento de la clase médica de esas decisiones administrativas. La Administración sanitaria estaba empezando a ser vista como un enemigo por los médicos y eso pasaba a todos los niveles, desde el CGCOM, que no encontraba receptividad alguna para sus propuestas en las altas instancias decisorias de la Administración, hasta el médico del último consultorio, que veía como su ejercicio profesional iba perdiendo calidad progresivamente, lo que se achacaba a la organización de los servicios impuesta. A este respecto es mencionable la carta que el presidente del CGCOM que, con las conclusiones de la asamblea de presidentes de colegios de dieciséis y diecisiete de julio de 1965, dirigió a los ministros de Trabajo y de la Gobernación sobre la puesta en marcha de la Seguridad Social. En esa carta, el máximo representante nacional de los médicos se quejaba de la incomprensión de la propuesta de colaboración hecha por la OMC y expresaba las causas fundamentales por las que se consideraba que la acción unilateral de la Administración había creado un clima desfavorable que dificultaba mucho la misión asistencial. Se mencionaba el mantenimiento de interinidades durante años, la no apertura de escalas imposibilitando el ingreso de muchos médicos jóvenes, no actualización de méritos o lo precario de los honorarios, cuestiones algunas de ellas plenamente actuales cincuenta años después. También se le decía al ministro de Trabajo que supeditar la asistencia médica a la planificación económica del órgano administrativo había dado lugar a una medicina cara y no buena, desequilibrando la relación entre instalaciones y profesionales que las servían y exigiendo un servicio de inspección médica muy costoso e ineficaz. Solo hubo una respuesta con promesas genéricas de estudiar la carta y de reuniones para aunar criterios.

En este sentido, el pleno de la Junta de Gobierno de mayo de 1966 conoció y se adhirió en su totalidad a las conclusiones de la asamblea de presidentes del CGCOM y su postura de disconformidad absoluta con el texto de la ley de Bases de la Seguridad Social que

---

[175] *LACOMCAS*. Sesión de 10 de diciembre de 1964.

se había promulgado recientemente, así como el proyecto de ley de Seguridad Social Agraria. La OMC manifestaba su total disconformidad con la constante serie de medidas unilaterales determinadas por la ordenación del ejercicio de la Medicina desde instituciones administrativas y centros directivos ajenos a la misma y que venían conduciendo a formas inadecuadas de asistencia y «… a la degradación del médico en la triple vertiente moral, cultural y económica». Esa asamblea acordó la ruptura de relaciones de la OMC con la administración de la Seguridad Social y la retirada de todos sus representantes del Instituto Nacional de Previsión y del Ministerio de Trabajo. Si alguna vez hubo sintonía, está claro que había dejado de existir en esos momentos. Alguna repercusión debió de tener esta reacción, ya que se creó una comisión interministerial Gobernación-Trabajo para estudiar todas las reivindicaciones del CGCOM.

Además y en otro orden, en el mes de junio se proveyeron las dos plazas de auxiliares administrativos autorizadas por el CGCOM en las personas de Paz Calduch Romero y Paquita Ferrer Arnau, que probablemente algún lector de los de más antigua colegiación todavía recuerde, con salarios de treinta mil pesetas/año. A finales de 1966 ejercían en Castelló y provincia cuatrocientos veintitrés médicos colegiados.

La Junta de Gobierno de febrero de 1967 conoció y dio lectura íntegra al nuevo Reglamento de la OMC publicado por orden ministerial de veintiséis de enero y se hicieron diversas propuestas de modificación del texto. Este Reglamento generó un gran malestar entre la clase médica ya que cercenaba atribuciones, autonomía e independencia de los médicos en el ejercicio de la profesión, así como sustituía el carácter representativo de los órganos colegiales médicos por un carácter de organizaciones meros apéndices y totalmente subordinadas a la Administración, por lo que la Junta de Gobierno castellonense interesaba de la OMC que hiciese lo posible para su derogación. Esta postura fue unánime entre la clase médica y dio lugar a la derogación de este Reglamento y la promulgación de otro el 1 de abril que rectificaba en buena medida el anterior, sobre todo en la consideración de los colegios profesionales como órganos dependientes de la Administración general del Estado. En noviembre de 1967 se fijó una iguala mínima de sesenta pesetas por mes y familia

En noviembre de 1968 la Junta conoció el anteproyecto de nuevo Código de Deontología, que se publicó en las Hojas Informativas mensuales y se hizo llegar a toda la colegiación para posibles correcciones o sugerencias. Este texto, con las correspondientes correcciones, acabó constituyendo el Código de Deontología de la OMC de 1969, que sustituyó al vigente desde 1945.[176] La Junta General de once de enero de 1969 acordó la creación de la sección colegial de médicos rurales. En noviembre se convocaron elecciones a cargos de la Junta para renovar: presidente, vicepresidente, secretario, vicesecretario, tesorero- contador y vocales representantes de: Seguridad Social, Asistencia Colectiva, colegiados con más de diez años de ejercicio y colegiados licenciados en los diez años anteriores. El presidente manifestó su intención de no presentarse a la reelección. El cuatro de diciembre de 1969 el presidente del Colegio recibió la Medalla de la Organización Colegial que le concedió el CGCOM por sus más de veinte años de ejercicio como presidente y la Junta Directiva en sesión de diciembre, a la que él no asistió, acordó otorgarle el título de colegiado de honor.

---

[176] La realidad es que las Normas Deontológicas que contenían los Estatutos de 1945 habían quedado vacías de contenido desde la promulgación del Reglamento de la OMC de 1963, en los que se daban potestades sancionadoras a las juntas directivas y se constituían los tribunales de honor.

Así finalizaba una larga etapa de la vida colegial que se caracterizó principalmente por la ordenación del ejercicio profesional en un país en el que se dio en ese período un importante cambio en el modo de prestar asistencia sanitaria a la población, con la implantación del seguro obligatorio de enfermedad y por una mínima democratización de los órganos de representación colegiales, y en el que además, se había dotado al Colegio de solvencia económica y una sede propia moderna y funcional para los siguientes cincuenta años de funcionamiento.

3. La vida colegial en los últimos años del franquismo

Una vez celebradas las elecciones, la nueva Junta quedó conformada por: presidente: José Aragonés Lloret, vicepresidente: Juan Guallart Segarra, secretario general: Luis Aracil Muñoz, vicesecretario: José M.ª Losa Morancho; tesorero-contador: Rafael Vila Vidal; vocal representante de Sanidad Nacional: Ángel Martínez Fernández; de médicos del Seguro Social de Enfermedad: Francisco Albella Redó; de Asistencia Colectiva: José González Cabrera; de médicos licenciados en los diez años anteriores: José A. de Francia Valero; de médicos con más de diez años de ejercicio libre: José M.ª Martínez Urrea. El pleno de cinco de marzo de 1970 fue presidido por José L. Villamarín, jefe provincial de Sanidad y tuvo como único punto del orden del día la toma de posesión de la nueva Junta y el traspaso de poderes.

Pedro Muñiz hizo un discurso resumiendo sus más de veinte años al frente de la Corporación resaltando los asuntos de mayor relieve habidos en su mandato como el cobro unificado de las igualas, la creación del igualatorio médico colegial, la normalización del ejercicio en numerosos partidos y su clasificación, las sucesivas actualizaciones de la iguala y otros varios. Así mismo hizo hincapié en como el Colegio había pasado a tener una sede moderna y funcional y de como de un capital de unas treinta y siete mil pesetas invertidas en un solar y de estar en una sede alquilada, se había pasado a la plena posesión de la sede y a un capital colegial que rebasaba en ese momento los dos millones de pesetas, invertido en valores mobiliarios seguros. También habló de la progresiva implantación del Seguro Obligatorio de Enfermedad y de las discrepancias con el Ministerio de Trabajo por esta causa.

José Aragonés Lloret, último presidente colegial del periodo estudiado. (Fuente: Colegio Oficial de Médicos de Castelló).

José Aragonés, como presidente entrante, agradeció al saliente Pedro Muñiz sus servicios y propuso a la Junta que se le nombrara Presidente de Honor del Colegio de Médicos de Castellón, lo que fue aprobado inmediatamente por unanimidad. Este nombramiento fue ratificado por unanimidad en la Junta General de mayo de ese año y se encargó la confección de una placa conmemorativa en plata, para entregar al doctor Muñiz con ocasión del día del médico. También se acordó la adquisición de unos locales comerciales en la finca lindante con el Colegio, avenida Capuchinos 9, para futuras ampliaciones de la sede colegial. Los locales estaban tasados en un millón de pesetas.

A propósito de esta sede de la avenida Capuchinos, cualquiera que entrara alguna vez en su vestíbulo seguro que repararía en un busto de bronce con la efigie de Vicente Gea Mariño, presidente del Colegio en dos períodos antes de la Guerra Civil, miembro de la Junta de Gobierno durante muchos años y persona muy notable en Castelló durante todo el primer tercio del siglo xx.[177] La historia de esta imagen no deja de ser curiosa y me ha sido relatada por la doctora Carmen Peña Forcada, bisnieta del Vicente Gea: a los pocos meses de ser inaugurada la nueva sede colegial en 1965, descendientes del doctor Gea Mariño regalaron al Colegio la citada efigie que fue olvidada en un trastero.[178] Llegada la democracia y ya en la década de los ochenta del siglo pasado, un acuerdo de Junta de Gobierno estipuló que la citada efigie estuviera expuesta en el vestíbulo del Colegio, como homenaje de la Corporación a uno de sus más notables miembros.

Retomando nuestro relato, la nueva Junta acometió una reordenación del Colegio y una de sus primeras medidas fue la reedición del *Boletín Informativo*, cuyo último número en el formato de *Hoja Informativa* se editó en diciembre de este año 1970 y se daba cuenta en ella de la creación de la Comisión de Censura Sanitaria y Deontología Médica. Para ello se habían solicitado instrucciones al cgcom, para dar cumplimiento al artículo 41.e del Reglamento de la omc. También se aumentó la iguala mínima fijándola en el dos y medio por ciento del salario mínimo interprofesional, lo que equivalía a tres pesetas.[179] Además, se procedió a la reorganización de la plantilla del Colegio, ante el resultado de una inspección de Trabajo que así lo requirió. Quedó compuesta por: un jefe de sección; un jefe de negociado; dos oficiales de primera y tres auxiliares; todos ellos con una jornada laboral de las siete horas reglamentarias. También se impuso el horario continuado de 8 a 15 horas, supeditado al establecimiento de un servicio de guardia unas horas por las tardes. Se fijó en dos mil pesetas por mes la gratificación al secretario general del Colegio.

En la noche del dieciséis al diecisiete de junio de 1970 se produjo un robo en las oficinas del Colegio. Los amigos de lo ajeno forzaron una de las ventanas de la avenida Capuchinos y se llevaron las dos cajas fuertes donde se guardaba dinero y documentos. Las cajas se encontraron posteriormente en el término de Barracas, con la mayoría de los documentos intactos; no así el dinero que ascendía a la considerable suma para aquella época de 278 842 pesetas entre fondos del Colegio, recaudación del día del médico, pagos pendientes a médicos titulares y otras cantidades de menor cuantía. Esto causó un gran trastorno en la economía del Colegio, que estaba inmerso en importantes gastos derivados de la adquisición de los locales colindantes aprobada en la Junta General, la instalación de climatización en las dependencias y otros. Se pidió ayuda al cgcom por ello y este acordó conceder al Colegio un préstamo de doscientas cincuenta mil pesetas sin intereses, amortizables en diez años a

---

[177] Llegó a ser, durante los dos primeros días tras la proclamación de la República, presidente de la Diputación y desempeñó varios cargos políticos locales.

[178] No olvidemos que Vicente Gea Mariño había sido condenado a una larga pena de prisión por el Tribunal especial de represión de la masonería y el comunismo y se le había pretendido juzgar por responsabilidades políticas tras la Guerra Civil. Era inconcebible en aquellos momentos un homenaje público a un personaje con estos antecedentes.

[179] El Real Decreto 720/1970 estableció el salario mínimo en 120 pesetas al día, aunque sufrió varias modificaciones en esa década por la gran inflación que hubo en España en esos años.

razón de veinticinco mil pesetas al año. Se acordó también instalar rejas en las ventanas y que el dinero que hubiera en el Colegio en adelante fuese el mínimo indispensable para el funcionamiento diario, haciendo todas las operaciones del Colegio a través de los bancos. En la Junta de Gobierno de septiembre se creó la comisión de censura y se acordó la constitución de la sección colegial de médicos de hospital. En diciembre se nombró a Carmina Iturralde auxiliar administrativo del Colegio, dejando en sus oficinas una impronta de simpatía y buen hacer que muchos todavía recordamos con nostalgia y cariño.

La nueva época del *Boletín* comienza en marzo de 1971. Estos boletines se conservan en el Colegio encuadernados en libros de tapa dura de color verde y canto marrón oscuro. Un cambio reseñable es que hay una serie de personas encargadas de su confección, una especie de consejo de redacción, distinto a la Junta de Gobierno y cuyo primer director fue Genaro Compañ Labal. Otro cambio es el del nombre, que a partir de este momento se llamará *Boletín Informativo del Colegio Oficial de Médicos de Castellón* y en la primera editorial escrita por el presidente Aragonés se invita a todos los colegiados a enviar aportaciones. El *Boletín* reapareció con carácter bimestral. Hay un neto tono reivindicativo en sus primeros artículos. De hecho, en el número de mayo hay un editorial muy duro del presidente, a propósito de una sentencia que había reconocido el derecho de un médico a percibir trienios con un nombramiento de interino. El doctor Aragonés critica duramente al CGCOM y su asesoría jurídica que no habían hecho nada al respecto y lanza una dura diatriba contra disposiciones administrativas y la forma de hacer de la Administración respecto a la clase médica. Artículos críticos con la Administración se repiten en los números siguientes, algo impensable pocos años antes. El *Boletín* hace honor a su nombre y es esencialmente informativo de actividades colegiales y del CGCOM. Contiene también espacios para las diferentes secciones colegiales, preferentemente utilizadas por los médicos rurales, los médicos jóvenes y los interinos. También hay una sección de la organización Médicus Mundi que se publicó hasta finales de 1974.

De la lectura de las actas se desprende que en estos años la principal actividad del Colegio fue la formativa, con organización o participación en ella de múltiples actividades formativas y científicas. En mayo de 1971 se acordó la constitución de la sección colegial de médicos interinos.

En mayo de 1972 se actualizó la gratificación al secretario general fijándola en tres mil pesetas al mes. En julio la Junta puso en conocimiento de todos los colegiados el anteproyecto de nuevo reglamento de la OMC para posibles sugerencias y aportaciones. En la Junta General de mayo de 1973 el tesorero presentó un balance de cuentas con un superávit Ingresos-Gastos de 1 252 328 ptas. Parece que habían quedado atrás las penurias económicas causadas por la adquisición de la nueva sede y del robo habido. El presidente en su memoria mencionó el proyecto de ley de colegios profesionales, que había merecido unánime reprobación por parte de todas las profesiones colegiadas, por lo que el Gobierno había decidido redactar otro nuevo. Esto retrasaría la aprobación del nuevo reglamento de la OMC. En esta Junta General presentaron informes el responsable de los médicos titulares y el de la Seguridad Social, mostrándose muy críticos con la actuación de la Administración en sus respectivas áreas. La Junta de Gobierno de quince de junio acordó contratar la primera póliza colectiva de responsabilidad civil que contrató el Colegio, con la empresa aseguradora Cervantes S.A.

Sorprendentemente la Ley de colegios profesionales de 1974 no merece comentario alguno, ni en las actas de la Junta de Gobierno ni en el Boletín Informativo. Solo hay un «enterado» de su promulgación en el acta de la Junta de Gobierno de 4 de marzo de 1974.

Esta ley fue trascendente porque se promulgó en un momento clave en la vida del país. El anhelo de acceder a los derechos políticos de que se disfrutaba en la Europa de esta parte del telón de acero estaba muy extendido en la sociedad y a los colegios se habían incorporado muchos profesionales jóvenes, que hicieron de algunos de ellos centros de oposición política al régimen. La ley intenta asegurar la lealtad política de las corporaciones, o al menos de sus dirigentes, concediéndoles poderes mucho más amplios que hasta ese momento. Declara los colegios profesionales «… corporaciones de derecho público, amparadas por la ley y reconocidas por el Estado, con personalidad jurídica propia y plena capacidad para el cumplimiento de sus fines» (artículo 1), lo que implica considerar a los colegios como cauces de participación política en aquel sistema, así como garantizar su autonomía, personalidad jurídica e independencia de la Administración del Estado. Una suerte de *quid pro quo* que solo estará vigente hasta la promulgación de la Constitución de 1978.

El nueve de mayo de 1974 tuvo lugar una Junta General extraordinaria a fin de elegir candidatos a cubrir la vacante de representante de la OMC en las Cortes, por fallecimiento de su titular. El interés por este asunto entre los médicos de Castelló lo muestra el que asistieran seis personas a esa asamblea, todas ellas de la Junta de Gobierno. El veintisiete de julio de 1974 la Junta acuerda dirigir un telegrama a la Casa del Jefe del Estado, congratulándose de la favorable evolución de la enfermedad tromboflebítica que había padecido el general Franco y haciendo votos por un total y rápido restablecimiento de su salud.

En la Junta General de octubre se presentó un superávit de 2 211 556 ptas. Definitivamente habían quedado atrás las penurias económicas de nuestra institución. En esta misma Junta General el presidente del Colegio hizo una encendida defensa de las peticiones de los médicos internos residentes en mejora de sus condiciones de trabajo. La Junta de Gobierno de noviembre hizo suyas las reivindicaciones de los médicos internos residentes (MIR) en cuanto a sus contratos de trabajo, que eran carentes de cualquier tipo de protección laboral y dejaba a los jóvenes médicos en formación a merced de la entidad contratante. A treinta y uno de diciembre de ese año de 1974 había colegiados quinientos ochenta y cuatro médicos en la provincia de Castelló.

En enero de 1975 la Junta renunció a subir las cuotas colegiales a pesar de las indicaciones del CGCOM en ese sentido, por la buena marcha financiera del Colegio. En la Junta de febrero el presidente expuso que en conversaciones con otros presidentes le habían comentado lo que pagaban esos colegios a los asesores jurídicos y que eran sumas sensiblemente superiores a las que cobraba el nuestro, por lo que la Junta acordó elevar esa retribución a treinta y seis mil pesetas al año y la del secretario general a cinco mil pesetas al mes. También se acordó un importante aumento del salario de la plantilla, así como la instauración de unas normas de régimen interno para este personal. Los nuevos salarios acordados fueron:

Jefe de Sección:	8250 pesetas al mes
Jefe de Negociado:	8250 pesetas al mes
Oficial 1.ª:	5500 pesetas al mes
Oficial 2.ª:	4000 pesetas al mes
Auxiliar:	3200 pesetas al mes
Ordenanza:	3000 pesetas al mes
Botones:	1500 pesetas al mes
Limpiadora:	1000 pesetas al mes

La Junta General de mayo de este año conoció el superávit de ese año: 2 027 222 pesetas. El Colegio gozaba de una buena posición financiera, por lo que la directiva colegial tuvo que esforzarse en explicar a los asistentes en qué empleaban el dinero, que según refirieron se iba fundamentalmente en servicios de formación para los colegiados (financiación de actividades científicas, una biblioteca de reciente construcción) y mejoras de acondicionamiento de sede y mobiliario. En esa Junta General se acordó estudiar la implantación de un servicio centralizado de reconocimientos para solicitantes del carnet de conducir, ante las sospechas de que muchos reconocimientos realizados al efecto no eran tales y ni siquiera se veía al interesado en ocasiones. La idea en un principio no fue bien acogida por muchos de los asistentes, por lo que se desestimó y se dejó para una posterior discusión, aunque se hizo propósito de averiguar si las sospechas eran ciertas y de perseguir esos actos por contrarios al buen ejercicio profesional.

La permanente de la Junta de Gobierno del veinte de noviembre, manifestó su pesar por la muerte de Franco «[…] su más excepcional gobernante, su más excepcional Caudillo […] que vivió totalmente entregado al servicio de la Patria […]» y manifestó su confianza en el nuevo Jefe del Estado, el rey D. Juan Carlos I. También el *Boletín* se ocupó de este asunto como no podía ser de otro modo: en el número de diciembre hay una editorial del presidente saludando la restauración de la Monarquía, aunque todavía empieza recordando a Franco: «En este año que finaliza en que hemos visto desaparecer la figura más ilustre del último medio siglo…». Una decisión importante de la última reunión de Junta de Gobierno de este año fue el acuerdo de implementar el cobro de cuotas colegiales por domiciliación bancaria, a fin de agilizar trámites y dificultar en lo posible más robos. También se acordó pedir para los MIR sancionados por las recientes huelgas el indulto general concedido con motivo de la proclamación del rey Juan Carlos I. Por último se iniciaron los trámites con vistas a la renovación de cargos de la Junta en las personas de presidente, secretario general, vicesecretario, tesorero-contador, vocal representante de médicos de Asistencia Colectiva y de médicos con menos de diez años de antigüedad que cumplían mandato el cinco de marzo de 1976. En la Junta siguiente se aprueba el calendario electoral y la fecha de la votación: el cuatro de marzo de 1976. La Junta de dieciséis de febrero elevó la gratificación del secretario general a siete mil pesetas al mes. Así mismo, conoció que los únicos candidatos a los cargos de la Junta eran los que ya los desempeñaban, por lo que se pidió al CGCOM su nombramiento directo sin que hubiera lugar a votación, lo que así se hizo. Esta circunstancia de la falta de candidaturas da fe de la desafección de los médicos de esa época hacia sus órganos representativos. Había conflictos permanentes con la Administración en todos los órdenes, los MIR trabajaban sin horario y prácticamente sin derechos, las interinidades eran la norma, las intromisiones del poder político eran constantes en la organización de los servicios y en la forma de ejercer… y ante ese panorama la percepción de la mayoría de los médicos era que sus órganos representativos no hacían nada. En consecuencia, muchos dejaron de creer en ellos.

La promulgación de la Constitución de 1978 significa un antes y un después en todos los órdenes de la vida de este país. Por ello, creo conveniente detenernos en este punto y hacer un amplio resumen de tres asuntos capitales y que significaron tiempo de ocupación y preocupación para las sucesivas juntas de gobierno desde el nacimiento del Colegio y hasta ese momento. Estos tres puntos son: el proceso de adquisición de una sede colegial propia; un somero análisis evolutivo de los diferentes Estatutos que regularon la vida de los colegios de médicos; y una de las constantes de la actuación de las juntas de gobierno desde que nuestro Colegio empezó a funcionar, como es la organización y puesta a disposición de los colegiados de actividades científicas y formación continuada.

4. Proceso de adquisición de una sede colegial propia

Cuando acabó la Guerra Civil el COMCAS tenía su sede en un edificio alquilado sito en calle González Chermá 132 (actual Enmedio), en la antigua Casa de Correos.[180] El Colegio nunca había tenido una sede propia, siempre había estado en dependencias alquiladas. Tanto el aumento en el número de colegiados como las continuas exigencias del propietario de la sede sobre aumento en el alquiler y otras cuestiones, hicieron que desde bien pronto tras acabar la Guerra, las directivas del Colegio se plantearan el cambio de sede y adquirir una en propiedad. La gran mayoría de las gestiones para lograr este objetivo fueron realizadas bajo la presidencia de Pedro Muñiz, por más que el inicio del proceso lo fuera en la de Luis Batalla.

Así, la primera Junta de Gobierno que abordó este asunto tras la Guerra Civil fue la de siete de marzo de 1946, recién comenzada la presidencia de Luis Batalla.[181] En ese momento se acordó iniciar gestiones para que el Colegio contase «[…] con un edificio propio y adecuado para instalar en él su domicilio social» y en la sesión siguiente de veintiocho de marzo ya se discutió sobre la existencia de un solar en la avenida Capuchinos, en el que se podría construir esa nueva sede y se acordó solicitar la autorización reglamentaria del CGCOM para adquirirlo. La nueva Junta acordó un compromiso de compra de esos terrenos del final de la avenida Capuchinos, zona que todavía no estaba urbanizada, dando una señal de cuarenta mil pesetas y siempre pendientes de la aprobación definitiva para ello del CGCOM. Además, acordó la convocatoria de una Junta General de colegiados, que no se celebraba desde antes de empezar la Guerra Civil.[182] Esos terrenos estaban en lo que es actualmente la plaza Juan XXIII, frente al Colegio Oficial de Farmacéuticos.[183]

Los asistentes a esa Junta General manifestaron mayoritariamente su rechazo a la construcción del nuevo edificio, por estar muy lejos del centro de la ciudad, muy distante «[…] de la zona de movimiento oficial, comercial e industrial y de incómodo acceso al mismo, por no hallarse urbanizados sus alrededores y vías de comunicación, además de tratarse de un punto de la población al que tardarán años en llegar las actividades propias de una capital» y se facultó a la Junta de Gobierno para seguir haciendo gestiones sobre este asunto y alquilar una nueva sede en un sitio céntrico.[184] Siguiendo este criterio de la Junta General se pusieron los ojos en una casa de la calle Enmedio que estaba en construcción, con el fin de alquilar una de las plantas.

En uno de los varios cambios de criterio que se dieron durante el proceso, la Junta General de 28 de octubre de 1948 aprobó la compra definitiva por parte del Colegio del

---

[180] Hay que recordar que se había procedido a su alquiler por diez años en 1933, una vez que el edificio de Correos de la plaza Tetuán entró en servicio en 1932. El traslado se decidió en Junta de Gobierno de enero y el traslado efectivo fue en marzo de ese año.

[181] *LACOMCAS*. Sesión de 7 de marzo de 1946.

[182] *LACOMCAS*. Sesión de 25 de abril de 1946.

[183] Posteriormente el dueño de los terrenos quiso anular el compromiso, pero la Junta Directiva no accedió (*LACOMCAS*. Sesión de 22 de febrero de 1947).

[184] *Libro de actas de la Junta General de Colegiados*. Sesión de 4 de junio de 1946.

solar de la avenida Capuchinos destinado a sede, por un importe total de cincuenta mil pesetas con todos los gastos incluidos. Se discutió la conveniencia de venderlo o no, ya que como se ha visto, en una Junta General previa se había desestimado edificar allí la nueva sede, pero la Junta rechazó la venta y cambió de parecer, instando y facultando a la Junta de Gobierno a «[…] que inicie enseguida las gestiones encaminadas a la edificación en el mismo del local del Colegio».[185] Las características del solar se detallan en la sesión de Junta de Gobierno de 29 de enero de 1949. Se trataba de un solar de doscientos ochenta metros cuadrados, cuyo precio se tasó en 125 pesetas/m^2, más el impuesto municipal de plusvalía, que debía pagar el Colegio. En esa sesión la Junta conoció el nuevo trazado de calles aprobado por el Ayuntamiento, en el que se preveía la urbanización de esa zona de ensanche de la ciudad.

En la segunda Junta de Gobierno que presidió Pedro Muñiz,[186] se acordó formalizar definitivamente la compra del solar de la avenida Capuchinos con destino a nueva sede colegial (recordar que la compra estaba comprometida, que se había entregado una parte considerable del precio final como señal unos años antes y que solo se estaba pendiente de que el Ayuntamiento urbanizara la zona y también recordar que este solar se corresponde con la actual plaza Juan XIII y no con la que acabaría siendo sede colegial hasta hace bien poco). Se informó a la Junta General de la formalización de la adquisición del solar de la avenida Capuchinos para una nueva sede colegial con un importe total de cincuenta mil pesetas, adquisición que se aceptó y se comisionó a la directiva para iniciar las gestiones para la edificación.

Era constante la preocupación y la ocupación de la Junta de Gobierno en lograr una nueva sede colegial y así se acordó gestionar la concesión de un crédito con el Banco Hipotecario de España y sacar a concurso la realización del proyecto técnico de la obra por un arquitecto.[187] Además, la Junta ordenó a los presidentes de los distritos comarcales que hicieran gestiones cerca de los colegiados, por ver si entre todos se podría sufragar la obra sin tener que recurrir a créditos bancarios.[188]

La Junta de Gobierno de marzo de 1951 conoció por el presidente la disposición de Previsión Sanitaria Nacional a financiar las obras de la nueva sede social, ello supeditado a la redacción y estudio previos de un proyecto y presupuesto. A tal efecto se encargó al arquitecto Vicente Traver González-Espresati la redacción del citado proyecto. En el mes siguiente se aprobaron los planos de la nueva sede y se encargó al tesorero el estudio económico y presupuestario del proyecto. El arquitecto cobró diez mil pesetas por su trabajo.[189]

La Junta Directiva de junio de 1951 tuvo conocimiento del presupuesto de las obras de la nueva sede y la imposibilidad de financiación externa, dada su cuantía. Por ello, decidió aparcar ese proyecto de sede e ingresar en la cooperativa de viviendas protegidas «San Cristóbal», que estaba empezando a construir en la plaza Huerto Sogueros número 11, y solicitar la adjudicación de tres de los pisos para la nueva sede. En la Junta General extraordinaria de julio de 1951 convocada para dar a conocer a la colegiación este cambio

---

[185] *Libro de actas de la Junta General de Colegiados*. Sesión de 28 de octubre de 1949.
[186] *Libro de actas de la Junta General de Colegiados*. Sesión de 29 de enero de 1949.
[187] *LACOMCAS*. Sesión de 7 de septiembre de 1950.
[188] *LACOMCAS*. Sesión de 22 de septiembre de 1950.
[189] *LACOMCAS*. Sesión de 14 de abril de 1951.

de criterio, se conoció el presupuesto del proyecto de nueva sede de la avenida Capuchinos, que ascendía a millón y medio de pesetas, lo que excedía con mucho las posibilidades del Colegio en aquel momento. Para la Junta de Gobierno esto era razón suficiente para unirse a la cooperativa antedicha. Dicha cooperativa exigía una primera entrega de treinta mil pesetas (diez mil por piso) y entregas sucesivas hasta completar cien mil pesetas por piso, que era su precio al final. Hubo varios colegiados que no estuvieron de acuerdo con esta opción y preferían construir en el solar del Colegio, aunque fuera a costa de ceder parte del solar. Al final se nombró una comisión encargada de estudiar el asunto e informar a la Junta General, pero no he encontrado referencia posterior alguna sobre esta decisión.

Una operación inmobiliaria de la envergadura de la que estaba embarcado el Colegio no podía pasar desapercibida en el sector, en una pequeña capital en la que ese tipo de noticias corría como la pólvora. En ese sentido llegaron al Colegio varios ofrecimientos de edificios y solares para la nueva sede. En la Junta de gobierno de febrero de 1953, el presidente da cuenta del ofrecimiento que se le había hecho, de adquisición para nueva sede del Colegio del edificio donde estaba la jefatura de Obras Públicas, en la misma calle Enmedio donde estaba la sede del Colegio en esos momentos, por un precio de ochocientas mil pesetas. La Junta acordó estudiar seriamente el asunto y vías posibles de financiación, para someterlo a la Junta General.[190] Esta estudió el asunto en su siguiente sesión, pero se pospuso la decisión definitiva hasta tener la opinión de las juntas de distrito, toda vez que la asistencia a la Junta no era excesiva (veintisiete colegiados).[191]

Este es un fenómeno que empezó estos años; por desidia, falta de interés, creer que todo estaba decidido de antemano o por lo que fuera, quedan lejanos ya los tiempos en que treinta o treinta y cinco por ciento de todos los médicos colegiados de la provincia, o incluso más, asistían a las juntas generales. En esta época la asistencia estaba conformada fundamentalmente por los colegiados obligados por sus cargos o funciones, y no todos, y algún otro médico guiado más por un interés particular que por los asuntos generales del colectivo.

La Junta de Gobierno decide someter a la Junta General la venta del solar de la avenida Capuchinos destinado a construir la nueva sede, dados los gastos en impuestos y otras gabelas que ocasionaba al Colegio y el perjuicio en sus balances económicos.[192] En esa General, de veintidós de abril, se acordó la venta del solar. La Junta Directiva de quince de junio conoce la autorización del CGCOM para esa venta mediante subasta y se acuerda iniciar inmediatamente los trámites para ello. Se nombró aparejador encargado a Vicente Gámir, que tasó el solar en un precio de 325 pesetas/m^2. Casi dos años después, se conoció el acta notarial levantada por el notario José Royo Marín, según la cual la subasta del solar del Colegio había quedado desierta, al no haber ninguna oferta. El asunto quedó sobre la mesa para posterior decisión.[193] Tan sobre la mesa quedó que la siguiente referencia a este costoso proceso de adquisición de la sede no es hasta junio de 1959 en que la Junta General de colegiados faculta a la de Gobierno (otra vez) para adquirir un solar o un local nuevo para sede del Colegio.[194]

---

[190] *LACOMCAS.* Sesión de 12 de febrero de 1953.
[191] *Libro de actas de la Junta General de Colegiados.* Sesión de 30 de abril de 1953.
[192] *LACOMCAS.* Sesión de 30 de abril de 1953.
[193] *LACOMCAS.* Sesión de 8 de febrero de 1955.
[194] *Libro de actas de la Junta General de Colegiados.* Sesión de 4 de junio de 1959.

Esta cuestión fue una de las principales preocupaciones de las juntas de gobierno de aquella época. Tal es así, que las gestiones para cumplir el último encargo de la Junta General empezaron de inmediato. En ese sentido, en la Junta General de enero de 1960 el órgano de gobierno presentó un plan de financiación de la nueva sede, en el que se planteaba una necesidad inicial de unas quinientas mil pesetas y una aportación de cada colegiado, reintegrable, de mil cuatrocientas treinta, bien de una sola vez o bien en cinco años a razón de 27,50 pesetas/mes con los correspondientes intereses. La propuesta, y su carácter obligatorio para todos los colegiados, fueron aprobados por unanimidad de los cincuenta y dos asistentes a la Junta. Se facultó a la directiva para adquirir el local que mejor conviniese a los intereses colegiales y a su criterio, entre las varias opciones existentes.[195] Ya no hubo otra Junta General hasta diciembre de 1962.

La Junta de gobierno de septiembre de 1960 conoció la adjudicación en venta al Colegio, con destino a su futura sede, de la planta baja comercial completa del edificio que estaba construyendo el Patronato de casas para funcionarios del Ministerio de Hacienda en la plaza Huerto Sogueros, por un precio de 575 000 pesetas, pagaderas al contado 203 878,50 y las restantes 371 121,50 en pago aplazado treinta años. La Junta aprobó estas condiciones y facultó al presidente para formalizar la operación.[196] Esta operación se formalizó e incluso se realizaron presupuestos de acondicionamiento de los locales a la sede del Colegio, pero pasó que esos presupuestos excedían con mucho las disponibilidades económicas de la corporación en esos momentos, por lo que en mayo de 1961 se acordó elaborar un estudio técnico sobre la edificación del solar de la calle Capuchinos, que todavía era propiedad del Colegio. Ese estudio sentó que el costo de la nueva construcción rondaría el millón cien mil pesetas, proyecto que la junta consideró viable económicamente, por lo que en junio de 1961 acordó:

- Desistir del proyecto y compromiso de comprar del local de la plaza Huerto Sogueros y solicitar del Patronato constructor el reintegro de las cantidades ya abonadas por este concepto.
- Iniciar todas las gestiones y trámites necesarios para la construcción de un edificio destinado a domicilio social en el solar propiedad de la Corporación sito en la avenida Capuchinos.
- Invitar a los colegiados a aumentar la aportación que fue acordada en Junta General, en la cuantía que exigiera el nuevo proyecto.

Estos acuerdos se pusieron en conocimiento de toda la colegiación mediante reuniones de la Junta de gobierno con las juntas de distrito. En la Junta de Gobierno de octubre se nombró una comisión compuesta por presidente, secretario, vicesecretario y tesorero para entender de todos los trámites de la construcción de la nueva sede social y agilizarlos en lo posible.

El pleno de Junta de cinco de enero de 1962 fue monográfico sobre la nueva sede colegial. Resultaba que el propietario de los locales en los que estaba ubicado el Colegio quería cancelar el contrato de arrendamiento de forma unilateral y casi sin dar tiempo a buscar otra sede. Ante ello se buscaron soluciones y apareció un propietario de un solar, también en la calle Capuchinos, cuya construcción era inminente. El citado propietario

---

[195] *Libro de actas de la Junta General de Colegiados.* Sesión de 10 de enero de 1960.

[196] *LACOMCAS.* Sesión de 17 de septiembre de 1960.

ofreció todos los bajos comerciales del edificio, debidamente acondicionados según los deseos del Colegio, para sede de la corporación. Se fijó un precio de millón y medio de pesetas pagaderas en varios plazos, por lo que se decidió efectuar la operación y se facultó al presidente para ello. Al tiempo se acordó agilizar las gestiones para recuperar la cantidad que se había entregado como señal al Patronato de casas de funcionarios del Ministerio de Hacienda.

La siguiente Junta de Gobierno conoció el reintegro de esa cantidad por un montante total de 224 707 pesetas y acordó en relación con la nueva sede: a) solicitar a Previsión Sanitaria Nacional un préstamo de setecientas mil pesetas, amortizable en diez años como máximo y b) iniciar gestiones para vender el solar propiedad del Colegio.[197] También se aceptó el aumento de alquiler de la sede hasta 485,34 pesetas/mes. En la sesión de 15 de diciembre de ese año, se aprobó la venta del solar propiedad del Colegio[198] en un precio de mil cuatrocientas pesetas el metro cuadrado. La Junta General de ese año se celebró el veinte de diciembre y ratificó todas las gestiones de la Junta de Gobierno en cuanto a la nueva sede y la facultó para seguir haciendo lo que fuera necesario, incluso la contratación de un crédito hipotecario, hasta tener una nueva sede, lo que ya era una necesidad acuciante. El treinta y uno de enero de 1963 se formalizó la venta del solar del Colegio en el precio tasado, por un monto total de 393 110 pesetas.

La nueva Junta de Gobierno, elegida tras la promulgación de los Estatutos del CGCOM, tuvo que ocuparse de la adquisición del mobiliario para la nueva sede, que estaba ya en avanzado estado de construcción, y para ello en su primera reunión aprobó un presupuesto de decoración y mobiliario por valor de 557 750 pesetas.[199] En la Junta General de abril de 1964 toda la colegiación conoció el avanzado estado de las obras de la nueva sede y su próxima inauguración.

El acta del pleno de la Junta de Gobierno de diez de diciembre de 1964, recoge la satisfacción de este órgano por el traslado y puesta en funcionamiento de las dependencias de la nueva sede, que se había hecho efectivo el día cinco de diciembre, y empezó a preparar la inauguración oficial.

Se señaló el tres de enero como día de inauguración oficial de la sede, con la presencia de presidente y secretario general del CGCOM, obispo e invitación a todas las autoridades provinciales y locales. El Colegio editó un *Boletín Informativo Extraordinario* dedicado íntegramente a la inauguración de la nueva sede del Colegio, que es la recientemente cerrada de la avenida Capuchinos. Hay que recordar que el *Boletín* no se editaba en esa época, solo había una *Hoja Informativa* de periodicidad mensual que recogía la actividad de la Junta y la normativa sanitaria que iba promulgándose. En esta edición especial hay artículos del presidente del Colegio Pedro Muñiz, del presidente del CGCOM, Alfonso de la Fuente Chaos y de su secretario general, José Ramón Reparaz, así como uno sobre el nuevo ambulatorio y residencia sanitaria de Castelló, firmado por el inspector provincial de Sanidad, Juan del Olmo Martínez. El resto es un conjunto de fotografías de la nueva sede y de los actos celebrados.

---

[197] *LACOMCAS.* Sesión de 17 de febrero de 1962.

[198] Recordar que este es el solar cuya compra se acordó en 1946 y se formalizó definitivamente a principios de 1949 por un precio final de 125 ptas/m². También que este solar fue tasado en un precio de trescientas veinticinco pesetas/m² en 1954 y que se acordó su venta mediante subasta, lo que no fue posible al quedar esta desierta. Al final el tan traído y llevado solar constituyó una excelente operación inmobiliaria para el Colegio.

[199] *LACOMCAS.* Sesión de 16 de marzo de 1963.

Reproducción de la portada del Boletín especial dedicado a la inauguración de la sede de avenida Capuchinos. (Fuente: Colegio Oficial de Médicos de Castelló).

Finalizando en lo que a este asunto respecta, decir que en el acta de la Junta Directiva de enero de 1965 se felicitó por el éxito del día de la inauguración y la brillantez que tuvieron todos los actos programados, así como de la trascendencia que se le concedió en los medios de comunicación locales y prensa médica nacional. Así mismo, acordó un donativo de cinco mil pesetas al Obispado en agradecimiento por la implicación personal del obispo en los actos. También se acordó interesarse por los locales justo encima de la nueva sede colegial que estaban en venta, por si procediera en el futuro su adquisición, de cara a una ampliación de las instalaciones.[200] La liquidación final del presupuesto de las obras de la sede del Colegio y también el reintegro a los colegiados de las aportaciones que en su momento habían hecho para su adquisición, se aprobaron en 1966.[201]

5. Evolución histórica de la normativa reguladora colegial

El primer esbozo de regulación de un sistema colegial para la profesión médica lo tenemos en la ley de Sanidad de 1855, que en su artículo 80 establecía la constitución en cada capital de provincia de un Jurado médico-farmacéutico con el fin de prevenir y corregir disciplinariamente faltas profesionales y salvaguardar los principios de la moral profesional. En abril de 1894 se constituye el Colegio de Médicos de Madrid, que es nombrado corporación oficial en septiembre de 1895, lo que facultaba a su Junta de Gobierno para constituirse en jurado médico a los efectos del artículo 80 de la ley de 1855 (Villacorta Baños, 1989), pero fue una de las pocas iniciativas en este sentido y no se llegó al necesario reglamento general de colegiación.

La primera regulación colegial general la constituye el real decreto de 12 de abril de 1898, de creación de los colegios de médicos provinciales.[202] En su exposición de motivos el real decreto remite a la ley de Sanidad de 1855, que establecía que debía organizarse en cada provincia «un jurado médico de calificación […] con objeto de prevenir, amonestar y calificar las faltas que cometan los Profesores en el ejercicio de sus respectivas Facultades;

---

[200] *LACOMCAS.* Sesión de 10 de enero de 1965.

[201] *LACOMCAS.* Sesión de 16 de mayo de 1966.

[202] *Gaceta de Madrid* n.º 105, de 15 de abril de 1898.

regularizar en ciertos casos sus honorarios; reprimir todos los abusos profesionales á que se puede dar margen en la práctica, y establecer, en fin, una severa moral médica».

Para cumplir con este precepto, por esta norma se constituyen los colegios de médicos en las capitales de provincia, así como se exige el título para trabajar como médico o cirujano y dice que la colegiación es requisito obligatorio para el ejercicio profesional (artículo 3). Su artículo 4 es toda una declaración de intenciones a nivel organizativo y deontológico:

> Art. 4.° La misión y objeto de los Colegios de Médicos serán: amparar los intereses que representa la salud pública, persiguiendo las intrusiones; proponer se reglamente de modo equitativo el ejercicio de la profesión en todos sus aspectos, impidiendo que tenga lugar con ofensa de los buenos principios de la moral y del decoro profesionales; defender los intereses de la clase médica, procurando obtener en su beneficio las consideraciones que merece por la importancia y nobleza de sus fines; favorecer las relaciones de sincera amistad y consideración que deben mediar entre los colegiados.

El artículo 5 establece la Junta de Gobierno como órgano rector de la institución y el sexto impone a los colegios el deber de colaborar con la Administración evacuando informes sobre asuntos que se les requiriese y que fueran «[…] de su especial competencia». También da facultades a la Junta para elaborar y someter a la aprobación de los colegiados unas normas de régimen interno.

Estos Estatutos preveían la posibilidad de colegiación y ejercicio en varias provincias simultáneamente (artículo 9) y consagran la potestad sancionadora de los colegios cuando un colegiado «[…] cometa actos que afectan al decoro o a la dignidad profesional» (artículo 24), misión que estaba encomendada a las Juntas de Gobierno (artículo 41.3). Asimismo recogían la composición y formación, por elección directa entre los colegiados, de la Junta de Gobierno, cuyo mandato sería de cuatro años, renovándose por mitades cada dos. En los Estatutos se especificaban las funciones del órgano rector y de cada uno de sus componentes y su estructura sirvió de base y modelo a todas las normas publicadas posteriormente.

Por el *Boletín* del Colegio tenemos noticia de que los primeros estatutos colegiales propios de COMCAS se aprobaron en la primera Junta General, el 2 de noviembre de 1899.[203] No se conserva su texto, pero lo lógico es que siguieran estrictamente lo estipulado en el real decreto de creación de los colegios.

El COMCAS se estuvo rigiendo por estos Estatutos hasta la aprobación por la Junta de Gobierno del Reglamento de régimen interno el veintiuno de junio de 1904, tal y como preceptuaba la recientemente publicada Instrucción General de Sanidad, en enero de ese año. Esta última norma había producido un trascendental cambio en la organización de los colegios: la colegiación había dejado de ser obligatoria. El nuevo reglamento interno –que no se conserva– debió adaptarse a ese precepto. Poco sabemos de esta época, como ya ha quedado dicho, pero parece que la Junta de Gobierno colegial nunca hizo dejación de sus funciones y en aplicación de la facultad que le daba de dictar normas referentes a la deontología profesional, aprobó y publicó una *Disposiciones de moral profesional* de obligado cumplimiento, ya comentadas en el texto en su momento, así como las sanciones

---

[203] *Boletín de los colegios oficiales de médicos y farmacéuticos de la provincia de Castellón* 1900; (I): 4 de 15 de febrero de 1900.

por su incumplimiento; esas disposiciones se transcriben en uno de los anexos de esta obra, es un documento muy valioso que muestra la preocupación de nuestros colegas de hace ciento veinte años por el correcto ejercicio de la profesión.

Los colegios languidecieron en toda España hasta 1917 en que se publica el real decreto de 15 de mayo de 1917, por el que se crea el colegio Príncipe de Asturias para huérfanos de médicos.[204] En dicho decreto se establecía que en todas las capitales de provincia que existieran colegios médicos oficiales con arreglo a lo dispuesto en artículo 85 de la Instrucción de Sanidad:

> [...] se establecían éstos con carácter obligatorio para todos los médicos de la provincia y en la que no existiese, se procediera por los Gobernadores Civiles y los Inspectores Provinciales de Sanidad a la constitución de los mismos, con carácter obligatorio para los fines consignados en la Instrucción General de Sanidad y para los del Real Decreto.

Como forma de financiación del Patronato y de los colegios provinciales, se establecía que todos los documentos oficiales que tuviera que firmar un médico (certificados médicos, partidas de defunción, de excepción electoral, imposibilidad física, etcétera), llevaran un sello con un coste tasado de antemano de entre cincuenta céntimos y dos pesetas, a expensas de quien solicitaba el documento. El Colegio detraería una parte para su propio sostenimiento y el del Patronato de Huérfanos. Esta norma es la que establece con carácter definitivo la obligatoriedad de la colegiación, que será complementada con la siguiente. Poco más tarde se publicó la real orden de 28 de mayo de 1917,[205] disponiendo que en el plazo máximo de treinta días se convirtieran los colegios médicos oficiales existentes en colegios provinciales con carácter obligatorio (artículo 1), y que en las provincias donde no existen los colegios oficiales constituidos, se proceda en el indicado plazo a la constitución de los expresados colegios con el carácter de provinciales obligatorios (artículo 2); además obligaba a los colegios a redactar en el plazo de un mes un reglamento de régimen interior para su funcionamiento, en tanto no se promulgaran unos nuevos estatutos (artículo 4).

Por último, unos meses más tarde se promulgó la real orden de 6 de diciembre de 1917, circular, aprobando los Estatutos para el régimen de los Colegios provinciales obligatorios de Médicos.[206] El artículo primero especifica claramente la obligatoriedad de la colegiación para poder ejercer, exceptuando solamente los casos de médicos no ejercientes y los médicos del Ejército y la Armada «[...] que no se dediquen a la práctica civil», aunque estos podían colegiarse voluntariamente. El artículo 2 obligaba a los gobernadores civiles a vigilar que lo anterior se cumpliera y a perseguir como intrusismo la práctica de la Medicina sin estar colegiado. Se concedía a las juntas de gobierno colegiales amplias facultades como tasación de honorarios, facultades disciplinarias sobre la colegiación, recabar cuanta documentación considerara necesaria para acreditar la condición de titulado, aceptar o denegar solicitudes de colegiación, acreditar la colegiación para darse de alta en la contribución industrial, arbitraje y amparo a médicos en casos de conflicto e incluso dar de baja a un médico como colegiado si no pagaba las cuotas correspondientes. El artículo

---

[204] *Gaceta de Madrid* n.º 137, de 17 de mayo de 1917.

[205] *Gaceta de Madrid* n.º 149, de 29 de mayo de 1917.

[206] *Gaceta de Madrid* n.º 334, de 10 de diciembre de 1917.

30 recoge las correcciones disciplinarias que podía imponer la Junta de Gobierno: 1.º advertencia verbal o escrita de carácter privado; 2.º amonestación con anotación en el acta del Colegio; 3.º propuesta al gobernador de cualquiera otra sanción legal, para que esta Autoridad la haga efectiva por los medios que le otorga la Ley y 4.º exclusión de las listas del Colegio, pasando parte a los subdelegados, inspectores y autoridades para los fines de suspensión temporal del ejercicio profesional. También hay que decir que la Disposición Adicional cuarta establecía que los colegios que ya tuvieran carácter de corporación oficial[207] no tenían obligación de redactar nuevo reglamento de funcionamiento interno; solo debían enviar el que estaban aplicando en esos momentos, debidamente actualizado en función de las nuevas disposiciones.

Ya no debería haber lugar a la discusión. A partir de este momento la colegiación es obligatoria (con las excepciones de los médicos no ejercientes, y los del Ejército y la Armada que no ejercieran civilmente). Los colegios de médicos pasan a ser corporaciones oficiales de derecho público, tal y como las conocemos hoy, con amplias facultades de ordenación de la actividad profesional y sancionadoras de conductas indisciplinadas y también con suficientes instrumentos económicos como para asegurar su existencia. Con esta norma, los colegios adquieren una presencia y protagonismo notables entre la profesión.

A pesar de ello las reticencias hacia la colegiación obligatoria eran considerables y esta no era completa entre todos los profesionales. Por ello una asamblea general de colegios de médicos celebrada en Valencia a finales de 1920 comunicó este asunto a las autoridades, que respondieron promulgando la real orden de 22 de febrero de 1921, disponiendo modificaciones en los Estatutos de los Colegios de Médicos.[208] Esta orden es muy importante para la vida de los colegios ya que pone los medios de la Administración a disposición de los colegios para perseguir a los médicos que no estuvieran colegiados. Se modifica entre otros el artículo 2 que queda como sigue:

> El Inspector General de Sanidad, los gobernadores civiles, los inspectores provinciales de Sanidad y los subdelegados de este ramo, perseguirán a los que ejerzan el intrusismo y a los que siendo profesionales de la Medicina no figuren inscritos en las listas de los colegiados, en cuanto tengan noticia por información particular o comunicación de los colegios de médicos.

También se obliga a los médicos a cumplir con los acuerdos adoptados por las juntas de gobierno (artículo 5). Además, entre otras cosas la Administración da potestad a las juntas de gobierno para corregir mediante sanciones al médico cuya conducta se apartara de «… las reglas y deberes sociales, profesionales, legales y estatutarios…». Aunque como todo tiene un precio, el artículo doce de los estatutos quedaba redactado así: «Los Médicos solicitarán sus patentes respectivas por conducto exclusivo de sus Colegios. Estos quedan obligados a denunciar al Fisco los profesionales que, ejerciendo, no paguen la patente respectiva». Con esta norma se institucionaliza realmente la colaboración entre la Administración y los colegios. Además, facultaba a las juntas de gobierno a juzgar y sancionar las conductas de los colegiados «[…] cuando se apartaran de las reglas y deberes sociales, profesionales, legales y estatutarios […]» (artículo 30) y preveía sanciones

---

[207] Hay que recordar que el nuestro lo era desde 1903, al tener más de las dos terceras partes de los médicos ejercientes en la provincia colegiados.

[208] *Gaceta de Madrid* n.º 54, de 23 de febrero de 1921.

de consideración, como la expulsión del colegio provincial o la suspensión de ejercicio temporal en toda España.

También se debe mencionar la real orden de 13 de marzo de 1924, declarando que los colegios médicos provinciales son las únicas entidades de esta clase profesional que gozan de existencia legal y oficial.[209] Esta norma prohíbe la intromisión de otras agrupaciones que no tengan este carácter, con lo que se dota de exclusividad a los colegios, que es una de sus características más definitorias. Se refuerza la colaboración Administración-colegios determinando también ante quién se ha de recurrir contra los correctivos aplicados por los colegios, recursos que se podían plantear ante el gobernador civil e incluso ante el Ministerio de la Gobernación.

Por lo que respecta al régimen interno de nuestro Colegio, el artículo 4 de la orden de 28 de mayo de 1917, establecía que cada colegio redactara su propio reglamento de funcionamiento interno, según decía el artículo 85 de la Instrucción General de Sanidad. El COMCAS lo aprobó en la Junta General de 8 de enero de 1918 recogiendo todos los principios de las normas rectoras. Su texto completo se puede leer en el *Boletín del Colegio* de abril de 1925.

En 1925 se promulgaron unos nuevos Estatutos para los colegios por real decreto de 2 de abril de 1925.[210] El real decreto lo presenta al rey el presidente del Directorio Militar. No es, como hasta ahora, el ministro de la Gobernación quien presenta el texto a la aprobación real; se quiere dar la máxima categoría posible a la norma y es la máxima autoridad ejecutiva quien lo hace. Aquí se exige la colegiación obligatoria, pero se declara voluntaria para los médicos que no ejerzan y los médicos de la Armada y el Ejército que no se dediquen a la práctica civil. Se conceden amplias facultades organizativas y disciplinarias a las juntas de gobierno y se exige una antigüedad mínima de cinco años en ejercicio y colegiación para poder pertenecer a ellas. También la normativa prevé que la Junta de Gobierno pueda llegar a expulsar del Colegio a un médico por motivos disciplinarios, máxima sanción que el interesado podía recurrir ante un jurado profesional regional constituido por los presidentes de los colegios de la región médica a que perteneciera el recurrente, y en última instancia ante el ministro de la Gobernación, que preceptivamente debía oír al Real Consejo de Sanidad antes de pronunciarse. Se crea un jurado profesional de los colegios que «… constituirá el Consejo general de los Colegios, representando el lazo de unión entre todos ellos, compitiéndole llevar la representación de los mismos ante el Poder público, convocar las Asambleas generales e informar cuantas representaciones hubieran aquéllos de elevar ante el expresado Poder público» (Artículo 33). El embrión del futuro Consejo General de Colegios de Médicos. Se crean diez regiones médicas; Castelló estaba encuadrada en la novena, junto a Valencia, Alacant, Baleares, Albacete y Murcia.

Pocos años después los estatutos colegiales sufren otro profundo cambio a nivel nacional con la promulgación del real decreto de 27 de enero de 1930, por el que se aprueban nuevos Estatutos de los Colegios Oficiales de Médicos.[211] Estos Estatutos de 1930 incluyeron dos innovaciones de gran trascendencia: la creación del Consejo General de Colegios Médicos (CGCOM), y la instauración de la Previsión Médica Nacional, por real decreto de 27 de enero.

---

[209] *Gaceta de Madrid* n.º 75, de 15 de marzo de 1924.
[210] *Gaceta de Madrid* n.º 95, de 5 de abril de 1925.
[211] *Gaceta de Madrid* n.º 38, de 7 de febrero de 1930.

Respecto a los colegios provinciales, estos Estatutos de 1930 suprimen agrupaciones colegiales independientes, a las que niegan personalidad autónoma dentro de los Colegios provinciales; los colegios se constituyen en función unificadora de la actividad profesional corporativa dentro de sus respectivos territorios; prohíben la intromisión en los Colegios de cualesquiera otras agrupaciones profesionales (sindicatos, federaciones, etc..) y ratifican la colegiación obligatoria con carácter general para cualquier forma de ejercicio de la Medicina. También se refuerzan y amplían las competencias de las juntas de gobierno de los Estatutos de 1925, tanto en el plano organizativo como en el disciplinario. Se crea un tribunal profesional (embrión de las comisiones de deontología), que era competente para sancionar y respecto al procedimiento sancionador y se dispone que nadie podía ser sancionado sin oírle previamente.

El Capítulo V se dedica al recién creado CGCOM, con la misión de ser el organismo representativo de todos los médicos a nivel nacional. El CGCOM nace con personalidad propia y estaba compuesto por un presidente designado en la asamblea general de todos los colegios provinciales y diez consejeros, uno por cada región médica de las creadas en los estatutos de 1925. De entre los diez consejeros se elegía un vicepresidente, secretario y tesorero. La relación entre el CGCOM y los colegios provinciales estaba bien definida:

Artículo 36. El Consejo general tiene, con relación a todos los Colegios provinciales, las mismas atribuciones que estos organismos con respecto a sus colegiados, siendo idéntico para todos los Colegios el carácter de obligatoriedad y el deber de contribuir con las cuotas que les corresponda y su sostenimiento, y estando asimismo dotado aquel organismo de las facultades precisas para amonestar, corregir e imponer sanciones disciplinarias a los miembros de las Juntas de Gobierno por las negligencias o faltas en las que pudieran incurrir, por abandono de funciones de interés para los fines colectivos y por el incumplimiento de preceptos reglamentarios o de acuerdos adoptados por la Asamblea general, por el Pleno del Consejo o por su Comité ejecutivo.

En la Disposición Adicional Cuarta se encarga al CGCOM la creación de la Institución de Previsión Médica Nacional. El Reglamento de Previsión Médica Nacional (bastantes años más tarde «Previsión Sanitaria Nacional») se aprobó por real orden de 9 de mayo de 1930, fundándose la Mutualidad bajo los auspicios y por iniciativa del CGCOM, para reasumir uno de los fines tradicionales de cualquier organización gremial clásica, cual es la mutua ayuda y protección frente a los riesgos vitales previsibles y que, como se ha podido comprobar en el texto, fue una de las preocupaciones recurrentes de las juntas directivas del COMCAS hasta ese momento. En esta obra filial de la Organización Médica Colegial, aunque independiente económicamente de ella, encontró la corporación médica un instrumento extraordinariamente poderoso de cohesión y fortalecimiento frente a cualesquiera otras asociaciones profesionales, dado el carácter obligatorio que tenía su afiliación.

Este primer Consejo General de las profesiones médicas ha servido como modelo y ha sido trasplantado en ulteriores disposiciones a las restantes organizaciones profesionales sanitarias y también a las ajenas a esta profesión.

La Disposición Adicional Tercera del real decreto obligaba a los colegios a redactar en tres meses un reglamento de régimen interior, que debía dedicar especial atención a la constitución y funcionamiento de los tribunales profesionales. Aunque fuera del plazo establecido el COMCAS redactó su Reglamento de régimen interno, que fue aprobado en

Junta General de 8 de noviembre de 1930, con pocas modificaciones respecto al proyecto publicado previamente en el Boletín, para conocimiento y estudio de los colegiados.[212]

El COMCAS se dotó además de unas llamadas «Normas reglamentarias que han de observarse en el ejercicio profesional en el territorio del colegio de médicos de Castellón», que fueron aprobadas en Junta General de colegiados en enero de 1934 y su texto completo se puede consultar en el *Boletín*.[213] Este es un documento de indudable interés, a caballo entre un código de deontología, normas de contratación y reglas laborales; contiene también un capítulo dedicado a la lucha contra el intrusismo y otro contra los clientes morosos. El documento da cuenta de la preocupación constante de la Junta de Gobierno por la mejor ordenación de la profesión

La Guerra Civil española fue un período de profundas alteraciones y cambios en la normativa que regía los colegios de médicos, como lo fue en todos los órdenes de la vida del país. Los gobiernos republicanos mantuvieron la normativa colegial, pero una vez comenzado el conflicto armado, dictaron sucesivas disposiciones que significaron la liquidación y desaparición de los colegios de médicos en las provincias que controlaban, entre ellas Castelló.

El Ministerio de Instrucción Pública y Sanidad republicano publicó la orden de 15 de enero de 1938, por la que se crea en cada provincia una delegación de la Inspección general de Asistencia Médica con la función, entre otras, de liquidar los colegios de médicos, tras recibir de su comisión liquidadora la correspondiente rendición de cuentas.[214] Al cumplirse esta disposición el COMCAS desapareció como entidad jurídica el 15 de marzo de 1938, fecha en que se produjo la incautación de los bienes del Colegio. Como ya se ha señalado, 17 de junio de ese año, tres días después de la ocupación de Castelló por las tropas franquistas, se reconstituyó como institución.

En efecto, las autoridades franquistas habían publicado durante la Guerra dos disposiciones de inmediata entrada en vigor en la zona del país que controlaban. Se tratan de Orden general de 29 de julio de 1937, por la que se reorganiza el CGCOM en la zona franquista, se nombran sus cargos y componentes y se le adjudican diversas funciones[215] y la Orden de 18 de enero de 1938, reorganizando los Colegios Oficiales de Médicos en la España Nacional.[216] Esta orden disponía un colegio por provincia con colegiación obligatoria. Habría un CGCOM, el Colegio provincial estaba regido por el Consejo Provincial y se preveían Consejos Comarcales dependiendo del Consejo (que no Colegio) provincial. El CGCOM era el órgano directivo máximo y sus cargos nombrados directamente por el Gobierno General del Estado. Los miembros del Consejo provincial eran nombrados por el Gobierno General del Estado a propuesta del CGCOM, previos informes del Consejo de Sanidad, la Jefatura de Sanidad y de la FTE-JONS. Los miembros de los Consejos Comarcales eran nombrados por el Gobernador Civil, previos informes varios.

Se declaraba la orden provisional, hasta que los estatutos de 1930 fueran adaptados a la nueva situación y se mantenía a efectos fiscales lo dispuesto en el real decreto de 11 de mayo de 1926. Ya acabada la Guerra se publicó la orden de 30 de octubre de 1940, por

---

[212] *Boletín del Colegio Oficial de Médicos de la provincia de Castellón* 1930; (XI): n.º 106, de junio de 1930.

[213] *Boletín del Colegio Oficial de Médicos de la provincia de Castellón* 1934; (XIV): n.º 150, de febrero de 1934.

[214] *Gaceta de la República* n.º 16, de 16 de enero de 1938.

[215] *Boletín Oficial del Estado* n.º 284, de 31 de julio de 1937.

[216] *Boletín Oficial del Estado* n.º 462, de 26 de enero de 1938.

la que se fijan normas para el funcionamiento del Consejo General de Colegios Oficiales de Médicos.[217] Se trata de un añadido a la orden de 18 de enero de 1938. Se dispone que CGCOM y colegios provinciales quedasen a cargo de presidente y secretario que venían desempeñando esas funciones. El CGCOM pasaba a ser un organismo dependiente de la Dirección General de Sanidad, a la que debía dar cuentas de su gestión, así como los consejos provinciales debían hacerlo al CGCOM. Este es el soporte legal del primitivo funcionamiento de los colegios de médicos en el nuevo Estado a que dio lugar la Guerra Civil hasta la publicación de una nueva reglamentación.

En 1944 se aprueba la Ley de Bases de Sanidad Nacional de 25 de noviembre. La base trigésimo cuarta dispone que los profesionales sanitarios estarán representados por los Colegios, que agruparán oficial y obligatoriamente en su seno a cuantos ejerzan una profesión sanitaria. Dice también que en cada provincia habrá un Colegio y que habrá un Consejo General central. Aunque en esta norma hay una disposición que preveía acabar con los colegios de médicos: «Los profesionales sanitarios quedarán integrados en las citadas entidades colegiales hasta que sean incorporados a la organización sindical». Afortunadamente esta previsión nunca se llevó a efecto. En lugar de esto el nuevo régimen prefirió utilizar a los colegios de médicos haciéndolos oficiales, obligatorios, centralizados y dependientes del Ministerio de la Gobernación. Se utilizó al CGCOM para los fines de control y dominio de la profesión médica, mediante el nombramiento a dedo de sus dirigentes, como se verá. Otra nota que merece ser subrayada en esta norma es la ratificación, con jerarquía normativa de ley, de la obligación para todos los colegiados de pertenecer a la institución o sistema de previsión de la Organización Colegial.

La norma que rigió los destinos de las corporaciones médicas durante buena parte del franquismo fue el decreto de 8 de septiembre de 1945, por el que se aprueba el reglamento de la Organización Médica Colegial (OMC).[218] En estos nuevos Estatutos, la OMC está subordinada jerárquicamente a la Dirección General de Sanidad, aunque no se la considera parte integrante de la Administración General del Estado. Sus órganos representativos son por orden: el Consejo General, asambleas generales de consejos directivos provinciales, consejos directivos de los colegios provinciales, juntas generales de los colegios provinciales y juntas comarcales de los colegios provinciales.

La elección de los cargos era discrecional de la Administración: el presidente y vicepresidente primero del CGCOM los nombraba el ministro de la Gobernación a propuesta de la Dirección General de Sanidad y en el caso de los colegios provinciales era potestad de la Dirección General de Sanidad, a propuesta del CGCOM. Los únicos cargos elegidos por la colegiación eran los vocales de médicos de APD, de asistencia pública y de ejercicio libre. Los mandatos de los cargos duraban cinco años y eran de desempeño forzoso una vez designados o elegidos. Las directivas «[…] podrán ser renovadas total o parcialmente cuando lo acuerde el Pleno del Consejo Central, después de oído el representante de la Agrupación médica, y obtenida autorización de la Dirección General de Sanidad» (artículo 33).

La colegiación era obligatoria (artículo 55) e incluso se imponía la colegiación a los médicos no ejercientes (artículo 56). El Colegio era la máxima autoridad organizativa, a la que todo médico debía subordinar su actuación profesional (artículo 69), así como

---

[217] *Boletín Oficial del Estado* n.º 305, de 31 de octubre de 1940.
[218] *Boletín Oficial del Estado* n.º 257, de 14 de septiembre de 1945.

comunicar a la Corporación los cambios de domicilio, incluso dentro de la misma ciudad de residencia (artículo 77). Se disponía también la creación de una bolsa de trabajo en cada colegio para la provisión de interinidades en Asistencia Pública Domiciliaria (APD), casas de socorro y entidades de asistencia médica colectiva (artículo 87). La financiación era fundamentalmente por las cuotas de los colegiados y por la participación asignada por la Administración en sellos, certificaciones y prestación de servicios generales (artículo 98).

Asimismo, esta norma regula con profusión los derechos y deberes de los colegiados y les impone «[…] considerar a su Colegio como la máxima autoridad […]» (artículo 69), así como «[…] cumplir los acuerdos y determinaciones de la Junta Directiva […]». Se dotaba a los colegios de potestad disciplinaria a través de la Junta Directiva –que es como se denomina el órgano en esta norma– y, en casos excepcionales, mediante los llamados tribunales de honor, que se constituyen para juzgar a «[…] todos los Médicos en ejercicio que cometan actos contrarios al honor o dignidad y observen una conducta deshonrosa para sí, para la sociedad, para la colectividad médica a que pertenecen, y que constituyan actos que escapen a la jurisdicción disciplinaria que se señala en los capítulos precedentes» (artículo 129). No se dice en la norma a qué código normativo se debe atener el tribunal de honor para emitir sus dictámenes.

Estos Estatutos tienen un apéndice de «Normas Deontológicas». Son veintidós normas heterogéneas que intentan regular diversos aspectos el ejercicio profesional, tales como la moral y la corrección del médico, las visitas y consultas médicas, los deberes de los médicos en el trato con colegas, el secreto médico y otros, que se puede decir que constituyen el primer código de deontología médica de carácter normativo que reguló el ejercicio profesional en España y que fue común a todos los profesionales del país.

Casi veinte años después que el anterior se promulga la Orden de 24 de enero de 1963, por la que se aprueba el nuevo Reglamento de la Organización Médica Colegial.[219] Esta norma es importante porque se reconoce personalidad jurídica a los órganos representativos de la profesión médica y sobre todo, porque por primera vez tras la Guerra Civil se recurre al voto de los colegiados para elegir a los miembros de esos órganos, excepto en los casos del vocal del Instituto Nacional de Previsión y el de la Delegación Provincial de Asociaciones, que eran vocales natos designados por el delegado provincial del Instituto y el jefe provincial del Movimiento respectivamente. Los cargos del CGCOM se elegían por votación de todos los presidentes de los colegios provinciales.

Las comisiones permanentes se reducen en número para dar más operatividad a juntas de gobierno colegiales y Consejo General. Se adaptan los procedimientos a los de la ley de procedimiento administrativo, sobre todo en lo que a sanciones se refiere, y se modifica la organización y funcionamiento de los tribunales de honor.

Se constituyen nueve agrupaciones médicas, estando Castelló integrado en la séptima junto a Albacete, Alacant, Cuenca, Murcia y Valencia. También se obliga a los colegios a abrir una Bolsa de Trabajo para médicos sin empleo o con empleo precario, con la que cubrir vacantes en APD, casas de socorro y asistencia colectiva. Se reconoce la doble colegiación.

Cuatro años después se aprueba y promulga una nueva reglamentación colegial (Orden ministerial de 1 de abril de 1967. *Boletín Oficial del Estado* de 13 de mayo), tras un reglamento previo que hubo de ser retirado ante la manifiesta oposición de toda

---

[219] *Boletín Oficial del Estado* n.º 121, de 21 de mayo de 1963.

la clase médica, sus órganos representativos incluidos. Esta norma mantiene el carácter de corporaciones de derecho público de los colegios y con personalidad jurídica propia. Reconoce que la OMC no forma parte de la Administración del Estado y establece un mandato de seis años para los cargos elegidos (antes eran cinco). Se siguen manteniendo los tribunales de honor para enjuiciar las faltas profesionales.

En 1974 se publica la Ley de Colegios Profesionales, de 13 de febrero. Esta ley es la primera de aplicación general a todos los colegios profesionales que hasta ese momento se regían por normas dispersas y particulares. Esta ley garantiza la autonomía de los colegios y su independencia de la Administración del Estado.

Replantea la función corporativa de los colegios, añadiéndole a los fines gremiales tradicionales trascendencia política, en cuanto configura a los Colegios como cauces de participación orgánica en las tareas del Estado con arreglo al sistema entonces vigente, a la vez que garantiza la autonomía de los Colegios, su personalidad jurídica y su plena capacidad para el cumplimiento de los fines profesionales, con independencia de la Administración del Estado, pese a la oficialidad, definiéndolos en su artículo 1 como corporaciones de derecho público, amparadas por la Ley y reconocidas por el Estado, con personalidad jurídica propia y plena capacidad para el cumplimiento de sus fines.

Posteriormente la Constitución española respaldará a los colegios profesionales en el artículo 36: «La Ley regulará las peculiaridades propias del régimen jurídico de los Colegios Profesionales y el ejercicio de las profesiones tituladas. La estructura interna y el funcionamiento de los colegios deberán ser democráticos».

La ley de colegios tuvo que ser adaptada a esta previsión constitucional y para ello se publicó la Ley 74/1978, de 26 de diciembre, de normas reguladoras de los Colegios Profesionales, que suprime o modifica todos sus contenidos que no se adaptaran a la Constitución.

6. Formación continuada: una preocupación constante

Desde su primer número en 1900, el *Boletín del Colegio* fue un expositor y altavoz de la preocupación de las juntas de gobierno por poner a disposición de los colegiados conocimiento científico en cualquiera de sus formas. En este sentido una sección del *Boletín* desde sus inicios es la «sección científica», en la que se recoge todo tipo de información. En el primer número hay un artículo titulado «Excipientes pilulares» que habla sobre los excipientes utilizados en ese momento para facilitar la toma y absorción de los medicamentos.[220] Esa labor divulgativa continua en todos los números, junto con la sección profesional, son las más importantes de la publicación en su primera época. Podemos encontrar reproducciones de artículos de revistas científicas, traducciones de trabajos publicados o de conferencias impartidas, reseñas de obras científicas, congresos y reuniones, y cuantas más actividades se nos puedan ocurrir que sirvieran para aumentar el conocimiento de los profesionales de aquel tiempo, tanto para médicos como para farmacéuticos ya que, como ha quedado dicho, en esta primera época el *Boletín* es conjunto para ambos colegios.

El *Boletín* dejó de editarse a finales de 1903 y no volvió a ver la luz hasta 1920, ya con los colegios reconstituidos y con periodicidad mensual.[221] En los Estatutos del COMCAS

---

[220] *Boletín de los colegios oficiales de médicos y farmacéuticos de la provincia de Castellón*, 1900; (I): 1, de 1 de enero de 1900.

[221] BCOMCAS, 1920; (I): n.º 1, de mayo de 1920.

elaborados según se contemplaba en las normas que reactivaron los colegios en 1917, ya se definía como uno de los fines del Colegio «Realizar los fines de carácter científico o benéfico que estime convenientes» (artículo 2.7 del reglamento del COMCAS).[222] En esta época presidía ya el Colegio Vicente Gea, quien utilizó mucho sus páginas para estimular en sus colegas la unión profesional en defensa de los intereses del colectivo. La sección científica pierde peso y gana mucho la sección profesional y la publicidad. En esta época parece ser que el Colegio inició la confección de una biblioteca científica propia con destino a los colegiados y hay noticias de la recepción de publicaciones.[223]

A partir de 1928-29 el *Boletín* vuelve a acoger numerosos artículos y reseñas de índole científica. En todos los números hay uno o varios escritos sobre un asunto de interés científico: «La diátesis en pediatría»,[224] «El kala-azar mediterráneo, grave problema sanitario de nuestra provincia»,[225] etcétera. Igualmente se pueden leer en él numerosas reseñas de actividades científicas realizadas fuera de Castelló e incluso la previsión de asistencia a algunas de ellas de colegiados de aquí. En el último *Boletín* publicado antes de estallar la Guerra Civil, se da cuenta de la celebración en el Hospital Provincial a partir del 15 de julio de un curso intensivo sobre tuberculosis, organizado por el Colegio, Hospital, Instituto de Higiene y otras instituciones.[226] Como ya se ha dicho en otro lugar, a partir de este momento el Colegio no se comunica con los colegiados hasta 1951 y las pocas noticias que tenemos sobre actividades científicas son las reseñadas en los libros de actas de Junta de Gobierno y General.

Un poco antes en el tiempo, la primera referencia a la organización de una actividad científica programada por parte del Colegio, la encontramos en el acta de la Junta General celebrada el 31 de diciembre de 1933. Allí se acordó, a propuesta de la Junta de Gobierno, organizar un ciclo de conferencias científicas con personalidades de fuera de Castelló, que sería financiado con las aportaciones resultantes de una derrama voluntaria entre los colegiados. No hay referencia posterior alguna sobre este asunto en toda la documentación que he consultado, aunque bien pudiera ser que una de esas actividades fuera el curso intensivo sobre tuberculosis antes mencionado, en julio de 1936.

Pasada la Guerra Civil, la Junta de Gobierno nunca dejó de preocuparse por la formación continuada de los médicos y fiel reflejo de ello es la organización y participación del Colegio en actividades científicas, en la medida de sus posibilidades, que como se ha visto fueron pocas durante varios años. Nada más empezar la presidencia de Vicente Altava, una de las primeras medidas de la Junta que presidía fue la de poner en funcionamiento una biblioteca circulante con obras de carácter profesional y al servicio de los colegiados, en forma de suscripción colegial a determinadas revistas, que sería puesta a disposición de los consejos comarcales y de sus colegiados. También se habló de organizar, en colaboración con la Universidad de Valencia, un ciclo de conferencias científicas, lo que se sustanció en la sesión siguiente con el estudio y aprobación del programa del ciclo, en el que intervenían catedráticos de la Universidad y otros profesionales de prestigio.[227] Se pueden citar como ejemplo una conferencia de Francisco Gallart Monés, prestigioso digestólogo y profesor

---

[222] *BCOMCAS*, 1925; (VI): n.º 44, de abril de 1925.

[223] *BCOMCAS*, 1921; (II): n.º 9, de mayo de 1921.

[224] *BCOMCAS*, 1928; (IX) n.º 82, de junio de 1928.

[225] *BCOMCAS*, 1928; (IX) 9: n.º 84, de agosto de 1928.

[226] *BCOMCAS*, 1936; (XVI), n.º 180, de julio de 1936.

[227] *LACOMCAS*. Sesión de 2 de junio de 1943.

universitario de Barcelona[228] y posteriormente de Vicente Compañ i Arnau, hijo de Castelló, que había ejercido en nuestra ciudad a principios de siglo y que en esos momentos era jefe de servicio de Urología del Hospital de la Santa Creu i San Pau de Barcelona.[229]

El Colegio participó en la organización de un congreso sobre Medicina, Higiene y Seguridad en el Trabajo en mayo de 1947. Asimismo, consta en este período la celebración, en noviembre de ese año, de una conferencia sobre lehismaniasis a cargo del profesor Luis Nájera Angulo, parasitólogo profesor de la Escuela Nacional de Sanidad en Madrid. Demostró con datos que Castelló era la provincia más endémica de España en esta dolencia, lo que motivó que la Junta de Gobierno del Colegio se dirigiera a la Dirección General de Sanidad en demanda de la creación de un organismo público de control epidemiológico y tratamiento de esta parasitosis.[230] En el mismo sentido, el Colegio procuraba también poner a disposición de los colegiados literatura científica y buena prueba de ello es la suscripción a revistas médicas como *Gaceta Sanitaria* en marzo de 1950.

Una buena fuente de información es la *Hoja Informativa del Colegio de Médicos de Castellón,* que empezó a editarse en 1951. La primera mención a una actividad científica que aparece en estas Hojas es la que publicita la convocatoria de la Junta General de Colegiados para el 12 de abril de 1952,[231] dando cuenta de la celebración en Alacant de la I Reunión Médica de Levante, con la participación de colegas de la Comunidad, Cuenca, Albacete, Teruel y Mallorca. En noviembre de 1952 Ramón Surinyach, alergólogo de Barcelona, dictó en el Colegio una conferencia sobre «Epidemiología y clínica de las anemias hemolíticas provocadas por alimentos» y también encontramos en el mismo número una completa reseña sobre la convocatoria de cursos de perfeccionamiento en la Escuela Nacional de Sanidad y otra sobre unos premios al mejor trabajo científico presentado a la Delegación Nacional de Sanidad durante 1953.

Un aspecto destacable en esta actividad es la formación de una biblioteca científica en el Colegio, para poner a disposición de los colegiados. Se siguió desarrollando en esa época y consta que se adquirieron varias obras, como una sobre técnicas de exploración con Rayos X y la suscripción a la revista *Archivos de Medicina Práctica.*[232] También, y con destino a esta biblioteca, se recibían donaciones de médicos fallecidos, como la que hizo la viuda del doctor Maximino Alloza Vidal de obras de Pediatría posesión de su difunto marido, o la realizada por la embajada de EE. UU. de un «Manual sobre Medicina Tropical».

Igualmente, se seguían organizando actos científicos como la conferencia que impartió Bruno Badubieri, profesor del Instituto Superior de Sanidad de Roma y miembro de la OMS, que pasó unos días en Castelló investigando sobre leptospirosis, en estrecha colaboración con Vicente Altava, que era una autoridad mundial en la materia. El texto completo de la conferencia se puede encontrar en la *Hoja informativa del Colegio.*[233]

El número de marzo de 1955 tiene un pequeño apartado dedicado a actividades científicas y culturales. Se da cuenta allí de la constitución en Castelló de la Sociedad de Medicina y Cirugía y de la celebración de la II Reunión médica de Levante, en Murcia, con concurrida asistencia de médicos castellonenses. Se reseña también una conferencia

---

[228] *LACOMCAS.* Sesión de 30 de diciembre de 1943.

[229] *LACOMCAS.* Sesión de 24 de febrero de 1944.

[230] *LACOMCAS.* Sesión de 29 de diciembre de 1947.

[231] Es imposible saber la fecha exacta de la publicación, ya que en esa época todavía no estaban fechados los números.

[232] *LACOMCAS.* Sesión de 31 de enero de 1953.

[233] *Hoja Informativa del Colegio de Médicos de Castellón*, 1954; n.º 19, de 15 de enero de 1954.

pronunciada en el Colegio por el doctor J. M. Massons de Barcelona, sobre patogenia del reumatismo y se hace un penoso reconocimiento: «Dificultades de orden económico impiden organizar actos de esta índole más a menudo, de lo cual, por lo demás, se encargará en adelante la recién creada Sociedad de Medicina y Cirugía».[234] Tal fue así que el Colegio estuvo presente como invitado en la sesión de clausura del curso 1954-55 de la sociedad, en la que se habló sobre clínica de la tuberculosis pulmonar.

La siguiente reseña sobre una actividad científica que he podido localizar en la documentación del Colegio que he consultado, es que en junio de 1959 el profesor Jiménez Díaz dio una conferencia en el Colegio sobre hipertensión arterial.[235]

Una efeméride a caballo entre lo científico y lo social fue la presencia de Cristóbal Martínez Bordiú en nuestro Colegio para impartir una conferencia sobre «Nuevos avances en cirugía cardiovascular». Dando por sentado el interés científico del tema expuesto, cuentan las crónicas que el acontecimiento tuvo una enorme relevancia social en Castelló y que el salón donde se celebró fue insuficiente, dado que asistieron más legos que profesionales.[236]

Enseguida de inaugurarse la nueva sede a principios de 1965, se empieza a utilizar su flamante salón de actos para este tipo de actividades y se programaron diversas de ellas para el resto del año, como un ciclo de conferencias sobre reumatología, sobre actualizaciones en el tratamiento del *shock* y otras. En este sentido también decir que el Colegio seguía con una política de poner a disposición de los colegiados publicaciones científicas y en julio de 1965 se acordó la suscripción a la *Revista de Oncología*.

A partir de 1971 comienza a reeditarse el *Boletín*, con una sección fija de «Actividades científicas» que en esta nueva época eran organizadas profusamente por el Colegio, y en la que hay una completa reseña de actividades externas que podrían interesar a los colegiados.[237] No es objeto de estas líneas enumerar todas las actividades o reseñas que se hacen en esa época. Baste decir que el cambio es notable; de una posibilista aunque pobre oferta de actividades por parte de la institución a sus colegiados, se pasa a una actividad seria, bien estructurada y numerosa, en respuesta a las demandas de una clase médica joven y ansiosa de saber.

Una muy interesante iniciativa fue la instauración de las llamadas «Tertulias clínicas rurales», puestas en marcha por iniciativa del vicepresidente del Colegio, Juan Guallart, a finales de 1971. La idea era que especialistas que ejercieran en la capital se desplazaran un día al mes a las cabeceras de los distritos a hablar de temas médicos, fundamental y preferentemente científicos. La primera se celebró en Morella el 11 de noviembre de 1971 y se estuvieron celebrando varios años.[238]

Además, se puede ver en algunas actas de esta época que hay un apartado dedicado a actividades científicas. A título de ejemplo, en la última reunión de Junta de Gobierno de 1974 se enumeran varias conferencias pronunciadas en el Colegio por destacados

---

[234] *Hoja Informativa del Colegio de Médicos de Castellón*, 1955; n.º 29, de 1 de marzo de 1955.

[235] LACOMCAS. Sesión de 27 de junio de 1959.

[236] *Hoja Informativa del Colegio de Médicos de Castellón*, 1959; n.º 52, de 1 de diciembre de 1959. Cristóbal Martínez Bordiú era cirujano cardiovascular, yerno del general Franco y personaje de gran relevancia social en la España franquista. En septiembre de 1968 practicó el primer trasplante de corazón en España en el hospital La Paz de Madrid; el paciente sobrevivió unas pocas horas. No se volvió a realizar esta operación en nuestro país hasta 1984.

[237] BCOMCAS, 1971 (I), n.º 1 de marzo de 1971.

[238] BCOMCAS,, 1971 (I), n.º 5 de diciembre de 1971.

médicos profesores universitarios «[…] dentro del programa de actividades científicas de esta Corporación […].[239] En esa época hay anotaciones en las actas de celebraciones de actos científicos en el nuevo salón de actos del Colegio con periodicidad incluso de más de uno por semana.

Por último reseñar la celebración en Castelló el 13 y 14 de octubre de 1972 del I Congreso Nacional de Medicina Rural, en cuya organización participó activamente el Colegio. Asistieron más de 250 médicos de toda España y dio lugar a la creación de la Sociedad Española de Medicina Rural,[240] germen de la actual Sociedad Española de Medicina Rural y Generalista (SEMERGEN).

[239] *LACOMCAS.* Sesión de 31 de diciembre de 1974.
[240] *BCOMCAS*, 1971 (II), n.º 11 de diciembre de 1972.

CAPÍTULO 7

DEMOCRACIA, CONSTITUCIÓN Y NUEVA LEY DE COLEGIOS PROFESIONALES

Con la muerte del general Franco se abría un nuevo período en la historia de España y el camino hacia la democracia era ya imparable. El Colegio empieza este período con una nueva Junta elegida, aunque como ya hemos visto hay un no querer romper con el pasado inmediato, ya que el órgano directivo era el mismo que a la muerte de Franco.

El 15 de marzo de 1976, bajo presidencia del jefe provincial de Sanidad, Dr. Villamarín, tiene lugar la toma de posesión de los cargos de la Junta de Gobierno recientemente elegidos y que se relacionan en el anexo correspondiente. La primera sesión de la nueva Junta tuvo como principal contenido la forma de actuación de la Corporación para salvaguardar el prestigio profesional de la colegiación ante la opinión pública, con ocasión de la publicación en un semanario de la ciudad, *Obra,* de un artículo con insultos a la clase médica de Castelló y se adoptaron los siguientes acuerdos:

- Hacer uso del derecho de réplica mediante un escrito del presidente del Colegio en el mismo semanario.
- Ejercer la pertinente acción penal por injurias, de acuerdo con el dictamen del asesor jurídico, pidiendo en el acto de conciliación la retractación de todas las afirmaciones injuriosas vertidas en el artículo y con el mismo alarde tipográfico que tuvo el artículo en cuestión.
- Si no hubiera avenencia en la conciliación, interponer la pertinente querella criminal por injurias. Se concedieron los poderes pertinentes a los letrados Carlos Fabra Andrés y Vicente Falomir Pitarch, que llevaban la asesoría jurídica del Colegio en aquellos momentos.
- Convocar a la Comisión de Deontología del Colegio a una sesión conjunta con los médicos directamente aludidos en el artículo, para conocer su versión y emisión de informe.

En la sesión siguiente se conoció este informe, que no apreciaba mala praxis en la actuación médica enjuiciada y también el artículo de réplica publicado, que se aprobó por unanimidad y en la sesión de diez de junio, el letrado asesor informó de que en el acto de conciliación la parte demandada se allanó a las pretensiones del Colegio y que se había publicado la debida rectificación en el semanario en cuestión, por lo que se dio el incidente por finalizado. En junio cumplía mandato el representante de Sanidad Nacional pero no se renovó, ya que la ley de colegios profesionales estipulaba que todos los cargos de las juntas directivas colegiales debían ser electivos, por lo que ese organismo renunció a nombrar a nadie. La Junta de Gobierno de octubre acordó pedir al gobernador civil la actualización del tipo mínimo de las igualas al 2,5 % del salario mínimo interprofesional, que había pasado de las doscientas ochenta pesetas por día de 1975 a las trescientas ochenta aprobadas desde el uno de octubre de 1976. En noviembre de este año el CGCOM ordenó la constitución en los colegios de la Sección de Censura Sanitaria, Deontología y Derecho Médicos. Nuestro Colegio comunicó al CGCOM que por acuerdo de diecisiete de septiembre de 1970 ya se había constituido esta sección aquí, bajo el nombre de Sección Colegial de Censura Sanitaria y Deontología Médica, en aplicación del artículo 41.c del reglamento de la OMC vigente entonces, y que solo procedía actualizar el nombre. La Junta de febrero de 1977 acordó elevar en un veinte por ciento las retribuciones del personal administrativo, en consonancia con el aumento del coste de la vida y también elevar en la misma cuantía la gratificación del secretario general que quedó establecida en once mil cuatrocientas pesetas.

La primera Junta General de colegiados celebrada tras la muerte de Franco fue el veintinueve de abril de 1977 (ya se llamaba Asamblea General) y no llegaron a treinta los asistentes, lejos de aquellos tiempos y ocasiones en que la mitad o más de la colegiación acudía a estos llamamientos. Se trataron asuntos de trámite como aprobación de memorias y balances y se trató también de la constitución de una mancomunidad administrativa de los colegios de Alacant, Valencia y Castelló, pero no se llegó a acuerdo alguno.

La Junta de Gobierno, en su sesión ordinaria de julio de 1977, expresó su satisfacción por la reciente creación del Ministerio de Sanidad, lo que era una vieja aspiración de la clase médica, y felicitó a su primer titular, Enrique Sánchez de León. Asimismo, se conoció el proyecto de nuevo Código de Deontología (que finalmente vería la luz en 1979), que pasó a la comisión para estudio y dictamen.

En la Junta de octubre, el presidente manifestó la preocupación del CGCOM por el hecho de que desde el nuevo Ministerio de Sanidad no se habían puesto en contacto con la institución que ostentaba la representatividad de la clase médica, para el desarrollo de dos importantes proyectos de ley en confección: la ley general de Sanidad y la de Seguridad Social. Dijo que no había espíritu de colaboración alguno por parte de las nuevas autoridades. También se conoció el nuevo proyecto de estatutos de la OMC. En noviembre la Junta conoció la enmienda a la totalidad del Colegio de Médicos de Barcelona al proyecto de Código de Deontología redactado desde el CGCOM. Ese año, el treinta y uno de diciembre había en la provincia de Castelló setecientos veintitrés médicos colegiados, de los que setenta y una eran mujeres. De todos ellos ejercían seiscientos sesenta y seis (setenta mujeres), trescientos cuarenta y seis de ellos en la capital (cuarenta y una mujeres).

La inflación galopante que en esos años había en nuestro país se traducía en constantes y considerables aumentos en las retribuciones del personal del Colegio: en enero de 1978 se subieron las retribuciones del personal un veintidós por ciento, las del secretario general a veinte mil pesetas al mes y a sesenta y cinco mil pesetas/año las del asesor jurídico. En febrero, la Junta de Gobierno se dirigió al Ayuntamiento en demanda de que le fuera dedicada una calle a Vicente Gea Mariño, expresidente del Colegio y castellonense ilustre, aunque en esta acta no hay referencia alguna al busto en poder del Colegio y que se podía ver hasta hace bien poco en el vestíbulo de la antigua sede.

El catorce de diciembre de 1978 se reunió la Comisión de Deontología para entender de la denuncia de un colegiado ante la actuación profesional de otro. Es la primera referencia en las actas de la Junta de Gobierno a la actuación de este órgano consultivo.

En enero de 1979 se subió la asignación al secretario general: veintidós mil quinientas pesetas/mes, y al asesor jurídico: setenta y cinco mil al año. En marzo la Junta conoce la promulgación de la ley de colegios profesionales modificada de acuerdo a la Constitución. La democracia está plenamente vigente en las corporaciones oficiales médicas y empieza otra parte de la historia. Sorprende un poco que en todo el *Boletín* de 1978 y 1979 no haya mención alguna a la modificación de la ley de colegios profesionales de 1974, ni para comentar la conveniencia de su modificación ni proponer nada ni, una vez promulgada el once de enero de ese año, para comentar las modificaciones y adecuación a la incipiente democracia de la norma reguladora de las corporaciones profesionales. Esta norma ha regido los destinos de las corporaciones colegiales durante décadas y todavía está vigente. Lo que recoge no es una reforma del régimen legal de los colegios profesionales, sino que se limita a suprimir de su texto todos los elementos de control de las corporaciones por parte del poder político y los elementos de lealtad de sus miembros y dirigentes al régimen anterior.

Como colofón a esta historia, decir que en abril de ese año 1979 murió el que fue durante muchos años asesor jurídico del Colegio, Carlos Fabra Andrés. Su hijo, Carlos Fabra Carreras, se dirigió al Colegio ofreciendo sus servicios con el argumento de que durante la larga enfermedad de su padre, había sido él quien había atendido, tramitado y resuelto los conflictos del Colegio.

BIBLIOGRAFÍA

AGUILERA LÓPEZ, Jorge. *El nacimiento de una sociedad burguesa. Castellón, 1833-1843.* Castelló: Universitat Jaume I, Servei de Publicacions, 2011.

ALBARRACÍN TEULÓN, Agustín «La titulación médica en la España del siglo XIX». *Cuadernos de Historia de la Medicina Española,* 1973; 12(1): 15-79.

— «Las asociaciones médicas en España durante el siglo XIX». *Cuadernos de Historia de la Medicina Española,* 1971; 10: 119-186.

ÁLVAREZ RICART, María del Carmen. *La mujer como profesional de la Medicina en la España del siglo XIX.* Barcelona: Anthropos, 1988.

ARROYO MEDINA, Poder. «Asociacionismo médico-farmacéutico en la España de la segunda mitad del Siglo XIX». *Asclepio* 1997; 49(2): 45-66.

CALVO MAS, Concepción. «Castellón hacia la modernidad. Salud, educación y debate científico (1880-1918)». Tesis doctoral. Castelló: Universitat Jaume I, 2015.

CAMPOS DÍEZ, María Soledad. «El Protomedicato en la Administración Central de la Monarquía Hispánica». *DYNAMIS. Acta Hispanica and Medicinae Scientiarumque Historiam Illustrandam* 1996; 16: 43-58.

— *El Real Tribunal del Protomedicato Castellano (Siglos XIV-XIX).* Cuenca: Ediciones de la Universidad de Castilla la Mancha, Colección de Monografías, 1999.

CANTÓ IBÁÑEZ, Francisco. *José Clará Piñol: notas sobre su vida y su obra.* Castelló: Diputació de Castelló, Servei de Publicacions, 1965.

CARCELLER SAFONT, Manuel. *El Lledó dels liberals. Catolicisme, cultura y política a Castelló de la Plana (1808-1912).* Castelló: Ajuntament de Castelló, Servei de Publicacions, 2012.

CASEY, James. «Tierra y sociedad en Castellón de la Plana (1608-1702)». *Estudis: Revista de Historia Moderna* 1978; 7: 13-46.

DÍAZ MANTECA, Eugenio. *Desarrollo económico de Castellón en el siglo XVIII.* En: *VV AA. Isabel Ferrer y el seu temps: Castelló al segle XVIII.* Castelló: Diputació de Castelló, Servei de Publicacions, 1993.

FARRERONS NOGUERA, Lourdes. *Historia del sistema sanitario español: Debates parlamentarios: 1812-1986.* Madrid: Díaz de Santos, 2013.

FLECHA GARCÍA, Consuelo. *Las primeras universitarias en España.* Madrid: Narcea, 1996.

— «Profesoras en la Universidad. El tránsito de las pioneras en España». *Arenal* 2010; 17(2): 255-297.

GABARDA CEBELLAN, Vicente. *Els Afusellaments al País Valencià, 1938-1956.* Valencia: Alfons el Magnànim/Institució Valenciana d'Estudis i Investigació, 1993.

— *La represión en la retaguardia republicana. País Valenciano, 1936-39.* Valencia: Alfons el Magnànim/Institució Valenciana d'Estudis i Investigació, 1996.

— *Els Afusellaments al País Valencià, 1938-1956*. Valencia: Publicaciones de la Universidad de Valencia, 2007.

GARCÍA BALLESTER, Luis. «Panorama de la medicina en una sociedad medieval mediterránea: la Valencia cristiana bajomedieval». *DYNAMIS. Acta Hispanica and Medicinae Scientiarumque Historiam Illustrandam* 1987-1988; 7-8: 59-115.

GARCÍA GUERRERO, Julio. *Médicos de Castelló. Ideología política y violencia (1936-1950)*. Castelló: Universitat Jaume I, Servei de Publicacions, 2022.

GIL VICENT Vicent, SALABERT FABIANI Vicent Lluís. «El médico castellonense Bertomeu Giner (1588-1630). «Acercamiento a la actividad médica en la sociedad rural del Siglo XVII». *Medicina e Historia* 1997; 66: 6-28.

GIMENO MICHAVILA, Vicent. *Los antiguos gremios de Castellón*. Castelló: Sociedad Castellonense de Cultura, 1933.

GODES BENGOECHEA, Ramón. *El Ateneo de Castellón, de la Dictadura a la República*. Castelló: Ateneo de Castelló, Anuario 1988-89. Octubre 1989; 2: 11-19.

GONZÁLEZ ARCE, José Damián. «Los proyectos de ordenanzas generales sobre médicos, cirujanos y boticarios en Castilla (1491-1513)». *DYNAMIS. Acta Hispanica and Medicinae Scientiarumque Historiam Illustrandam* 2011; 31: 207-26.

LÓPEZ LAGUARDA, Juan José; GIMENO MÁRQUEZ, Francisco. *Formación del médico y su ejercicio profesional en la Valencia del siglo XVIII*. Valencia: Real Academia de Medicina de Valencia, 1948.

LÓPEZ PIÑERO, José María; GARCÍA BALLESTER, Luis; FAÚS SEVILLA, Pilar. *Medicina y Sociedad en la España del siglo XIX*. Madrid: Sociedad de Estudios y Publicaciones, 1964.

LÓPEZ PIÑERO, José María; GARCÍA BALLESTER, Luis; TERRADA FERRANDIS, María Luz; BALAGUER i PERIGÜELL, Emilio; BALLESTER AÑÓN, Rosa; CASAS BOTELLÉ, Francesc; MARSET CAMPOS, Pedro y RAMOS GARCÍA, Elvira. *Bibliografía histórica de la medicina valenciana*. Valencia-Granada: Cuadernos Valencianos de Historia de la Medicina y de la Ciencia, 15, 1975.

LÓPEZ PIÑERO, José María. *Los orígenes en España de los estudios sobre Salud Pública*. Madrid: Colección Textos clásicos españoles sobre Salud Pública, Ministerio de Sanidad y Consumo: 10-17, 1989.

LÓPEZ TERRADA, María Luz; PARDO TOMÁS José. «El Protomédico y Sobrevisitador Real en la València del segle XVI». *Afers: fulls de recerca i pensament* 1987; 3: 211-22.

LÓPEZ TERRADA, María Luz. «Los estudios histórico-médicos sobre el Tribunal del Protomedicato y las profesiones y ocupaciones sanitarias en la Monarquía Hispánica durante los siglos XVI al XVIII». *DYNAMIS. Acta Hispanica and Medicinae Scientiarumque Historiam Illustrandam* 1996; 16: 21-42.

LORENZO GÓRRIZ, Antonio. *Movilización popular y burguesía republicana en Castellón de la Plana, 1931*. Castelló: Ajuntament de Castelló, Servei de Publicacions, 1988.

MARTÍ ARNÁNDIZ, Otilia. *Un liberalismo de clases medias. Revolución política y cambio social en Castellón de la Plana (1808-1858)*. Castelló: Diputació de Castelló, Servei de Publicacions, 1997.

MEZQUITA BROCH, Francisco. «Fuentes históricas para la historia del Colegio Oficial de Médicos de Castellón». *Boletín trimestral del Ilustre Colegio Oficial de Médicos de Castellón*. Edición conmemorativa del I Centenario del COMCAS; 2000(4): 19-27.

— «Les primeres dones farmacèutiques i metgesses de Castelló». *Ribalta* 2007; 12:11-32.

Monlleó Peris, Rosa. *Castelló al segle XX*. Castelló: Universitat Jaume I, Servei de Publicacions, 2006.

Montero díaz, Mercedes. *La conquista del espacio público. Mujeres españolas en la Universidad (1910-1936)*.Madrid: Minerva Ediciones, 2009.

Ortiz Gómez, Teresa. «Notas acerca del inicio frustrado de la colegiación médica obligatoria en España (1898-1902)». *DYNAMIS. Acta Hispanica and Medicinae Scientiarumque Historiam Illustrandam* 1983; 3: 303-11.

Peset, Mariano; Mancebo María Fernanda; Peset, José Luis. «Estudiantes médicos en Valencia durante la primera mitad del XVIII». *Asclepio* 1980; 32: 311-325.

Porcar Orihuela, José Luis. *Un país en gris i negre. Memoria histórica i repressió franquista a Castelló*. Castelló: Universitat Jaume I, Servei de Publicacion, 2013.

Revest Corzo, Luis. *Hospitales y pobres en el Castellón de otros tiempos*. Castelló: Sociedad Castellonense de Cultura, 1947.

Ridruejo Jiménez, Dionisio. *Escrito en España*. Buenos Aires: Losada, 1962 (2.ª ed.): 95.

Ripollés Alegre, Pere Pau, Llorens Forcada, María del Mar. *Els diners van i vénen*. Valencia: Diputación de Valencia, Servicio de Publicaciones, 1999.

Roca Traver, Francisco. *El Mustaçaf de Castellón y el «Llibre de Mustaçaffia»*. Castelló: Boletín de la Sociedad Castellonense de Cultura, 1972.

Rodríguez Ocaña, Esteban. «El resguardo de la salud. Organización sanitaria española en el siglo XVIII». *DYNAMIS. Acta Hispanica and Medicinae Scientiarumque Historiam Illustrandam* 1987-88; 7-8: 145-70.

Salabert Fabiani, Vicent Lluis. «Notes sobre la sanitat municipal a la València dels segles XVI i XVII: les competències del mustassaf en matèries de mercats y conservaciò de carrers». *Afers: fulls de recerca i pensament*, 1987; 3: 223-71.

Sampedro ramo, Vicent. «En situación vigilada: la condemna de Viçent Sos Baynat pel Tribunal de Represió de la Maçonería y el Comunisme». *Millars*, 2011; 34: 219-253.

— *La aplicación de la ley sobre la represión de la masonería y el comunismo en el País Valenciano: los masones de Alicante y Castellón (1938-1963)*. Castelló: Universitat Jaume I, Tesis doctoral, 2016.

— *Inhabilitación absoluta y perpetua. La represión franquista contra los masones de Castelló*. Castelló: Universitat Jaume I, Servei de Publicacions, 2020.

Sánchez Adell, José. *Evolución urbana en el Castellón del Siglo XVIII*. En: VV AA. *Isabel Ferrer y el seu temps: Castelló al segle XVIII*. Castelló: Diputació de Castelló, Servei de Publicacions, 1993: 59-75.

Sánchez Durá, Dolores, Verdugo Martí, Vicenta. *El acceso de las mujeres a la Universitat de Valencia (1910-1960)*.Valencia: Universitat de Valencia, Unitat d'Igualtat, 2011.

Sánchez Gozalbo, Ángel. *La sanidad en el Castellón trecentista (veterinarios, médicos y boticarios)*. Castelló: Boletín de la Sociedad Castellonense de Cultura, 1972; 48: 246-274.

— *Boticarios, médicos y cirujanos en el Castellón del cuatrocientos*. Castelló: Boletín de la Sociedad castellonense de Cultura, 1979; 55: 48-70 y 160-169.

Sánchez Granjel, Luis. «La Medicina española en la época de los Reyes Católicos». *Medicina e Historia. Revista de estudios históricos de las ciencias médicas* 1971; 1: 7-26.

— *El ejercicio de la Medicina en la sociedad española del Siglo XVII*. Universidad de Salamanca: Discurso de apertura del curso académico 1971-72. Salamanca, 1971.

— *La Medicina española del siglo XVIII*. Salamanca: Universidad de Salamanca, Ediciones, 1979.

VARELA PERIS, Fernando. «El papel de la Junta Suprema de Sanidad en la política sanitaria española del Siglo XVIII». *DYNAMIS. Acta Hispanica and Medicinae Scientiarumque Historiam Illustrandam* 1998; 18: 315-40.

VERDET GÓMEZ, Federico. *Historia de la industria papelera valenciana*. Valencia: Publicaciones de la Universidad de Valencia, 2014.

VERNIA MARTÍNEZ, Pedro. *Historia del Ilustre Colegio Oficial de Farmacéuticos de la provincia de Castellón*. Valencia: Generalitat Valenciana, Consellería de Sanitat i Consum, 2012.

VILLACORTA BAÑOS, Francisco. *Profesionales y burócratas. Estado y poder corporativo en la España del siglo XX, 1890-1923*.Madrid: Siglo XXI, 1989.

YEPES JUAN, Araceli. *Guerra Civil en Castellón*. Castelló: Universitat Jaume I. (Trabajo de fin de Máster), Curso 2016-17.

WEBGRAFÍA

BELLIDO BLASCO, Juan Bautista. *Remembranza: Juan Bautista Bellido Tirado. Castellón: 20/08/1878-18/11/1952: médico y decano del Hospital Provincial de Castellón*. Publicación en línea. Disponible en: https://memoriacastello.cat/tag/metges/ (último acceso: 10-03-2023).

BUSTELO GARCÍA DEL REAL, Francisco. «La población del País Valencià al segle XVIII». *Recerques: Historia, Economía y Cultura* 1975; 5: 73-96. Publicación en línea. Disponible en: https://www.raco.cat/index.php/Recerques/article/view/137524/241315 (último acceso: 10-03-2023).

GONZÁLEZ LOZANO, Regina; ALMEIDA LÓPEZ, María Guadalupe. *El Protomedicato*. En: *Memoria del III Congreso de Historia del derecho Mexicano*. México: Universidad Nacional Autónoma de México, 1983: 309-16. Publicación en línea. Disponible en: https://archivos.juridicas.unam.mx/www/bjv/libros/2/700/21.pdf (último acceso: 10-03-2023).

PALOMAR MARTÍNEZ Juan Miguel. *Los médicos castellonenses. Represión y poder político (1938-45)*. I Congreso de Víctimas del Franquismo. Rivas Vaciamadrid 20-22 de abril de 2012. Publicación en línea. Disponible en: https://www.congresovictimasfranquismo.org/wp-content/uploads/2011/12/19.-Juan-Manuel-Palomar-Mart%C3%ADnez.Los-m%C3%A9dicos-castellonenses.-Represi%C3%B3n-y-poder-pol%C3%ADtico-1938-45.pdf (último acceso: 10-03-2023).

PORCAR ORIHUELA, José Luis, MEZQUITA BROCH, Francisco. *Arxius de Castelló: fonts històriques per la recerca de la Guerra Civil i l'Exili*. Publicación en línea. Publicación en línea. Disponible en: https://memoriacastello.cat/arxius-de-castello-fonts-historiques-per-a-la-recerca-de-la-guerra-civil-i-lexili/ (último acceso: 21-03-2023).

ANEXO I

JUNTAS DE GOBIERNO COLEGIALES, COMPONENTES Y PERÍODOS DE MANDATO

PRIMERA JUNTA DE GOBIERNO (agosto de 1898-junio de 1901).

Elegida entre los días uno y cuatro de agosto de 1898 según lo dispuesto en la real orden de 12 de abril de 1898, de creación de los colegios de médicos. Presidente: José Pachés Andreu; secretario: José Clará Piñol; tesorero: Francisco Coloma Ibáñez; contador: Ernesto Pastor Teruel; primer vocal: Eliseo Soler Breva; segundo vocal: José Cazador Martín; tercer vocal: Miguel Armengot Rubio.

SEGUNDA JUNTA DE GOBIERNO (junio de 1901-junio de 1903).

Elegida a tenor de lo dispuesto en el acuerdo de la Dirección General de Sanidad de treinta de junio de 1900, sobre renovación de las juntas de gobierno de los colegios provinciales. Aquí se dispone que la primera renovación de las directivas colegiales había de producirse el primer domingo del mes de junio de 1901. Estatutariamente debían renovarse los cargos de secretario, contador y los vocales primero y tercero, pero no hay registro de esa elección, ni en las actas de las juntas de gobierno, ni en las de las generales de colegiados, ni en el Boletín. Sabemos la composición de esta Junta por la consulta con las fichas personales de los colegiados. También sabemos que el Colegio subió de categoría estatutariamente en estos dos años y de tres vocales pasó a tener cinco.

Presidente: José Pachés Andreu; secretario: José Clará Piñol; tesorero: Francisco Coloma Ibáñez; contador: Ernesto Pastor Teruel; vocal primero: Enrique Beltrán Monferrer; vocal segundo: José Cazador Martín; vocal tercero: Juan Bautista Flors Goterris; vocal cuarto: Gonzalo Salviá Peiró; vocal quinto: Nicolás Forés Vilar.

TERCERA JUNTA DE GOBIERNO (junio de 1903-abril de 1905).

Elegida en elecciones celebradas entre el siete y diez de junio de ese año en el Hospital Provincial. Presidente: José Clará Piñol; secretario: Pío Segura Llorens; tesorero: Francisco Coloma Ibáñez; contador: Manuel Sánchez; vocal primero: Nicolás Forés Vilar; vocal segundo: Vicente Gea Mariño; vocal tercero: Gonzalo Salvia; vocal cuarto: Vicente Segarra; vocal quinto: Juan Bautista Flors Goterris.

CUARTA JUNTA DE GOBIERNO (29 de abril 1905-¿??).

Presidente: Ramón Godes Solsona; vicepresidente: José Pachés Andreu; tesorero: Francisco Coloma Ibáñez; contador: Manuel Sánchez; secretario: Pío Segura Llorens;

vocales: Gonzalo Salvia, Nicolás Forés Vilar, Vicente Gea Mariño, Vicente Sansano, Vicente Segarra, Pedro Montoy y José María Gozalbo.

No hay constancia en los libros de actas de la elección de esta Junta. Sabemos que se eligió porque el *Heraldo de Castellón* recoge la noticia en sus páginas el veintinueve de abril de 1905 y porque al final del acta de la Junta General de colegiados de junio de ese año, hay un párrafo que reza: «Todos los asistentes saludaron a la nueva Junta de Gobierno y a su Presidente, el Dr. Ramón Godes». Otra fuente que permite afirmar que Ramón Godes fue el tercer presidente de nuestra Institución, es su propia ficha personal inserta en el libro general de registro de colegiados, en la que se puede leer que el Dr. Godes cambió su residencia de Vila-real a Castelló a principios de julio de 1905, tras ser elegido presidente del Colegio.

QUINTA JUNTA DE GOBIERNO (¿¿¿-mayo 1912)
Presidente: Francisco Coloma Ibáñez.
Sabemos que Francisco Coloma presidió nuestra Institución porque es el firmante, en condición de presidente, de las pocas actas de Junta de Gobierno y Generales que se conservan de 1909 y 1910, aunque no he podido averiguar cuando fue elegido, ya que la fecha de esa elección no está en documento alguno del Colegio ni la he encontrado en otra documentación como pueda ser la prensa local. Francisco Coloma había sido miembro de la Junta de Gobierno del Colegio desde su constitución y fue presidente hasta su fallecimiento en mayo de 1912. No conocemos a los otros componentes de esa Junta ya que no hay información sobre su elección.

SEXTA JUNTA DE GOBIERNO (julio de 1912-junio de 1917)
Sabemos de esta Junta por la prensa local. Tanto *Heraldo de Castellón* como *Clamor*, recogen en sus páginas que fue elegida el 2 de julio de 1912 con los siguientes componentes:
Presidente: Eliseo Soler Breva; vicepresidente: Vicente Gea Mariño; contador: Ernesto Pastor Teruel; tesorero: Juan Marco; secretario: Leandro Ureña Climent; vocales: José Alegret Martínez, Francisco Badenes Champel, Miguel Andreu García, Sebastián Roca, José María Bellés, Juan Bautista Domingo Forner y Juan Bautista Bellido Tirado.

SÉPTIMA JUNTA DE GOBIERNO (junio de 1917-abril de 1919).
Presidente: Eliseo Soler Breva; vicepresidente: Vicente Gea Mariño; contador: Ernesto Pastor Teruel; tesorero: Ramiro Herrero Silvestre; secretario: Leandro Ureña Climent; vocales: Juan B. Bellido Tirado, José María Alegret Martínez, Francisco Badenes Champel, José Gil Valero, Joaquín Nos Mora, Luis Barberá Forner y Antonio Nebot Franch.
Esta fue la primera Junta de Gobierno elegida tras la publicación de la normativa que reactivaba los colegios oficiales de médicos y hacía obligatoria de modo efectivo la colegiación para poder ejercer. En enero de 1919 el presidente dimitió por desavenencias con el resto de la Junta de Gobierno y hasta junio ejerció de presidente accidental Vicente Gea Mariño.

OCTAVA JUNTA DE GOBIERNO (junio de 1919-diciembre de 1921).
Presidente: Vicente Gea Mariño; vicepresidente: Juan B. Bellido Tirado; secretario: José Forcada Príncipe; contador: José María Alegret Martínez; tesorero: Ramiro Herrero Silvestre; vocal por el distrito de Albocàsser: Angel Fornet; por Lucena: Enrique Roca;

por Morella: Erminio Climent; por Nules: Pedro Montoya; por San Mateo: José R. García Tirado; por Segorbe: Enrique Albiol; por Viver: Juan Gallur. No se eligió el vocal de Vinaròs por no estar constituida la junta de distrito allí.

NOVENA JUNTA DE GOBIERNO (diciembre de 1921-diciembre de 1923).
Presidente: Vicente Gea Mariño; vicepresidente: Juan B. Bellido Tirado; secretario: José Forcada Príncipe, contador: José Mª Alegret Martínez; vocal por el distrito de Albocàsser: Angel Fornet; por Castelló: Federico Bonet Vives; por Nules: Pedro Montoya Cabedo; por Lucena: Julio Mas Pastor; por Morella: Erminio Climent; por San Mateo: Antonio Cucala Almela, por Segorbe: Enrique Albiol; por Viver: Juan Gallur.

DÉCIMA JUNTA DE GOBIERNO (enero 1924-diciembre 1925).
Presidente: Vicente Gea Mariño; vicepresidente: Ramiro Herrero Silvestre; secretario: Sixto García Luis; tesorero: José Forcada Príncipe; contador: José Alegret Martínez;; vocal por Albocàsser: Angel Fornet; por Castelló: Federico Bonet; por Lucena: Julio Mas; por Morella: Erminio Climent; por Nules: Pedro Montoya; por San Mateo: Antonio Cucala; por Segorbe: Manuel Garcerán; por Vinaròs: Ramón Freixes; por Viver: Francisco Berenguer.
Esta Junta de Gobierno fue por orden-decisión gubernativa, ya que la anterior había dimitido en diciembre de 1923 irrevocablemente, no admitiendo seguir en sus cargos a pesar de que la General no aceptaba su dimisión. Tomó posesión en enero y fue ratificada en Junta General en junio.

DECIMOPRIMERA JUNTA DE GOBIERNO (diciembre de 1925-diciembre de 1927).
Presidente: Vicente Gea Mariño; vicepresidente: Ramiro Herrero Silvestre; secretario: Sixto García Luis; tesorero: José Forcada Príncipe; contador: José Alegret Martínez; vocal por Albocàsser: Angel Fornet Robres; por Morella: Emilio Serrano Girona; por Segorbe: Eustaquio Vercher Viñoles; por Vinaròs: Sebastián Roca Ribera y por Viver: Alfredo Gómez Garriga, continuando además Federico Bonet Vives por Castelló, Julio Mas Pastor por Lucena, Pedro Montoya Cabedo por Nules y Antonio Cucala Almela por San Mateo.

DECIMOSEGUNDA JUNTA DE GOBIERNO (diciembre de 1927-diciembre de 1929).
Presidente: Antonio Giménez García; vicepresidente: Antonio Fossas Coll; secretario: Vicente Domínguez Micó; tesorero: Sebastián Roca Ribera; contador: Julio Alcón Fandós; vocal por el distrito de Castelló: Ramón Rocabert Chavarría; por Lucena: Federico Michavila Paús; por Morella: Manuel Palomo Pallarés; por Nules: Eduardo Moros Gozalbo; por San Mateo: Antonio Cucala Almela, además de Eustaquio Vercher Viñoles por Segorbe y Alfredo Gómez Garriga por Viver que fueron reelegidos.
Esta renovación no debió ser tan profunda ya que estatutariamente debían elegirse los cargos de vicepresidente, contador y secretario además de varios vocales de distrito, pero presidente y tesorero anteriores presentaron su dimisión por motivos de salud, con la intención de acumular las dos elecciones.

DECIMOTERCERA JUNTA DE GOBIERNO (diciembre de 1929- febrero de 1930).
Presidente: Antonio Giménez García; vicepresidente: Antonio Fossas Coll; secretario: Vicente Domínguez Micó; tesorero: Sebastián Roca Ribera; contador: Julio Alcón Fandós; vocal por el distrito de Castelló: Ramón Rocabert Chavarría; por Lucena: Federico

Michavila Paús; por Segorbe: Angel García Morro; por Morella: Manuel Palomo Pallarés; por Nules: Eduardo Moros Gozalbo; por San Mateo: Antonio Cucala Almela; por Vinaròs: Antonio Lloréns Plaza; por Viver: Elviro Adán Pérez.

En febrero de 1930 se produjo la dimisión irrevocable de toda la Junta de Gobierno lo que obligó a una nueva elección.

DECIMOCUARTA JUNTA DE GOBIERNO (febrero de 1930-junio de 1932).

Presidente: Vicente Gea Mariño; vicepresidente: Juan B. Bellido Tirado; secretario: Sixto García Luis; contador: José María Alegret Martínez; tesorero: José Forcada Príncipe; vocal por Albocàsser: Luis Antón Agustín; por Castelló: Juan B. Arizo Olmos; por Lucena: Julio Mas Pastor; por Morella: Manuel Palomo Pallarés; por Nules: Pedro Montoya Cabedo; pro San Mateo: José T. García Tirado; por Segorbe: Alfredo Lorente Villalba; por Vinaròs: Pedro Muñiz Izquierdo y por Viver: Alfredo Gómez Garriga.

DECIMOQUINTA JUNTA DE GOBIERNO (junio de 1932-junio de 1934).

Presidente: Juan B. Palomo Martí; vicepresidente: Julián Garí Martinavarro; secretario: Rafael Ribes Gómez; tesorero: José V. García Mingarro; contador: Miguel Peña Masip; vocal por Albocàsser: José Gil Navarro; por Castelló: Jose Gil Masip; por Lucena: Jesús Vidal Chinibrea; por Morella: Plácido Milián Loscos; por Nules: Juan B. Domingo Forner; por San Mateo: José T. García Tirado; por Segorbe: Julio López Esperón; por Vinaròs: Enrique Esteller Esteller; por Viver: Federico Carbonell Devís.

DECIMOSEXTA JUNTA DE GOBIERNO (junio de 1934- junio 1936).

Presidente: Juan B. Palomo Martí; vicepresidente: Julián Garí Martinavarro; secretario: Rafael Ribes Gómez; tesorero: José V. García Mingarro; contador: Miguel Peña Masip; vocal por Castelló: Francisco Martín Martín; por San Mateo: José T. García Tirado; por Segorbe: Manuel Garcerán Bordón; por Nules: Juan B. Domingo Ferrer; por Morella: Tomás Remón Pastor; por Albocàsser: José Gil Navarro; por Vinaròs: Enrique Esteller Esteller; por Viver: Federico Carbonell Devís; por Lucena: Jesús Vidal Chinibrea.

DECIMOSÉPTIMA JUNTA DE GOBIERNO (junio-1936-agosto de 1936).

Presidente: Juan B. Palomo Martí; vicepresidente: Julián Garí Martinavarro; secretario: Rafael Ribes Gómez; tesorero: José V. García Mingarro; contador: Miguel Peña Masip; vocal por el distrito de Albocàsser: José Gil Navarro; por Castelló, Sixto García Luis (por fallecimiento del titular anterior: Francisco Martín Martín); por Lucena: Jesus Vidal Chinibrea; por Vinaròs: Mario del Pino y de la Vega; por Viver: Federico Carbonell Devís.

PERÍODO DE LA GUERRA CIVIL (5 de Agosto de 1936-3 de enero de 1940).

Gestores del Colegio en período republicano:

Presidente: Juan B. Bellido Tirado; secretario: Rafael Ribes Gómez (agosto de 1936-noviembre de 1937). Designados por el gobernador civil, en virtud del decreto de disolución de las juntas directivas colegiales de 30 de julio anterior.

Presidente: Miguel Peña Masip; secretario: Hipólito Fabra Compte (noviembre de 1937- marzo de 1938). Procedieron a la liquidación del Colegio y entrega de sus bienes al Gobierno Civil.

Gestores del Colegio tras la ocupación franquista:

Presidente: Rafael Sales Sanz; vocal 1º: Francisco Llopis Albiol; vocal 2º: Manuel Agut Arenós (17 de junio de 1938-3 de enero de 1940).

Este Consejo Provincial (así los llamaron las autoridades franquistas al reactivar los colegios de médicos en las provincias que iban progresivamente controlando) fue nombrado con carácter provisional por el general jefe del Cuerpo de Ejército de Galicia, que ocupó la capital de La Plana el 14 de junio de ese año de 1938.

DECIMOCTAVA JUNTA DE GOBIERNO (enero de 1940-abril de 1943).

Presidente: Ángel Sánchez Gozalbo; secretario: Agustín Rallo Segarra; contador: Federico de Francia Pascual; vocal: Plácido Milián Loscos; vocal: José Almela Rochera; vocal: Luis Sanz Blanco.

El último año ejerció de tesorero-contador Vicente Altava Alegre, por dimisión del titular por traslado de residencia.

DECIMONOVENA JUNTA DE GOBIERNO (abril de 1943-diciembre de 1945).

Presidente: Vicente Altava Alegre; secretario: Agustín Rallo Segarra; tesorero-contador: José Sanahúja Gil; vocal: Federico Michavila Paús; vocal: José Almela Rochera; vocal: Luis Sanz Blanco; vocales natos: por FTE-JONS: Rafael Sales Sanz; por Sanidad Nacional: Antonio Giménez García.

En noviembre de 1943 Luis Sanz Blanco dimitió por cambio de provincia de residencia y se nombró en su lugar a José María Sanjuan Roca, que tomó posesión en abril de 1944. En diciembre de 1945, en virtud de la nueva reglamentación colegial fueron elegidos: vocal de médicos de APD: Ricardo Gil González; de ejercicio libre: José Vicente García Mingarro; de asistencia colectiva: José Sanahuja Gil.

VIGÉSIMA JUNTA DE GOBIERNO (febrero de 1946-diciembre de 1948).

La renovación de esta Junta fue a base de nombramientos sucesivos y abarcó desde diciembre de 1945 hasta abril de 1946 en que se designaron los cargos de vicesecretario y tesorero-contador. El presidente tomó posesión en febrero de 1946 y por eso se toma esa fecha como referencia.[241]

Presidente: Luis Batalla González; vicepresidente: Eugenio Torres Benedicto; secretario: Rogelio Carbó Carbó; tesorero-contador y vocal de Asistencia Colectiva: José Sanahuja Gil; vicesecretario y vocal de ejercicio libre: José Vicente García Mingarro; vocal de médicos de APD: Ricardo Gil González. Vocales natos: por FTE-JONS: Rafael Sales Sanz; por Sanidad Nacional: Antonio Giménez García. En mayo de 1947 cesó José V. García Mingarro, al ser inhabilitado por un caso de dicotomía profesional y fue elegido por votación para sustituirle en agosto Joaquín Dols Peris.

En mayo de 1948 tomó posesión el nuevo miembro Pedro Botella Puig, en representación de la comisión asesora del Seguro Obligatorio de Enfermedad. En julio de

---

[241] En lo sucesivo y como se verá, hay múltiples cambios en la composición de las juntas de gobierno del Colegio, con ceses, dimisiones, creación de nuevos cargos y supresión de otros, etcétera. Con la finalidad de facilitar y sistematizar la exposición, se toma como período de referencia para distinguir las juntas sucesivas, la fecha de nombramiento y cese del presidente que se renovaba cada cinco años. También hay que decir que ya en esta época se elegían representantes de las juntas comarcales (los antiguos distritos), pero la información disponible sobre estos cargos está muy fragmentada; por ello, he optado por reflejar esas composiciones sólo cuando hay absoluta certeza de que eran así en esos momentos concretos.

1948 tomó posesión de su cargo como vocal de APD, para el que había resultado elegido, Enrique Casans Díaz. Este cambio se debió a la dimisión por motivos de salud del anterior titular Ricardo Gil. El 22 de noviembre de 1948 es aceptada la dimisión del presidente, Luis Batalla, asumiendo la Presidencia de forma interina el vicepresidente, Eugenio Torres y en la sesión siguiente toda la Junta de Gobierno acuerda poner sus cargos a disposición del CGCOM para facilitar el relevo.

VIGÉSIMO PRIMERA JUNTA DE GOBIERNO (enero de 1949-marzo de 1954).

Presidente: Pedro Muñiz Izquierdo. Continuaron en sus puestos: vicepresidente: Eugenio Torres Benedicto; secretario: Rogelio Carbó Carbó; tesorero-contador y vocal de Asistencia Colectiva: José Sanahuja Gil; vicesecretario y vocal de ejercicio libre: Joaquín Dols Peris; vocal de médicos de APD: Enrique Casans Díaz. Vocales natos: por FTE-JONS: Rafael Sales Sanz; por Sanidad Nacional: Antonio Giménez García; representante de la comisión asesora del Seguro Obligatorio de Enfermedad: Pedro Botella Puig. En marzo de 1949 se crea el cargo de vocal representante de la «Obra Sindical 18 de julio» en la Junta de Gobierno, para el que fue designado y tomo posesión Ramón Sánchez Eced. En enero de 1950 José Sanahuja asumió las funciones de secretario por fallecimiento del titular y dimitió, por incompatibilidad, de sus cargos de tesorero-contador y vocal de Asistencia Colectiva. Los otros miembros de la Junta continuaron en sus puestos. Para el puesto de tesorero-contador y vocal de asistencia colectiva fue designado en mayo de 1950 Vicente Albiach Nácher. En octubre de 1950 se designa vocal de FTE-JONS a Francisco Llopis Albiol. En julio de 1951 fallece Ramón Sánchez Eced, nombrándose en mayo de 1952 a Federico de Francia Pascual para sustituirle como vocal de la Obra Sindical 18 de julio. En febrero de 1953 se reeligió a Joaquín Dolz Peris como vocal de médicos de asistencia libre sin votación al no haber otros candidatos, pero el CGCOM no aceptó el nombramiento con el argumento de que era indispensable la votación, por lo que renunció al cargo y a la reelección en abril. Se repitió la votación y el 26 de mayo fue elegido José Mª Reverter Girona y propuesto al CGCOM para vicesecretario. En diciembre de 1953 se reelige a Enrique Casans Díaz como vocal de médicos de APD.

VIGÉSIMO SEGUNDA JUNTA DE GOBIERNO (marzo de 1954-marzo de 1959).

Presidente: Pedro Muñiz Izquierdo; vicepresidente: Eugenio Torres Benedicto; secretario: José Sanahúja Gil; tesorero-contador y vocal de Asistencia Colectiva: Vicente Albiach Nácher; vicesecretario y vocal de ejercicio libre: José Mª Reverter Girona; vocal de médicos de APD: Enrique Casans Díaz. Vocales natos: por FTE-JONS: Francisco Llopis Albiol; por Sanidad Nacional: Antonio Giménez García; representante de la comisión asesora del Seguro Obligatorio de Enfermedad: Pedro Botella Puig; representante de la Obra Sindical 18 de julio: Federico de Francia Pascual. En febrero de 1955 Francisco Cantó Ibáñez toma posesión como representante de Sanidad Nacional. En junio de ese año es nombrado Secretario: José Aragonés Lloret, en sustitución de José Sanahúja Gil, que había finalizado mandato de cinco años y estaba en funciones. En julio se confirma a Vicente Albiach Nácher como vocal de Asistencia Médica Colectiva. Su mandato como tesorero había finalizado en mayo, pero siguió en el puesto en funciones hasta la elección de uno nuevo. También dimite irrevocablemente el vicepresidente Torres Benedicto y se propone para el cargo a José Mª Reverter Girona, que era vicesecretario y vocal de médicos de ejercicio libre. Fue nombrado vicepresidente en firme en febrero de 1956. En diciembre de 1955 se designa vocal representante de FTE-JONS a Rafael Muedra Canes, en sustitución de Francisco Llopis Albiol, por cumplimiento de mandato. En mayo de 1956 se reelige a Vicente Albiach Nácher como vocal de médicos de Asistencia Colectiva. En diciembre de ese año se designa a Antonio Peris Pitarch como vocal representante de médicos de ejercicio libre y se le propone para vicesecretario. Tomo posesión de ambos cargos en febrero de 1957. En julio de 1957 se redesigna a Federico de Francia Pascual como vocal representante de la Obra Sindical 18 de julio.

En abril de 1958 eran representantes de las juntas comarcales: por Vinaròs: Vicente Mezquita Torres; por San Mateo: Manuel Díaz-Zorita Ramos; por Castelló: Andrés Puig Herrero; por Albocàsser: José María Sanjuan Roca; por Lucena: Luis Esteban Jasón; por Nules: Manuel Peset Almela; por Morella: Francisco Monfort Ortí; por Segorbe: Julio López Esperón y por Viver: Francisco Morcillo Sopena. En febrero de 1959 es reelegido vocal de médicos titulares Enrique Casans Díaz.

VIGÉSIMO TERCERA JUNTA DE GOBIERNO (marzo de 1959- diciembre de 1963).

Presidente: Pedro Muñiz Izquierdo; vicepresidente: José Mª Reverter Girona; secretario: José Aragonés Lloret; tesorero-contador y vocal de Asistencia Colectiva: Vicente Albiach Nácher; vicesecretario y vocal de ejercicio libre: Antonio Peris Pitarch; vocal de médicos de APD: Enrique Casans Díaz. Vocales natos: por FTE-JONS: Rafael Muedra Canes; por Sanidad Nacional: Francisco Cantó Ibáñez; representante de la comisión asesora del Seguro Obligatorio de Enfermedad: Pedro Botella Puig; representante de la Obra Sindical 18 de julio: Federico de Francia Pascual. En julio de 1959 renuncia Pedro Botella Puig a su cargo de vocal de médicos del Seguro Obligatorio de Enfermedad, al haber sido designado jefe provincial de Falange. Fue elegido para ese puesto en noviembre Luis Esteban Garión. En enero de 1960 dimite por motivos de edad Jose Mª Reverter Girona del cargo de vicepresidente. Fue nombrado para sustituirle en abril Federico Michavila Paús. En junio Francisco Cantó Ibáñez es vuelto a designar vocal representante de Sanidad Nacional por otros cinco años. En julio José A. Aragonés es renovado en su cargo de secretario del Colegio por otros cinco años. En abril de 1961, Francisco Albella Redó es designado vocal representante de FTE-JONS por cumplir sus cinco años reglamentarios Rafael Muedra Canes. En diciembre de 1961 se propone la continuación en el cargo de vocal de Asistencia Colectiva de la Junta de Gobierno a Vicente Albiach Nácher, fue nombrado a finales de enero de 1962. En marzo de 1962 Antonio Peris Pitarch es propuesto para su reelección como vocal de médicos de asistencia libre, por finalización de mandato.

VIGÉSIMO CUARTA JUNTA DE GOBIERNO (diciembre de 1963-marzo de 1970).[242]

Cargos elegidos: presidente: Pedro Muñiz Izquierdo; vicepresidente: Federico Michavila Paús; secretario: José A. Aragonés Lloret; vicesecretario: Vicente Mezquita Torres; tesorero-contador: Antonio Escartín Dañobeitia; vocal representante de médicos libres con más de veinte años de ejercicio: Francisco Monfort Ortí; vocal representante de médicos libres con menos de cinco años de ejercicio: Joaquín Farnós Gauchía.

Cargos designados: La Junta Directiva debía completarse con vocales designados: representante de la Sanidad Nacional; de la Delegación Provincial de Asociaciones y del Instituto Nacional de Previsión (INP). Además continuaban el vocal de asistencia colectiva,

---

[242] Desde el reglamento de la OMC de 1963 los mandatos de los cargos directivos tenían una duración de seis años.

Vicente Albiach Nácher, al que no tocaba renovar, Antonio Peris Pitarch como vocal representante de médicos libres y Enrique Casaus Díaz, representante de médicos de APD por la misma causa. En febrero de 1964 fueron designados: Ricardo Navarro de Rojas como vocal representante del INP; Federico de Francia Pascual, representante de la Delegación Provincial de Asociaciones y Francisco Cantó Ibáñez, representante de Sanidad Nacional. En febrero de 1965 dimitió Ricardo Navarro por traslado, siendo designado el 13 de abril Juan del Olmo Martínez. En febrero de 1966 se eligió a Emilio Gómez Zaragozá como vocal representante de médicos del Seguro Obligatorio de Enfermedad.

VIGÉSIMO QUINTA JUNTA DE GOBIERNO (marzo de 1970- marzo de 1976). En esta junta todos los cargos fueron elegidos por los médicos.

Presidente: José Aragonés Lloret; vicepresidente: Juan Guallart Segarra; secretario general: Luis Aracil Muñoz; vicesecretario: José Mª Losa Morancho; tesorero-contador: Rafael Vila Vidal; vocal representante de Sanidad Nacional: Ángel Martínez Fernández; de médicos del Seguro Obligatorio de Enfermedad: Francisco Albella Redó; de Asistencia Colectiva: José González Cabrera; de médicos licenciados en los diez años anteriores: José A. de Francia Valero; de médicos con más de diez años de ejercicio libre: José Mª Martínez Urrea.

En octubre de 1971 dimitió Francisco Abella Redó por motivos de salud y sus funciones las asumió el secretario y en febrero de 1972 resultó elegido para ese puesto Vicente Albiach Nácher. En marzo de 1972 renunció Juan Guallar Segarra, asumiendo sus funciones José de la Huerta Labega. Fue elegido para el cargo en julio Antonio Escartín Dañobeitia. Renunció por motivos laborales también en marzo José Mª Martínez Urrea, sustituyéndole temporalmente Luis Aracil Muñoz; fue elegido para el cargo en julio Antonio Cros Juan. También cesaron por cumplimiento de mandato Juan del Olmo como vocal del INP y Federico de Francia de la Delegación de Asociaciones, a los que se renovó el mandato en julio. En agosto falleció Juan del Olmo Martínez, sustituido en diciembre por José Llácer Requena y posteriormente, en noviembre de 1974 por José A. González Monterroso. En octubre de 1975 se reeligió a José de la Huerta Labega como vocal de médicos titulares.

VIGÉSIMO SEXTA JUNTA DE GOBIERNO(marzo de 1976- ....).

Presidente: José Aragonés Lloret; vicepresidente: Antonio Escartín Dañobeitia, secretario general: Luis Aracil Muñoz, vicesecretario: José Mª Losa Morancho; tesorero-contador: Rafael Vila Vidal; vocal representante de Sanidad Nacional: Ángel Martínez Fernández; de médicos del Seguro Obligatorio de Enfermedad: Francisco Albella Redó; de Asistencia Colectiva: José González Cabrera; de médicos licenciados en los diez años anteriores: José A. de Francia Valero.

En junio cumplía mandato el representante de Sanidad Nacional pero no se renovó por disponerlo así la Ley de colegios profesionales. En julio de 1978 cesó Federico de Francia Pascual, por no proceder un nuevo nombramiento al haber sido suprimido su cargo. En octubre cesó José A. de Francia Valero por cumplir los 10 años de licenciatura.

ANEXO II

SEDES DEL COLEGIO OFICIAL DE MÉDICOS DE CASTELLÓ DESDE SU FUNDACIÓN[243]

1.ª SEDE: (julio de 1909//mayo de 1920)
Calle Mayor (no consta número)

La calle Mayor a principios del siglo xx.
Fuente: Google.

---

[243] Se reseña la fecha del acuerdo de Junta de Gobierno de cambio de sede colegial, no la fecha del cambio efectivo.

2.ª SEDE: (mayo de 1920// mayo de 1922)
Calle González Chermá, n.º 54

La calle González Cherná (actual Enmedio) en esa misma época. Fuente: Google.

3.ª SEDE: (diciembre de 1922// octubre de 1927)
Calle Mayor, 117

4.ª SEDE: (marzo de 1927//enero de 1929)
Calle Ruiz Zorrilla 1, 1º y 2º

Aspecto actual del número 1 de la calle Ruiz Zorrilla. (Elaboración propia).

5.ª SEDE: (enero de 1929//enero de 1931)
Plaza Cardona Vives, 31, principal

6.ª SEDE: (enero de 1931//febrero de 1933)
Calle Zaragoza 8, principal

El número 8 de la calle Zaragoza en la actualidad.
(Elaboración propia).

7.ª SEDE: (marzo de 1933//diciembre de 1964)
Calle González Chermá 132, bajo (antigua Casa de Correos)

8.ª SEDE: (Enero de 1965/// septiembre de 2019)[244]
Avda. Capuchinos, 7

La avenida Capuchinos 7-9, hoy.
(Elaboración propia)

---

[244] El 17 de septiembre de 2019 se celebró una Junta General de colegiados que tomó el acuerdo de cambiar la sede colegial y se facultó a la Junta de Gobierno presidida por José María Breva Sanchís a hacer lo necesario para ello. Se compró el edificio situado en la Avenida del Mar n.º 48 y, tras los necesarios trabajos de acondicionamiento, el traslado efectivo se realizó a principios de abril de 2021. Se hizo la inauguración oficial de las instalaciones en junio de ese mismo año.

ANEXO III:

PRINCIPAL NORMATIVA HISTÓRICO-LEGAL EN RELACIÓN CON EL ASOCIACIONISMO MÉDICO[245]

1. Creación de la Suprema Junta de Sanidad: 2 de octubre de 1720.
   http://pares.mcu.es/ParesBusquedas20/catalogo/autoridad/16794

2. Real Decreto de 20 de julio de 1837, restableciendo el de 8 de junio de 1823 relativo a que los abogados, médicos y demás profesores aprobados, sean de la profesión científica que fueren, puedan ejercerla en todos los puntos de la Monarquía, con la sola obligación de presentar sus títulos a las autoridades locales.
   Gaceta de Madrid n.º 967, de 25 de julio de 1837.
   https://www.boe.es/datos/pdfs/BOE//1837/967/A00001-00001.pdf

3. Decreto de 9 de octubre de 1843, del Plan de Estudios Médicos. Plan de estudios médicos por el que se promulga el que sería el primer programa de estudios de Medicina unificado para todo el país. Según éste se suprimen los antiguos colegios donde se enseñaba medicina y se crean dos facultades (Madrid y Barcelona), donde se obtiene el título de doctor en ciencias médicas y cinco colegios (Sevilla, Zaragoza, Valladolid, Santiago y Valencia) donde se obtendría el título de práctico en el arte de curar. En las facultades se enseñaría la medicina, la cirugía y la farmacia en toda su plenitud (artículo 6), mientras que en los colegios se enseñarían las materias necesarias para el ejercicio de la cirugía menor, la obstetricia y la medicina elemental (artículo 30). En este Plan se crea por primera vez una cátedra de Bibliografía, Historia y Moral Médica.
   Gaceta de Madrid. Suplemento al número 3309, de 11 de octubre de 1843.
   https://boe.es/datos/pdfs/BOE//1843/3309/C00001-00004.pdf

4. Circular de la Junta Suprema de Sanidad del Reino de 17 de junio de 1846.
   En esta disposición se obliga a los médicos a comunicar una vez al año a los subdelegados de Sanidad su identidad y lugar donde ejercen, así como los cambios de domicilio. Esta es una disposición importante además de por esta norma de control de los médicos, por sus prescripciones de orden deontológico. Dice por ejemplo que

---

[245] Todas estas disposiciones pueden encontrarse fácilmente en la página de búsqueda del Boletín Oficial del Estado. Se acompaña cada una con la dirección donde se pueden localizar.

médicos, cirujanos y farmacéuticos deben desempeñar su profesión «*[...] con la precisión, moralidad, exactitud y decoro que exige el sagrado objeto de su ministerio*». También prohíbe el que un médico se entrometa en la asistencia a un paciente que ya está siendo asistido por otro, si no media acuerdo entre los médicos o sea elección del interesado y que las recetas deben ser hechas «*... en términos o caracteres claros y precisos[...]*» ya sea en latín o castellano, y deben estar fechadas y expresar el modo de usar el medicamento, para evitar abusos y equivocaciones.

Gaceta de Madrid n.º 4298, de 21 de junio de 1846.
https://www.boe.es/datos/pdfs/BOE//1846/4298/A00002-00002.pdf

5. Real Decreto de 17 de marzo de 1847, de supresión de la Junta Suprema de Sanidad y creación de la Dirección General de Sanidad.
   Es un decreto que pretende centralizar y uniformizar todas las medidas de policía sanitaria, tanto dentro del país, como externa de cuidado de puertos y fronteras. Además de suprimir la Junta Suprema de Sanidad, se crea aquí un Consejo de Sanidad de carácter consultivo y la Dirección General de Sanidad como organismo ejecutivo, dependiente del Ministerio de la Gobernación; se crean también juntas provinciales de Sanidad dependientes del jefe político y en última instancia del ministro de la Gobernación, así como las juntas locales, dependientes de los ayuntamientos. También dispone que lo que corresponda a la salud pública y policía sanitaria de las academias de Medicina y Cirugía, dependerán del jefe político de la capital donde estén establecidas.

   Gaceta de Madrid n.º 4574, de 24 de marzo de 1847.
   https://www.boe.es/datos/pdfs/BOE//1847/4574/A00001-00002.pdf

6. Real Decreto de 5 de abril de 1854, mandando que en todas las ciudades, villas y lugares del reino haya médicos, cirujanos y farmacéuticos titulares.
   Se dispone que todas las ciudades y villas tendrán un facultativo titular contratado por el Ayuntamiento en función del artículo 79.2 de la ley de 8 de enero de 1845, de organización y atribuciones de los ayuntamientos. El médico titular tenía a su cargo la asistencia a los pobres de la ciudad o partido, la de militares o funcionarios eventualmente destinados en el partido municipal que se tratara y las cuestiones médico-legales y de salud pública. Este real decreto es de capital importancia para el movimiento asociativo médico, ya que dispone en su artículo 9 que en ciudades donde hubiere más de 10 médicos, se podrá constituir un colegio de médicos cuyos estatutos debería de aprobar el gobernador civil y siempre que no se coarte la libertad de ejercicio y no se adoptaran acuerdos contrarios a las leyes. También se regula por primera vez el sistema de igualas y el procedimiento sancionador, incluso hasta la separación del servicio. Fue derogada poco después de su promulgación, pero sirvió de base para organizaciones territoriales futuras de la asistencia sanitaria.

   Gaceta de Madrid n.º 467, de 12 de abril de 1854.
   https://www.boe.es/datos/pdfs/BOE//1854/467/A00001-00004.pdf

7. Ley de Sanidad.
   En esta ley tiene su origen la estructura provincial de la organización sanitaria. En ella se crean las juntas provinciales de Sanidad con potestad sobre todos los aspectos organizativos de la Sanidad en cada provincia, con dependencia última del

gobernador civil. También se crea un Consejo de Sanidad de carácter consultivo. Se dispone que los facultativos titulares nombrados serán aprobados por la Diputación provincial. Se prohíbe a los médicos titulares el irse de su municipio en tiempo de epidemia o contagio. Se consagra la libertad de ejercicio profesional y se dispone una medida de gran trascendencia deontológica: el art. 80 dispone la creación de jurados médicos y de calificación, con amplia potestad disciplinaria y deontológica sobre los profesionales:

> Artículo 80. Con el objeto de prevenir, amonestar y calificar las faltas que cometan los profesores en el ejercicio de sus respectivas facultades, regularizar en ciertos casos sus honorarios, reprimir todos los abusos profesionales á que se puede dar margen en la práctica, y a fin de establecer una severa moral médica, se organizará en la capital de cada provincia un jurado médico de calificación, cuyas atribuciones, deberes, cualidades y número de los individuos que le compongan, se detallarán en un reglamento que publicará el Gobierno, oyendo al Consejo de Sanidad.

Hay que decir que el reglamento de desarrollo al que se alude, nunca se publicó. Esta norma también regula la expedición de medicamentos y prohíbe la venta de remedios secretos. Esta Ley fue el primer código sanitario español unificado. Vinculaba los organismos rectores de la política sanitaria al Ministerio de la Gobernación a través de la Dirección General de Sanidad y mantuvo su vigencia casi medio siglo, hasta la aprobación definitiva de la Instrucción General de Sanidad en 1904.

Gaceta de Madrid n.º 1068, de 7 de diciembre de 1855.
https://www.boe.es/datos/pdfs/BOE//1855/1068/A00001-00002.pdf

8. Real Decreto de 11 de abril de 1893 y Reglamento de la misma fecha, para la administración y cobranza de la Contribución industrial y de comercio.
   Se establece el principio de agremiación, según el cual a efectos impositivos los médicos, farmacéuticos y otros profesionales que ejercieran en la misma provincia «…constituirán gremio ó colegio para distribuirse individualmente el importe de su contribución respectiva…» (artículo 79). Estos gremios debían designar una serie de cargos (síndicos y clasificadores) que eran los que asignaban a cada profesional el montante de su contribución anual, hasta llegar al total asignado al gremio para su contribución.

Gaceta de Madrid n.º 105, de 15 de abril de 1893.
https://www.boe.es/datos/pdfs/BOE//1893/105/A00188-00195.pdf

9. Real Decreto de 13 de agosto de 1894, reformando el sistema de tributación con respecto al ejercicio de la profesión de médicos y médicos cirujanos.
   Este real decreto modifica el sistema impositivo de los médicos. Se les obliga a adquirir al principio de cada año una «patente» de un determinado número y clase, y en virtud de esa patente sería la posterior tributación. Los farmacéuticos tenían prohibido dispensar recetas que no llevaran el número de patente del médico firmante y cualquier certificado o declaración facultativa eran inválidos si no llevaban ese número. Había siete clases de patentes y diez bases de población. Castelló estaba en la base de población quinta (poblaciones entre veinte y treinta mil habitantes) y las patentes

aquí tenían un valor entre cincuenta y cinco y trescientas pesetas. Aunque todavía no estaban constituidos los colegios de médicos (sólo el de Madrid estaba constituido en esta fecha), ya la Administración les exigía colaboración en la tarea de la recaudación, tarea que se endosaba al gremio que creó la anterior norma de 1893:

Artículo 13. Los Colegios de Médicos auxiliarán á la Administración pública en la acción fiscalizadora que tienda á impedir las defraudaciones, para lo cual, en el primer mes de cada año económico, pasarán á la Delegación de Hacienda de la provincia una lista en que consten los nombres y domicilios de los Médicos y Médicos Cirujanos de la población de su residencia que les conste ejercen la profesión, y asimismo en todo tiempo las noticias que tuvieren acerca del ejercicio de la profesión por persona no autorizada con la oportuna patente.

Gaceta de Madrid n.º 227, de 15 de agosto de 1894.
https://www.boe.es/datos/pdfs/BOE//1894/227/A00587-00588.pdf

10. Real Decreto de 12 de abril de 1898, de creación de los colegios de médicos provinciales.
Se instituye un colegio por provincia, la colegiación es obligatoria para ejercer y se dan pautas para el funcionamiento de las corporaciones.

Gaceta de Madrid n.º 105, de 15 de abril de 1898.
http://www.boe.es/datos/pdfs/BOE//1898/105/A00196-00200.pdf

11. Real Orden de 22 de junio de 1898, relativa a lo dispuesto en el artículo 39 de los estatutos para el régimen del Colegio de Médicos y del 36 del de Farmacéuticos, en cuanto a condiciones exigibles para ser miembros de la Junta de Gobierno.
El artículo 39 de los estatutos del 12 de abril regulaba el acceso a los cargos de presidente y demás de la Junta de Gobierno, exigiendo una determinada antigüedad de ejercicio, así como haber satisfecho un mínimo de contribución industrial a la Hacienda pública, requisitos que estaba en función de la categoría del colegio, y el artículo 36 hablaba de la posibilidad de reelección. En esta real orden se solventan determinadas dudas que se habían manifestado, sobre todo por los especiales regímenes tributarios de las provincias vascas.

Gaceta de Madrid n.º 176, de 25 de junio de 1898.
https://www.boe.es/datos/pdfs/BOE//1898/176/A01148-01148.pdf

12. Dirección General de Sanidad. Acuerdo de esta Dirección de 30 de junio de 1900, sobre renovación de las juntas de gobierno de los colegios médicos de las provincias. Aquí se dispone que la primera renovación de las juntas directivas colegiales se debería de llevar a cabo el primer domingo del mes de junio de 1901.

Gaceta de Madrid n.º 150, de 30 de mayo de 1900.
https://www.boe.es/datos/pdfs/BOE//1900/150/A01019-01019.pdf

13. Real Orden de 30 de junio de 1900, disponiendo que las juntas de gobierno de los colegios de médicos y farmacéuticos deberán acordar o negar la inscripción de los titulados en el improrrogable plazo de un mes, desde la solicitud de los interesados.

Gaceta de Madrid n.º 183, de 2 de julio de 1900.
https://www.boe.es/datos/pdfs/BOE//1900/183/A00017-00017.pdf

14. Real Orden de 3 de noviembre de 1900, disponiendo se cumpla en todo su vigor el real decreto de 12 de abril de 1898 sobre colegiación obligatoria de las clases médico-farmacéuticas, y dando un plazo de dos meses para su cumplimiento. Como ya se ha dicho en el texto, la colegiación obligatoria levantó muchas reticencias, no fue bien aceptada entre los médicos y en absoluto era de general cumplimiento.

En la exposición de motivos de esta norma se dice que el Real Consejo de Sanidad emitió un dictamen favorable a la colegiación obligatoria y que consultadas las once Reales Academias de Medicina existentes, seis de ellas también se manifestaron a favor. Con estos dictámenes y con el argumento de la injusticia de permitir que unos médicos estuvieran colegiados y otros no, se acordó disponer «[…]que se cumpla en todo su vigor el Real decreto de 12 de Abril de 1898, que prescribe la Colegiación obligatoria de las clases Médico-farmacéuticas[…]».

Gaceta de Madrid n.º 309, de 5 de noviembre de 1900.
https://www.boe.es/datos/pdfs/BOE//1900/309/A00467-00467.pdf

15. Real Orden de 28 de marzo de 1901, desestimando la pretensión hecha por Don Francisco Gil y demás médicos del partido de Vigo, y, en su consecuencia, resolver que para ejercer la profesión de Medicina y Cirugía es requisito indispensable hallarse inscrito en el Colegio correspondiente a la localidad o partido donde tenga su habitual residencia.

Gaceta de Madrid n.º 90, de 31 de marzo de 1901.
https://www.boe.es/datos/pdfs/BOE//1901/090/A01362-01362.pdf

16. Acuerdo de la Dirección General de Sanidad, de 22 de junio de 1901, disponiendo que no se prive del ejercicio de su profesión al médico José Feliú.

En esta disposición el director general de Sanidad, Ángel Pulido, dirige una comunicación al gobernador civil de Lleida a fin de que no se prive el ejercicio de la Medicina al doctor Feliú, que había sido sancionado por su colegio al no estar colegiado. Se apoyaba el director general en una real orden de 6 de junio, referente a unas disposiciones administrativas fiscales para sociedades médicas y en una comunicación que, con carácter de real orden, el ministro de la Gobernación dirige al fiscal del Tribunal de lo Contencioso-Administrativo, manifestándole su «opinión» de que no hay razones de interés general o de Estado que hagan obligatoria la colegiación médica. Es el primer documento oficial en que la Administración da marcha atrás en la colegiación obligatoria.

Gaceta de Madrid n.º 215, de 3 de agosto de 1901.
https://www.boe.es/datos/pdfs/BOE//1901/215/A00513-00513.pdf

17. Real Orden de 28 de agosto de 1901, disponiendo la plena vigencia de la de 3 noviembre de 1900, referente a los colegios de médicos y farmacéuticos y, en consecuencia, la colegiación sigue siendo obligatoria «[…]mientras el Tribunal de lo Contencioso no acuerde la suspensión de sus efectos».

Gaceta de Madrid n.º 241, de 29 de agosto de 1901.
https://www.boe.es/datos/pdfs/BOE//1901/241/A01074-01074.pdf

18. Real Orden de 30 de mayo de 1902 firmada por el director general de Sanidad, que confirma que quien no estuviera colegiado no tenía derecho a ejercer la Medicina. Esta

real orden se dicta tras la resolución del Tribunal de lo Contencioso ante el recurso de tres médicos a la colegiación obligatoria y reza como sigue:

Ilmo. Sr.: Vista la comunicación del Presidente del Tribunal Contencioso administrativo del Consejo de Estado, acompañando testimonio de la sentencia dictada por dicho Tribunal declarándose incompetente para conocer en la demanda interpuesta por D. Joaquín Pi y Arsuaga, D. Manuel Iglesias Díaz y D. Dio Amando Valdivielso contra la Real orden expedida por este Ministerio en 6 de Diciembre de 1900, por la que se les negaba el derecho á ejercer la profesión de Médicos sin estar inscritos en el Colegio de Médicos; y resultando en virtud de tal fallo firme la expresada Real orden; El Rey (Q. D. G.) ha tenido a bien disponerse ejecute lo que en la misma se previene. De Real orden lo digo á V. I. para su conocimiento y efectos consiguientes. Dios guarde á V. I. muchos años. Madrid 30 de Mayo de 1902. S. MORET.

O sea, el Tribunal Supremo no se pronuncia sobre el fondo del asunto porque dice que no es competencia suya.

Gaceta de Madrid n.º 159 de 8 de junio de 1902.
https://www.boe.es/datos/pdfs/BOE//1902/159/A01057-01057.pdf

19. Orden Circular de la Dirección General de Sanidad, relativa a la colegiación obligatoria de los Profesores de Medicina. Se mantiene en vigor la colegiación obligatoria y se ordena que se constituyan los colegios de médicos definitivamente.

Gaceta de Madrid n.º 159, de 8 de junio de 1902.
https://www.boe.es/datos/pdfs/BOE//1902/159/A01060-01061.pdf

20. Real Decreto de 14 de julio de 1903, aprobando con carácter provisional la Instrucción general de Sanidad.

Son profesiones sanitarias la Medicina, Farmacia, Veterinaria, el Arte de los partos, el practicante y el dentista. Se dispone aquí que la colegiación no es obligatoria sino optativa (artículo 85) y que sólo los colegios que contaran con más de los dos tercios de los médicos ejercientes colegiados, tendrían carácter de corporación oficial (artículo 86).

Gaceta de Madrid n.º 196, de 15 de julio de 1903.
https://www.boe.es/datos/pdfs/BOE//1903/196/A01491-01500.pdf

21. Real Orden de 29 de septiembre de 1903, disponiendo la no obligatoriedad del sello de los colegios de médicos en las certificaciones facultativas y recalcando la no obligatoriedad de la colegiación.

En consonancia con la Instrucción general de Sanidad, esta real orden anula la obligatoriedad del sello de los colegios para que cualquier certificación expedida por un médico tuviera valor legal. Esto significó un duro golpe, sobre todo económico, para los colegios que ya estaban constituidos.

Gaceta de Madrid n.º 273, de 30 de septiembre de 1903.
https://www.boe.es/datos/pdfs/BOE//1903/273/A02624-02624.pdf

22. Real Orden de 30 de noviembre de 1903, disponiendo la forma de comprobar los requisitos que han de cumplir los Colegios Médicos residentes en capitales de provincia para ser considerados como Corporaciones oficiales.

Debían de tener colegiados al menos a las dos terceras partes de los médicos ejercientes, según relación de colegiados suscrita por el presidente y secretario del Colegio y que el número de médicos ejercientes en la provincia fuera certificada por el Ministerio de Hacienda, en función de las patentes de la contribución industrial emitidas en el año económico anterior.

Gaceta de Madrid n.º 340, de 6 de diciembre de 1903.
https://www.boe.es/datos/pdfs/BOE//1903/340/A00856-00856.pdf

23. Real Decreto de 12 de enero de 1904, disponiendo la aprobación definitiva de la Instrucción General de Sanidad Pública.

Tras un período de información y consulta con instituciones y particulares – incluso en la exposición de motivos la norma dice que se tradujo al francés para ser enviada a valorar a congresos sanitarios internacionales celebrados en Bruselas y París– se produce la aprobación definitiva de la Instrucción.

A efectos organizativos generales, la Instrucción mantiene el Real Consejo de Sanidad y se crean las juntas provinciales de Sanidad, presididas por el gobernador civil. Se catalogan las profesiones sanitarias igual que en la Instrucción provisional «Medicina y Cirugía, Farmacia, Veterinaria, el Arte de los partos, el del practicante, el dentista y, en general, las complementarias que con título especial pudieran crearse en este ramo…» (artículo 62). Se nombra a los médicos (en ejercicio libre o no) agentes de salud pública, al obligarlos a declarar las enfermedades transmisibles que atendieran (artículo 64); se prohíbe ejercer cualquier profesión sanitaria sin el correspondiente título oficial y se obliga a todos a registrar su título ante el subdelegado de Sanidad (artículo 67). El capítulo III se dedica a los colegios y jurados profesionales. El artículo 84 declara optativa la colegiación y abre la posibilidad de la colegiación conjunta a médicos, farmacéuticos y veterinarios.

La Instrucción de Sanidad dispone en su artículo 85 que los colegios que acrediten tener colegiados a más de las dos terceras partes de los médicos ejercientes en la provincia, fueran declarados corporaciones oficiales. Esto es trascendente, ya que los colegios constituidos como corporaciones oficiales absorbían las facultades de los jurados profesionales previstas en el artículo 80 de la Ley de sanidad de 1855, al constituirse sus juntas directivas en jurado profesional. Ahora bien, en aquellas capitales donde no existiera colegio permitió la subsistencia de los mismos jurados con atribuciones equivalentes, aunque más restringidas. Esta condición de corporación oficial también daba derecho al Colegio a representar al colectivo ante cualquier gestión de interés general para él, a vigilar el ejercicio profesional y fiscalizar los delitos de intrusismo y sus juntas directivas pasaban a desempeñar las funciones de los jurados profesionales médicos que ya hemos visto más arriba, confiriéndoles por ello la responsabilidad de la vigilancia de los preceptos deontológicos en todos los colegiados (artículo 85), dotándolos además de facultades disciplinarias (artículo 88).

Gaceta de Madrid n.º 22, de 22 de enero y n.º 23, de 23 de enero de 1904.
http://www.boe.es/datos/pdfs/BOE//1904/022/A00273-00275.pdf y
https://www.boe.es/datos/pdfs/BOE/1904/023/A00290-00295.pdf :

Durante los meses siguientes se produjo la declaración de corporación oficial de los colegios que lo solicitaron y cumplían las condiciones requeridas en el artículo 85 de la Instrucción general de Sanidad. El primero fue el de Valladolid por real orden de

29 de enero (*Gaceta* n.º 36 de 5 de febrero), luego los de Madrid y Barcelona y en el tercer grupo el de Castelló.

24. Reales Órdenes de 7 de marzo de 1904, declarando Corporaciones oficiales los Colegios Médicos de Castelló, Cáceres, Guipúzcoa, Huelva y Alicante. Se dice en esta disposición que en aquella fecha estaban colegiados 131 médicos en la provincia de Castelló. El de Valencia lo fue mediante real orden de 8 de julio (*Gaceta* n.º 104 de 9 de julio).

Gaceta de Madrid n.º 69, de 9 de marzo de 1904.
https://www.boe.es/datos/pdfs/BOE//1904/069/A00978-00979.pdf

25. Real Decreto de 15 de Mayo de 1917, por el que se crea el colegio Príncipe de Asturias para huérfanos de médicos. Este real decreto aportaba dos modificaciones trascendentales para la vida de los colegios: restablecía la colegiación obligatoria e implementaba una forma de financiación para las corporaciones.

Gaceta de Madrid n.º 137, de 17 de mayo de 1917.
http://www.boe.es/datos/pdfs/BOE//1917/137/A00435-00436.pdf

26. Real Orden de 28 de mayo de 1917, en la que se ratifica la colegiación obligatoria y los colegios pasar a ser corporaciones de derecho público.

Gaceta de Madrid n.º 149, de 29 de mayo de 1917.
http://www.boe.es/datos/pdfs/BOE//1917/149/A00535-00535.pdf

27. Real Orden de 6 de diciembre de 1917, circular, aprobando los Estatutos para el régimen de los Colegios provinciales obligatorios de Médicos.

Gaceta de Madrid n.º 334, de 10 de diciembre de 1917.
https://www.boe.es/datos/pdfs/BOE//1917/344/A00555-00557.pdf

27. Real Orden de 22 de febrero de 1921, disponiendo queden modificados en la forma que se publican los Estatutos de los Colegios de Médicos.

Gaceta de Madrid n.º 54, de 23 de febrero de 1921.
https://www.boe.es/datos/pdfs/BOE//1921/054/A00583-00584.pdf

28. Real Orden de 13 de marzo de 1924, declarando que los colegios médicos provinciales son las únicas entidades de esta clase profesional que gozan de existencia legal y oficial.

Gaceta de Madrid n.º 75 de 15 de marzo de 1924.
https://www.boe.es/datos/pdfs/BOE//1924/075/A01416-01416.pdf

29. Real Orden de 30 de junio de 1924, sobre tarifas de honorarios y contrataciones.
Esta real orden arbitra en un conflicto surgido entre un montepío y el colegio de médicos de Vizcaya, sobre si los colegios médicos tenían atribuciones para fijar las tarifas mínimas que hubieran de percibir los facultativos que prestaran su asistencia a determinadas entidades y para impedir a éstas y aquéllos la libre contratación de los servicios sin el control e intervención de los colegios. La Administración falla que los colegios podían establecer tarifas mínimas de honorarios profesionales para que los médicos las tuvieran en cuenta a la hora de contratar sus servicios, pero que en

modo alguno están facultadas dichas corporaciones para imponer a sus colegiados, con carácter obligatorio, la fijación del precio de sus servicios, y declarando nulos y sin efecto legal cuantos acuerdos de los colegios médicos hubieran en ese sentido. Sobre la segunda cuestión la Administración dijo que los colegios no podían imponer a los colegiados la libre contratación de sus servicios.

Gaceta de Madrid n.º 184 de 2 de julio de 1924.
https://www.boe.es/datos/pdfs/BOE//1924/184/A00066-00066.pdf

30. Real Decreto de 2 de abril de 1925, aprobando los nuevos Estatutos de los Colegios oficiales de Médicos. A propuesta del presidente del Directorio Militar.

Gaceta de Madrid n.º 95, de 5 de abril de 1925.
https://www.boe.es/datos/pdfs/BOE//1925/095/A00106-00109.pdf

31. Real Orden de 22 de abril, resolviendo dudas surgidas en la aplicación del artículo quinto de los Estatutos de los colegios médicos, y fijando una norma de conducta a la que hayan de sujetarse dichos colegios en la aplicación del citado precepto legal.
La duda surgía de cómo debía aplicarse la mayoría absoluta requerida para tomar acuerdos en la junta general: si sobre la totalidad de colegiados o sobre los asistentes a la junta. Se dispuso que era precisa la mayoría absoluta de colegiados siempre que los asistentes fueran la mitad más uno de todos los colegiados. Si eso no sucedía se convocaba una nueva junta cinco días más tarde y ahí sí que era suficiente la mayoría absoluta sólo de los asistentes.

Gaceta de Madrid n.º 112, de 24 de abril de 1925.
https://www.boe.es/datos/pdfs/BOE//1925/114/A00478-00478.pdf

32. Real Orden de 2 de enero de 1926, dictando reglas sobre la aplicación de los correctivos que establece el artículo 31 de los vigentes Estatutos de los Colegios de Médicos, como sanción a las faltas que comentan sus colegiados.

Gaceta de Madrid n.º 5, de 5 de enero de 1926.
https://www.boe.es/datos/pdfs/BOE//1926/005/A00056-00056.pdf

33. Real Decreto de 11 de mayo de 1926, disponiendo que la contribución industrial, de comercio y profesiones, se ordenará con arreglo a las bases que se insertan.
Es importante porque esta norma reguló la fiscalidad de los médicos hasta bien entrado el franquismo. Suprimía el régimen de patentes vigente hasta la fecha y sujetaba la imposición fiscal en los médicos al régimen común de cuotas y agremiación establecido para las profesiones liberales. En el caso de los médicos era el Colegio el encargado de prorratear las cantidades que debía abonar cada médico, en función de sus ingresos. El Colegio nombraba dos clasificadores que fijaban las cantidades de cada cual. Se pagaba una cuota por provincia y si se quería ejercer en varias se debía pagar una «patente complementaria de ejercicio libre» y de cuantía no inferior a mil pesetas. Se establecía que una receta de un médico debidamente registrado era válida en todo el reino.

Gaceta de Madrid n.º 139, de 19 de mayo de 1926.
https://www.boe.es/datos/pdfs/BOE//1926/139/A00946-00957.pdf

34. Real Orden de 5 de julio de 1926, disponiendo que en todos los colegios de abogados, médicos y farmacéuticos se abra un Registro exclusivamente destinado a anotar los títulos de doctores que posean los colegiados.

Esto se hizo para combatir el uso de ese título por quien no lo poseyera ya que «[…] redunda en perjuicio de quienes lo poseen, aminora el prestigio social del título y se priva a la Hacienda de la totalidad de los derechos fiscales de expedición del título».

Gaceta de Madrid n.º 195 de 14 de julio de 1926.
https://www.boe.es/datos/pdfs/BOE//1926/195/A00310-00311.pdf

35. Real Decreto de 27 de enero de 1930, por el que se aprueban nuevos Estatutos de los Colegios Oficiales de Médicos.

Gaceta de Madrid n.º 38, de 7 de febrero de 1930.
https://www.boe.es/datos/pdfs/BOE//1930/038/A01021-01028.pdf

36. Real Orden de 28 de abril de 1930, designando la fecha del 2 de junio para la terminación del plazo de tres meses concedido por real decreto de 27 de enero último a los colegios de médicos para adaptación de sus reglamentos interiores.

Gaceta de Madrid n.º 119, de 29 de abril de 1930.
https://www.boe.es/datos/pdfs/BOE//1930/119/A00615-00616.pdf

37. Real Orden de 9 de mayo de 1930, aprobando el Reglamento, que se inserta, de la «Previsión Médica Nacional».

Fundada bajo los auspicios y por iniciativa del Consejo General de Colegios Médicos, para reasumir uno de los fines tradicionales de la organización gremial, cual es la mutua ayuda y protección frente a los riesgos vitales previsibles. En esta obra filial de la Organización Médica Colegial, aunque independiente económicamente, encontró la corporación médica un instrumento extraordinariamente poderoso de cohesión y fortalecimiento frente a cualesquiera otras asociaciones profesionales, dado su carácter obligatorio (lo que también sentaría precedente).

Gaceta de Madrid n.º 154, de 3 de mayo de 1930.
https://www.boe.es/datos/pdfs/BOE//1930/154/A01395-01404.pdf

38. Resolución de 31 de julio de 1930, de la Dirección General de Sanidad. Resolviendo en la forma que se inserta la instancia elevada por el Consejo General de los Colegios Médicos Españoles, relativa a los extremos que se indican.

Se aprueban los modelos de certificado médico oficial y certificado de defunción y se da al CGCOM exclusividad para su expedición. Como forma de financiación de la recién creada Previsión Médica Nacional, se autoriza a los colegios a cobrar determinadas cantidades por cada uno de ellos que se expida: ocho pesetas en el caso del primero y una peseta el segundo. Además, la norma dispone que estas tasas son independientes de los emolumentos que se pudieran generar por la labor científica asociada a la expedición de los documentos.

Gaceta de Madrid n.º 217, de 5 agosto de 1930.
https://www.boe.es/datos/pdfs/BOE//1930/217/A00853-00854.pdf

Período de la Guerra Civil. Gobierno de la República

39. Ministerio de Trabajo, Sanidad y Previsión. Decreto de 30 de julio de 1936, declarando disueltos y derogados los Estatutos por los que se rigen el Consejo General de Colegios Médicos, Unión Farmacéutica Nacional y Asociación Nacional de Médicos titulares o de Asistencia Pública Domiciliaria, y declarando igualmente disueltas todas las juntas directivas de los colegios médicos provinciales.
Se disuelven los estatutos del CGCOM y las juntas directivas provinciales. Se dispone que el gobernador civil y la Dirección General de Sanidad nombraran un presidente y secretario que administraran eventualmente las entidades y que el Gobierno de la República se incautara de Previsión Sanitaria Nacional y la administrara de forma eventual. El Colegio de Huérfanos quedaba a cargo del Consejero Delegado que lo gestionaba hasta ese momento y tenía facultades para hacerse cargo y administrar los fondos del CGCOM y de la Asociación de Médicos Titulares.
Gaceta de Madrid n.º 214, de 1 de agosto de 1936.
https://www.boe.es/datos/pdfs/BOE//1936/214/B00990-00990.pdf

40. Presidencia del Consejo de Ministros. Decreto de 28 de octubre de 1937 por el que se crea en el Ministerio de Instrucción Pública y Sanidad una Inspección general de Asistencia Médica, con funciones entre otras de : «[…] Reorganizar el funcionamiento de las organizaciones profesionales médicas y sanitarias, proponiendo las reglas a que se han de adaptar en lo sucesivo[…]».
Gaceta de Madrid n.º 304, de 31 de octubre de 1937.
https://www.boe.es/datos/pdfs/BOE//1937/304/B00393-00394.pdf

41. Ministerio de Instrucción Pública y Sanidad. Orden de 15 de enero de 1938, por la que se crea en cada provincia una delegación de la Inspección general de Asistencia Médica con la función, entre otras, de liquidar los colegios de médicos, tras recibir de su comisión liquidadora la correspondiente rendición de cuentas.
Gaceta de la República n.º 16, de 16 de enero de 1938.
https://www.boe.es/datos/pdfs/BOE//1938/016/B00230-00231.pdf

Período de la Guerra Civil. Zona franquista

42. Gobierno General. Orden de 29 de julio de 1937, por la que se reorganiza el CGCOM en la zona franquista, se nombran sus cargos y componentes y se le adjudican diversas funciones.
Boletín Oficial del Estado n.º 284, de 31 de julio de 1937.
https://www.boe.es/datos/pdfs/BOE//1937/284/A02628-02628.pdf

43. Gobierno General. Orden de 18 de enero de 1938, reorganizando los Colegios Oficiales de Médicos en la España Nacional.
Boletín Oficial del Estado n.º 462, de 26 de enero de 1938.
https://www.boe.es/datos/pdfs/BOE//1938/462/A05436-05437.pdf

La Postguerra y el Franquismo

44. Orden de 30 de octubre de 1940, por las que se fijan normas para el funcionamiento del Consejo General de Colegios Oficiales de Médicos.
   Boletín Oficial del Estado n.º 305, de 31 de octubre de 1940.
   https://www.boe.es/datos/pdfs/BOE//1940/305/A07455-07455.pdf

45. Ley de 25 de noviembre de 1944, de bases de Sanidad Nacional.
   Boletín Oficial del Estado n.º 331, de 26 de noviembre de 1944.
   https://www.boe.es/datos/pdfs/BOE//1944/331/A08908-08936.pdf

46. Ministerio de la Gobernación. Decreto de 8 de septiembre de 1945, por el que se aprueba el Reglamento de la Organización Médica Colegial. Se regula aquí profusa y extensamente la organización y funcionamiento del CGCOM y los colegios provinciales y además se publica el primer código de deontología común para toda la clase médica española.
   Boletín Oficial del Estado n.º 257, de 14 de septiembre de 1945.
   https://www.boe.es/datos/pdfs/BOE//1945/257/A01729-01743.pdf

47. Ministerio de la Gobernación. Orden de 24 de enero de 1963, por la que se aprueba el nuevo Reglamento de la Organización Médica Colegial.
   Boletín Oficial del Estado n.º 121, de 21 de mayo de 1963.
   https://www.boe.es/boe/dias/1963/05/21/pdfs/A08368-08383.pdf

48. Ministerio de la Gobernación. Orden de 26 de enero de 1967, por la que se aprueba el Reglamento de la Organización Médica Colegial.
   Esta Orden causó una grave crisis corporativa ya que estipulaba que la OMC dependía de la Administración General del Estado, quién tenía sobre ella facultades de fiscalización y tutela. Tan grave fue la crisis que se originó que solamente tres meses más tarde se derogó esta norma y se rectificó por completo este principio. *Boletín Oficial del Estado* n.º 28, de 2 de febrero de 1967.
   https://boe.es/boe/dias/1967/02/02/pdfs/A01409-01425.pdf

49. Ministerio de la Gobernación. Orden de 1 de abril de 1967, por la que se aprueba el nuevo Reglamento de la Organización Médica Colegial. Se deroga el anterior.
   Boletín Oficial del Estado n.º 114, de 13 de mayo de 1967.
   https://www.boe.es/boe/dias/1967/05/13/pdfs/A06396-06412.pdf

50. Jefatura del Estado. Ley 2/1974, de 13 de febrero, sobre colegios profesionales.
   Boletín Oficial del Estado n.º 40, de 15 de febrero de 1974.
   https://www.boe.es/buscar/pdf/1974/BOE-A-1974-289-consolidado.pdf

51. Jefatura del Estado. Ley 74/1978, de 26 de diciembre de normas reguladoras de los colegios profesionales.
   Se adaptan los contenidos de la ley de 1974 a la Constitución, que establece en su artículo 36 que «La Ley regulará las peculiaridades propias del régimen jurídico de los

Colegios Profesionales y el ejercicio de las profesiones tituladas. La estructura interna y el funcionamiento de los colegios deberán ser democráticos».

Boletín Oficial del Estado n.º 10, de 11 de enero de 1979.
https://www.boe.es/boe/dias/1979/01/11/pdfs/A00654-00654.pdf

ANEXO IV

TABLA DEMOSTRATIVA DE LA EVOLUCIÓN EN EL NÚMERO DE MÉDICOS COLEGIADOS EN EL ILUSTRE COLEGIO OFICIAL DE MÉDICOS DE CASTELLÓ (1898-1978)[246]

Año	Total provincia	Castelló ciudad
1899	174	
1900	166	23
1901	168	24
1902	152	25
1903	160	25
1920	196	37
1924	220	44
1926	225	51
1928	235	51
1930	242	
1933	279	
1935	268	56
1961	400	
1963	412	
1966	423	
1969	473	
1974	584	
1977	723 (71 mujeres)	346 (41 mujeres)

---

[246] Fuentes: Libros de actas de la Junta General y Directiva, Boletín y Hojas Informativas del Colegio Oficial de Médicos de Castelló. Las anotaciones por este concepto hechas en esas fuentes no son constantes y entre 1936 y 1961 no hay ninguna en las fuentes consultadas. Tampoco se conservan en el Colegio listados anuales de colegiados.

ANEXO V

DISPOSICIONES DE MORAL PROFESIONAL DEL ILUSTRE COLEGIO OFICIAL DE MÉDICOS DE CASTELLÓ[247]

Todos los colegiados están obligados a cumplir en sus respectivas localidades las Reglas o preceptos que el Colegio haya instituido o instituya en lo sucesivo para el Gobierno y Disciplina de sus miembros. Igualmente tienen el deber de cumplir las siguientes reglas de conducta:

1. Adecuar sus relaciones con los colegiados y con el propio colegio a las leyes de la moral médica.
2. Abstenerse de publicar o de acceder a la publicación de escritos de Medicina en periódicos profanos a la ciencia médica.
3. Abstenerse de todo acto que directa o indirectamente, caiga en la esfera del charlatanismo.
4. Queda prohibida la prescripción, sea de palabra o por escrito, de remedios secretos y de certificados que atestigüen su eficacia.
5. No podrán invitarse para operaciones a personas extrañas, ni exhibir por algún modo testimonios de habilidad o competencia.
6. Tampoco será lícito el asociarse o confabularse, a beneficio o sin él, con farmacéuticos, y recomendar botica determinada.
7. No deben negarse los auxilios médicos en casos de verdadera urgencia.
8. Tampoco debe extremarse la asistencia cuando las visitas son *pagaran* [ilegible en el original].
9. En ningún caso puede el médico constituirse sin necesidad en casa del paciente, ni a pretexto de observar el curso de la enfermedad o de prestar al enfermo servicios que incumban a los asistentes o enfermeros.
10. No debe exagerarse la gravedad de la dolencia con fines exploratorios.
11. Se prohíbe revelar las afecciones, achaques y defectos físicos que se hayan sabido en el ejercicio de la profesión.
12. Queda prohibida la administración de medicinas y drogas abortivas con fin delictuoso.
13. No se puede negar la asistencia gratuita a la esposa, hijos, padres y otros deudos del médico que residan en su propia casa y estén bajo su inmediata protección.

---

[247] Adoptadas por la Junta de Gobierno del Colegio de 10 de febrero de 1910 y ratificadas por la Junta General de colegiados el 18 de marzo siguiente.

14. Tampoco cabe la negativa a sustituir temporalmente a un Colegial en su visita particular, siendo motivada la causa que origina la sustitución, en cuyo caso precisa desempeñar con esmero e interés su cometido.
15. Nadie podrá negarse a celebrar consulta con el médico asociado, ni a que sean reservadas las consultas, lo cual debe pedir el consultor, a menos que el de cabecera por razones fundadas demandare lo contrario.
16. No debe quitarse al paciente o a sus deudos la elección de médico o médicos colegiados que deben concurrir a la consulta.
17. No puede procederse en la Junta de médicos con rivalidad, intolerancia, irrespetuosamente y sin buena fe.
18. Queda prohibido emitir juicios, criticar y censurar las opiniones emitidas en las Juntas, faltando al carácter colectivo y confidencial que las Juntas deben tener.
19. Es obligatoria la suscripción del acta de la Junta, si el médico de cabecera la reclama como salvaguardia de su responsabilidad.
20. Ningún médico, no siendo de la casa, no debe presentarse, una vez que sea terminada la consulta, en la cama del paciente sin ser requerido por el de cabecera, paciente o persona caracterizada de la familia.
21. Cuando se es llamado por como de urgencia debe retirarse todo médico cuando llegue el de cabecera, a no ser que sea requerido por éste para que continúe. Si el de cabecera no compareciese, debe prestar sus servicios el primero que hubiera llegado o el que designara la familia, retirándose los demás.
22. Ningún asociado podrá visitar a enfermo tratado por otro sin previa consulta.
23. Queda prohibido entrometerse en clientela alguna y procurarla por malas artes o medios que redunden en perjuicio de la Clase o rebajen el decoro profesional.
24. No pueden aceptarse igualas colectivas puesto que redundan en perjuicio de la Clase en general y contribuyen a la explotación del facultativo.
25. Tampoco se asistirá gratuitamente a instituciones y sociedades de cualquier orden que sea sin autorización de la Junta General.
26. No deben incluirse en el servicio las enfermedades *voluntarias* [¿??], partos y sus consecuencias, operaciones de importancia, consultas, visitas no pactadas y otros servicios consagrados por el uso.
27. Queda prohibido expedir gratis certificados, testimonios de incapacidad, declaraciones e informes sobre el estado de salud de las personas que aspiren a obtener seguros de vida, pensiones, cargos u otros objetos análogos, salvo que el Colegio lo autorice o los casos determinados por la Ley.
28. Es obligatorio dar cumplimiento en materia de honorarios a las tarifas adoptadas o que adopte en lo sucesivo el Colegio, para evitar competencias ruinosas e inmorales.
29. Constituye falta la censura a otro compañero, siempre que no se refiera a caso concreto y delictuoso.
30. A fin de que el gobierno y disciplina de la clase pueda ejercitarse libre e imparcialmente en toda ocasión, vienen obligados los socios a poner en conocimiento del Colegio aquellas falta o faltas que conocieran o supieran (les afecte indirectamente o no) en la persona o autoridad del Presidente. La denuncia adquiere carácter de verdadera e inexcusable obligación; y el nombre del denunciante solo podrá darse a conocer a petición suya.

31. Igualmente quedan obligados los médicos a reconocer y acatar en casos de disidencias interprofesionales, el fallo que dicten los tribunales del Colegio, lo cual nunca se dará al público dominio.